Eugen Drewermann

Der offene Himmel

Predigten zum Advent und zur Weihnacht

Herausgegeben von Bernd Marz

Piper München Zürich

Von Eugen Drewermann liegen in der Serie Piper außerdem vor:
Sind Propheten dieser Kirche ein Ärgernis? (mit Felizitas von Schönborn, 1616)
Wort des Heils, Wort der Heilung I (1622)
Wort des Heils, Wort der Heilung II (1623)
Wort des Heils, Wort der Heilung III (1624)
Zwischen Staub und Sternen (1625)
Leben, das dem Tod entwächst (1626)
Daß alle eins seien (1628)
Wenn der Himmel die Erde berührt (1845)
Laßt Euch die Freiheit nicht nehmen (mit Herbert Haag; 1898)
Wort des Heils, Wort der Heilung IV (2035)
Ich lasse Dich nicht (2155)

Ungekürzte Taschenbuchausgabe
Piper Verlag GmbH, München
1. Auflage November 1996
2. Auflage November 1997

Umschlag: Büro Hamburg
Simone Leitenberger, Susanne Schmitt, Andrea Lühr
Umschlagabbildung: Paul Vozdic/photonica
Foto Umschlagrückseite: Jürg Buess
Satz: Druckerei Rasch, Bramsche
Druck und Bindung: Clausen & Bosse, Leck
Printed in Germany ISBN 3-492-21627-7

Inhalt

Zum Geleit

»Der Dienst der Predigt soll getreulich und recht erfüllt werden. Schöpfen soll sie vor allem aus dem Quell der Heiligen Schrift und der Liturgie, ist sie doch die Botschaft von den Wundertaten Gottes in der Geschichte des Heils, das heißt im Mysterium Christi, das allezeit in uns zugegen und am Werk ist, vor allem bei der liturgischen Feier« (II. Vatikanisches Konzil, Konstitution über die heilige Liturgie).

Mit diesen nüchternen Worten beschrieben im Jahre 1963 die Konzilsväter die Aufgabe der Predigt und des Predigers. Das Mysterium Christi sei allezeit *in* uns zugegen, lehrten sie, und: die Predigt solle schöpfen aus dem *Quell* der Heiligen Schrift. Bei Eugen Drewermann wird diese Perspektive Wirklichkeit. Ihm ist die Bibel kein Steinbruch zu glaubender Sätze, sondern lebendige Stimme, Aufruf zur Umkehr, Umbruch und Wandlung einfordernd: Johannes der Täufer ist *Gegenbild* des Erlösers der Welt. Maria, die *Gottes*mutter, trägt ein *menschliches* Antlitz. Josef, der Vater *pragmatischen* Vertrauens, folgt einem ungewissen *Traum*. Der *Stall* von Betlehem birgt bereits in sich die *Kreuzigungsstätte* auf Golgota, das Wagnis des Aufbruchs der *Sternendeuter* adelt »Magier« zu *Königen* – Wahrheiten des Christentums, die innerlich zu fühlen, kaum aber zu »wissen« und zu »fassen« sind.

Die Sprache des Predigers Drewermann ist ursprünglich und vital; sie schöpft aus den (verschütteten) Tiefenschichten der Seele, aus den Abgründen des Menschen; sie überschreitet die Zeiträume von Jahrtausenden, tritt ein in die Grenzgebiete uns fremder Kulturen und Religionen, erhebt den Menschen in göttliche Nähe, umgreift den Kosmos und das All, versöhnt Transzendenz und Immanenz. Poetische Bilder finden ihren realen Ort, dramatische Konstellationen ihre Aufgehobenheit in Gott, Undenkbares sein Fundament im Grund aller Gründe, biblische Geschichte ihre Fortsetzung in der Gegenwart: »Wo liegt Betlehem, und wo ist der Ort, an dem Gott geboren werden kann? Betlehem ist nicht die Stadt zwanzig Kilometer im Süden von Jerusalem, denn das Evangelium von der Geburt Jesu erzählt nicht den Anfang des Lebens Jesu, es erzählt in Wahrheit den Anfang unseres vermenschlichten Lebens, die Geschichte unserer Menschwerdung. Darum liegt Betlehem überall dort, wo Menschen zu leiden vermögen an der Unmenschlichkeit und Hunger und Durst tragen nach der Gerechtigkeit Gottes. Nur ihrem Herzen ist Gott so nahe, daß er dort leben könnte.«

Ganz so wie die Evangelientexte Geschehnisse »verdichten«, Gleichnisse erzählen, Handlungen sinnenfällig schildern, Motive aufgreifen und variieren, sind auch die Predigten Drewermanns dynamische Beschreibung eines Weges und nicht statische Vorgabe eines (besserwisserisch genannten) Zieles: »Was Jesus vorschwebt, ist, daß wir den Weg des anderen nicht zu kennen brauchen und auch objektiv nicht kennen. Das einzige, was wir tun sollten, ist, den andern zu begleiten, dahin, wohin er selbst gehen möchte, um nach Hause zu kommen.« Solche Theologie des Weges bedeutet Aufbruch nach vorn, Innehalten und Rast, Rückschritt und Abweichen, nie ermüdende Sehnsucht und tödliche Erschöpfung. Der Kampf Jakobs am Jabbok dauert an (Gen 32, 23–24) – zu jeder Weltenstunde.

In seinen Predigten beschreitet Drewermann den Weg der Evangelien. Er nennt Bekanntes und entdeckt Neues. Was hier und da zunächst als Wiederholung erscheint, erschließt in der Verfremdung tieferen Sinn, eröffnet neue Dimensionen, vertauscht und mischt gewohnte Denk- und Erfahrungsschablonen, entschlüsselt ungeahnte Wirklichkeitsebenen. Der häufig vordergründig und technisch (miß)verstandene Begriff der »Meditation«, des nachsinnenden Betrachtens, der religiösen Versenkung, erhält so seinen eigentlichen Gehalt. Impression und Expression prägen beide Seiten ein und derselben Wirklichkeit, die zusammenfällt in Gott.

Bonn, im September 1990 *Bernd Marz*

Zum ersten Advent

Denn wie in den Tagen des Noach, so wird es bei der Ankunft des Menschensohns sein: Wie sie in jenen Tagen vor der Flut aßen und tranken, heirateten und sich heiraten ließen, bis zu dem Tag, da Noach in den Kasten ging, und nichts merkten, bis die Flut kam und alle dahinraffte – so wird es auch sein bei der Ankunft des Menschensohnes. Dann werden zwei auf dem Acker sein – einer wird mitgenommen, einer zurückgelassen. Zwei werden mahlen am Mühlstein – eine wird mitgenommen, eine zurückgelassen. Wachet also! Denn ihr wißt nicht, an welchem Tag euer Herr kommt. Doch das erkennt ihr: Wenn der Hausherr wüßte, in welcher Nachtwache der Dieb kommt, so wachte er und ließe nicht in sein Haus einbrechen. Darum macht auch ihr euch bereit, denn ihr ahnt die Stunde nicht, da der Menschensohn kommt.

MT 24,37–44

Immer, wenn es um letzte Entscheidungen geht, taucht unser Leben in eine Zwischenzone von Rettung und Gefahr, und das Reden von Gott, je nachdem, wie man dazu steht, nimmt den Charakter von Verheißung oder Drohung an.

Schön ist ein Spaziergang am Ufer des Meeres mit dem Ausblick ins Weite bis zu den Grenzen des Horizonts. Aber wenn das schwüle Brüten in der Atmosphäre zu lang gedauert hat, wenn über der Küste ein Unterdruckgebiet herrscht, saugen sich von den Rändern her die Gewitterwolken an und droht der Sturm hereinzubrechen. Dann heult der Wind über den Deich, und das Meer peitscht Schaumkronen an den Strand. Wer möchte dann dem Anblick des Meeres standhalten? Hinter dem Deich duckt man sich in den Schutz der Riedgrasdächer und überläßt das Meer und sein Tosen dem Flug der Sturmvögel und der Möwen.

Eine bestimmte Art zu leben muß Gott fürchten wie einen Einbrecher, wie einen Dieb, wie eine unberechenbare Gefahr, und zu den traurigsten und am meisten beängstigenden Worten Jesu zählen wohl diese von der Ankunft des Menschensohnes. Ist denn hier wirklich die Rede von einer fernen Zukunft, oder sammeln sich nicht in diesen erschütternden Worten im Grunde die Erfahrungen Jesu schon mit seinen Zeitgenossen?

So verborgen auch immer Jesus von sich selber spricht, in manchen Andeutungen läßt er durchblicken, daß in ihm all das lebt, was man an Heil erwartet und in der Gestalt eines kommenden Menschensohnes personifiziert findet. Man müßte keine ferne Zukunft erhoffen, man müßte nicht in

See stechen zu einem Land Utopia, es lebte in uns und an unserer Seite, und es ließe sich hören aus dem Munde Jesu, wozu wir als Menschen bestimmt sind; im Herzen eines jeden Menschen ließe sich entdecken die Unendlichkeit der Welt, die grenzenlose Schönheit der eigenen Seele, der Lockruf der Weite unbegrenzter Freiheit. So wollte Jesus einem jeden sagen, er sollte den Mut haben, an den Traum seines Lebens sich zu erinnern. Er sollte nicht glauben, das Heil komme irgendwie von ferne. Das, was er sich ersehnt und erhofft vom Leben, sei seine Wirklichkeit. Grad in den kühnsten Visionen seiner selbst lebte womöglich die Wesensgestalt, die Gott mit ihm gemeint hat, am stärksten und am kräftigsten. Er sollte seine Kindheitsträume nicht verleugnen und in Resignation abschwören. Wie sehr hat Jesus einen jeden angefleht, an sein Königtum zu glauben, seinen Wert zu fühlen und dabei die Augen aufzuschlagen für die Schönheit und die Größe eines jeden Menschen ringsum.

In Gleichnissen hat Jesus so geredet. Seine Hände haben die Augen von Menschen berührt, die blind geworden waren in Traurigkeit, Einsamkeit und Hoffnungslosigkeit, und sie erhoben sich zum Licht. Die Haut von Menschen hat Jesus berührt, die wie verätzt war von dem Gefühl der Scham, der Unreinheit und der Verwundung, und diese Menschen wurden sich zurückgegeben, heil, ganz und ansehnlich unter den Augen eines jeden. Wie sehr hat Jesus glauben wollen an die Schönheit und die Würde eines jeden Menschen! Aber bis zur Bitterkeit mußte er erleben, daß man sich die Ohren zuhielt und nicht hören wollte, die Hände vor die Augen legte und nicht sehen wollte, die Hand sich auf den Mund schlug und nicht sprechen wollte, weil das verengte Leben, das vergitterte Leben im Getto der Angst immer neue Gründe fürchtet und findet, sich selber zu schützen, weiter zu verbarrikadieren und sich vom Heil abzuschnüren.

Was ist zu tun, wenn Menschen schließlich so identifiziert sind mit dem Un-Leben, daß sie den Anbruch einer wirklichen Existenz voll Erschrecken zu fürchten beginnen, den Ruf der Weite wie eine Qual erfahren, das Reden von Gott wie eine Zumutung? Oh, es gibt die furchtbare Verzweiflung, die nicht mehr weiß, daß es jemals Hoffnung gab, es gibt die furchtbare Resignation, die keine Ahnung mehr besitzt, was Träumen heißt, es gibt die schreckliche Umnachtung, in der kein Gut und Böse, kein Laster und keine Tugend, keine Größe und keine Niedrigkeit mehr existiert, nur noch das Einerlei und Allerlei, das Nichts, aufgeblasen zur Existenzform. Am Ende gibt es nur noch die Bestimmungen des Äußeren, man lebt nicht mehr, man wird gelebt, man weiß gar nicht mehr, daß man das Leben sich selber arrangiert als einen chaotischen Tummelplatz von Zufällen. Aus lauter Schwäche und Feigheit existieren am Ende nur noch die Umstände, abgesegnet vom Sprichwort der Unverantwortlichkeit: man hat nie etwas gewußt, nie etwas gehört, nie etwas gesehen, nie etwas getan; schuldig und Grund und Ursache sind die Umstände; weitab, daß man gewollt oder gespürt hätte, berufen zu sein, eine eigene Existenz zu führen, eine Person zu sein, aufzutauchen aus der Masse und der Dunstglocke der anderen. Schrecklich wird es dann, davon zu sprechen, daß ein Mensch beginnt, zu leben, als Individuum zu existieren, wenn er sich abteilt von den anderen. – Zwei Frauen an der Handmühle. Sie gehören nicht zusammen dadurch, daß man sie zusammenpreßt in der Äußerlichkeit derselben Arbeit. Menschen gehören zusammen in der Gleichheit des Wesens, in der Verbundenheit der Herzen, aber dazu müssen sie sich selbst entdecken.

Es war die Erfahrung Jesu, daß reif für das Heil eigentlich nur diejenigen sind, die das Leiden nicht ganz verlernt, die Hoffnung und die Sehnsucht nach einem anderen Leben nie ganz aufgegeben haben, die noch fähig sind zu weinen. Sie sprach er selig, weil sie verletzbar genug sind, an ein anderes Leben zu glauben und das Dahinvegetieren unerträglich zu finden. Solche Menschen sind es, die, ob sie's wollen oder nicht, den Einbruch des Heils – anders kann man es kaum nennen – unbewußt oder unwillentlich und dennoch mit aller Leidenschaft herbeisehnen.

Was Christus hier die »Wachsamkeit gegenüber dem Einbruch Gottes« nennt, gehört, je nachdem, zum Wunderbarsten oder Furchtbarsten, was es im Menschenherzen geben kann. Furchtbar, wenn es hereinbricht wie eine Überschwemmung, wie eine Sündflut, wie ein Wegreißen von allem – aber wunderbar, wenn es erfahren wird als ein mutiges Sich-Anklammern an die einzige Hoffnung, die einzige Möglichkeit.

Dieses Wunder erlebt man unter Menschen immer wieder, und dessen wurde Jesus in seinem Leben immer wieder Zeuge, daß nach langen Jahren der seelischen Verdorrung, der inneren Wüstenei plötzlich am Anbruch der Regenzeit in wenigen Tagen aus Pflanzen, die sich ganz und gar zusammengerollt hatten zu stacheligen Gebilden, Blüten aufbrechen ins Licht. So können Menschen mit einemmal ungeahnte Kräfte freisetzen in wenigen Augenblicken und wissen und spüren, daß es jetzt ein für allemal darauf ankommt; sie streifen die Angst ab, brechen die Enge auf und halten sich an ihr stärkeres, eigenes Leben und Wesen. Auf diese Wachsamkeit für den Moment, der möglich ist, für diese Chance, die irgendwann kommt, auf diese Wachsamkeit möchte Jesus uns selber einstimmen. Wir sollten nie vergessen, wozu wir berufen sind. Und wir sollten die Verzweiflung nicht unser Glück nennen, die Traurigkeit inmitten einer Welt des Un-Lebens nicht durch das laute Getöse der Schein-Frohheit betäuben, sonst würde es zugehen, wie Sören Kierkegaard in Anspielung auf dieses Evangelium einmal von der Ankunft des Menschensohnes meinte: In einem Theater tritt der Bajazzo auf die Bühne. Er sagt dem Publikum, daß das Theater brennt. Man applaudiert und lacht. Der Bajazzo verschwindet hinter dem Vorhang und tritt noch einmal auf. Sehr ernst sagt er: Das Theater brennt. Man applaudiert noch mehr. Und die Balken werden niederstürzen unter dem johlenden Gelächter all derer, die da dachten, dies sei nur ein Witz.

Aber gleich nach der Drangsal jener Tage:
Die Sonne wird sich verfinstern,
und der Mond wird seinen Schein nicht geben.
Und die Sterne werden vom Himmel fallen,
und die Kräfte der Himmel werden wanken.

Und dann wird das Zeichen des Menschensohns am Himmel erscheinen. Und dann werden alle Stämme der Erde an die Brust schlagen und den Menschensohn sehen – kommend auf den Wolken des Himmels mit Kraft und viel Herrlichkeit. Und aussenden wird er seine Engel unter gewaltigem Fanfarenschall und sammeln seine Erwählten von den vier Winden – von den einen Säumen der Himmel bis zu den anderen.

Vom Feigenbaum aber lernt das Gleichnis: Wenn sein Zweig schon saftweich wird und sprießen die Blätter, so erkennt ihr, daß nah ist der Sommer. So auch ihr: Wenn ihr das alles seht, so erkennt, daß er nah ist am Tor. Wahr ists, ich sage euch: Dieses Geschlecht wird nicht vergehen, bis all das geschieht. Der Himmel und die Erde werden vergehen: Meine Worte aber werden nimmer vergehen.

Jenen Tag aber und die Stunde weiß keiner. Auch die Engel des Himmels nicht. Auch der Sohn nicht. Nur der Vater allein.

Denn wie in den Tagen des Noach, so wird es bei der Ankunft des Menschensohns sein: Wie sie in jenen Tagen vor der Flut aßen und tranken, heirateten und sich heiraten ließen, bis zu dem Tag, da Noach in den Kasten ging, und nichts merkten, bis die Flut kam und alle dahinraffte – so wird es auch sein bei der Ankunft des Menschensohnes. Dann werden zwei auf dem Acker sein – einer wird mitgenommen, einer zurückgelassen. Zwei werden mahlen am Mühlstein – eine wird mitgenommen, eine zurückgelassen. Wachet also! Denn ihr wißt nicht, an welchem Tag euer Herr kommt. Doch das erkennt ihr: Wenn der Hausherr wüßte, in welcher Nachtwache der Dieb kommt, so wachte er und ließe nicht in sein Haus einbrechen. Darum macht auch ihr euch bereit, denn ihr ahnt die Stunde nicht, da der Menschensohn kommt.

MT 24,29–44

Fast immer wird man diese Worte vom Hereinbrechen der Endzeit mit dem Gefühl des Schreckens und der Angst vernehmen, und nur wenige Stellen der Bibel sind im Verlauf der Kirchengeschichte gerade in Zeiten der Angst mit diesen Visionen vom Zusammenbruch des Himmels und vom Untergang der Welt so oft und furchterregend gebraucht worden. Dabei glaube ich nicht, daß die Leute, die diese Texte zuerst hörten und aufschrieben, selber von dem Gefühl der Furcht und der Angst geprägt waren. Es gab noch in der Mitte des 2. Jahrhunderts in Rom eine kleine christliche Gruppe, die sich in den Tagen vor Ostern mit der Erwartung des baldigen Endes der Welt auf die Feier des Passahmahls vorbereitete, ganz wie die Worte dieses Evangeliums es beschreiben: Diese Generation wird nicht vergehen, ehe all das geschieht. Man betete in den Tagen vor Ostern, daß nur ja bald das Reich Gottes kommen möge, und verstand es als die richtige Auslegung der Vaterunserbitte, hinzuzufügen: Und vergehen möge diese Welt.

Es ist eigentlich mehr eine Frage, wie tief man an dem Bestehenden leidet, was man unter dem Ende begreift. Die frühe Kirche ganz gewiß hat unter der Welt, wie sie sich darstellt, mehr gelitten, als daß sie vor der Drohung ihres Endes Angst gehabt hätte, ganz im Gegenteil. Der Weltenlauf, wie er sich mit dem Blick auf den Tod Christi und das Glück seiner Auferstehung darstellte, war für die frühe Kirche ganz notwendig ein einziger Gang in den Abgrund.

Wenn man diese Texte hört, stellt man sich den Untergang der Welt wesentlich als ein Drama des Kosmos vor; von Sonne, Mond und Sternen ist die Rede, als wären dies feste und bekannte Größen. Immer wieder hat man denn auch Visionen dieser Art im Christentum verwendet, um den Untergang der Welt äußerlich, womöglich mit konkreter Zeitangabe, vor Augen zu stellen.

Es besteht auf dieser Ebene weder zu Hoffnung noch zu Unruhe Anlaß. Dieser unser kleiner Planet hat noch eine Lebensdauer von mehreren Jahrmilliarden. Selbst wenn unsere Menschheit es zuwege brächte, durch ihre eigene Maßlosigkeit und Unvernunft sich selber und vieles Leben dieser Erde in den Untergang zu reißen, wäre die Geschichte des Planeten Erde damit noch lange nicht zu Ende. Unsere Spezies hat begonnen, selbst wenn man's hoch ansetzt, vor drei oder vier Millionen Jahren; das ist ein Geringes in den unglaublichen Maßstäben der Weltgeschichte, gemessen an Jahrmilliarden von Zeit ein winziger Bruchteil. Die Aufregung, die wir benötigen, um geschichtliche Dramen und Katastrophen zu beschreiben, mißt sich in Jahrhunderten, höchstens in Jahrtausenden. Das ist ein Zeitraum, in dem wir Menschen rechnen können und in dem die Natur niemals rechnet.

Es geht, mit anderen Worten, bei diesen biblischen Texten nicht um das Ende der Erde oder gar um das Ende der Welt im äußeren Sinne, wohl aber geht es darum, sich zu fragen, was alles aufhören muß, ja unbedingt aufhören könnte und sollte, um ein Leben zu beginnen, das uns aufschauen läßt zu den Wolken des Himmels und uns der Vision der Menschlichkeit näherbringt. Wohin wir blicken, stehen wir uns dabei im Wege und werfen Schatten auf unsere eigene Hoffnung.

Eine Welt, auf die wir unser Vertrauen und unser Erwarten richten, ist eine Welt, in der es keine Grenzen unter Menschen gibt. Wie aber sähe unsere Geschichte aus ohne die allzu engen Grenzziehungen des nationalen Egoismus und der nationalen Sicherheit? Eine Welt, nach der wir uns sehnen, müßte eine Welt sein, in der Menschen sich nicht mehr bis zum Tödlichen bedrohen müßten, um miteinander zu leben. Wie anders aber sähen unsere Wirtschaftsordnung und unsere »sicheren« politischen Grundlagen aus, würden wir verzichten auf die mörderischen Kriegsdrohungen und Kriegsrüstungen mit all dem Elend und der Angst, die zu ihnen gehören. Die Welt, auf die wir warten und in der wir einzig menschlich leben möchten, wäre getragen von dem Bemühen um Verstehen untereinander und einer Bevorzugung jeder menschlichen Not, wo immer wir ihr begegnen. Wieviel könnten und müßten wir selber lassen in unseren ganz normalen Gewohnheiten, um an Menschlichkeit zu gewinnen! Wir müßten dabei nicht einmal fürchten, uns weniger mit unserer Person einbringen zu können. Es ist nicht wahr, daß die Öffnung zum anderen gleichbedeutend wäre mit Selbstunterdrückung und Selbstverzicht. Sie wäre es sowenig, wie daß Blumen, die sich im Lichte öffnen, auf sich selber verzichten müssen. Sie wachsen nur zu ihrer wahren Schönheit. Die Frage ist einzig, woher uns ein milderes Klima der Wärme kommt, in dem wir fähig sind, ohne Schutz und ohne Grenzen in einem Übermaß des Vertrauens aufeinander zuzugehen und einander und uns selber Gott zu glauben. Seit den Tagen der frühen Kirche glauben wir zu wissen, daß eine solche Welt des Verstehens, der Wärme, des Friedens unter allen Menschen in der Gestalt Jesu im Prinzip begonnen hat. Alles, was er lebte und sagte, ist so fühlbar wahr, daß wir es nur tun müßten. Dennoch, immer wenn wir es versuchen, werden wir merken, daß wir selber in der Welteinrichtung und der Weltauslegung, an die wir gewöhnt sind, Gründe finden werden, uns selbst in den Arm zu fallen, unsere Gedanken zu unterbrechen und eine andere Logik, des Widerspruchs und der Verneinung, entgegenzusetzen. In diesem Sinn muß immer wieder ein Stück Welt zerbrechen, um dem Reich Gottes Platz zu machen. Aber überall da, wo dies geschieht, brechen wir Steine aus dem Gefängnis dieser Welt, wächst ein Stück Freiheit in unserem Herzen und dringt mehr vom Licht Gottes in den Kerker unseres Daseins. Das Ende der Welt ist keine schreckliche Vision, es ist der Anfang unseres wahren Lebens.

Noch gibt es so viele Ideale in den Bildern von Sonne, Mond und Sternen, an die wir wie als eherne Größen glauben. Vieles von dem Himmel unserer Werte muß einstürzen, damit wir Gott tiefer begreifen. So vieles an den vertrauten Wertsetzungen und Idealvorstellungen ist in Wirklichkeit verlogene Ideologie und Propagandalüge, nicht wert, daß man sich danach richtet. Aber in unserem Herzen könnten wir oft so einfach fühlen, was menschlich ist. Wir brauchten dabei keine großen Worte, wir müßten es nur ganz einfach und ganz selbstverständlich tun, so sehr, daß Jesus meint: Wenn eure linke Hand nicht weiß, was eure rechte tut, dann gilt es wirklich und dann stimmt es.

Einfach ist diese Welt, wenn der Plunder abfällt, und hinübergehen können wir mit dem Vertrauen auf das andere Ufer, auch über eine Erde, die bebt. Möge Gott uns nahe sein mit seinem Schutz und seiner Liebe. Denn in ihm leben wir und sind wir, immer, bis zum Ende aller Zeit.

Am Anfang des neuen Kirchenjahres, im beginnenden Advent, wünschen wir einander die Gnade und den Frieden der Ankunft des Menschensohnes, wie es in diesem Evangelium verheißen ist. Um so befremdlicher fährt in die Stille eines solchen Wünschens und Hoffens die schreckliche Vision vom Untergang der Welt. Warum, so muß man diese apokalyptischen Visionen befragen, soll der Beginn des Neuen, des Heilenden sich erkaufen durch den furchtbaren Untergang von allem, was ist?

Man wird die Herausforderung des biblischen Weltbildes in den Tagen Jesu kaum zugespitzter malen können. Vieles an diesem Text läßt sich vielleicht nur aus seiner Zeit verstehen. Als die frühe Kirche miterleben mußte, wie Jerusalem unter dem Ansturm der römischen Kohorten dem Erdboden gleichgemacht wurde, galt dies als ein Zeichen des Endes, nicht nur des Volkes der Juden, sondern der ganzen Welt. Ein Umbruch in allen Dingen schien bevorzustehen. Darin findet sich eine vage Anknüpfung an das Denken der Propheten: Um 600 vor Christus war es ein Priestersohn aus dem Süden Jerusalems, der in Treue und Glauben dem Tempel und den Überlieferungen seiner Väter anhing, bis daß er zu der Überzeugung gelangte, daß die Priester im Tempel lügen und die Propheten am Hof Meineid weissagen. Jeremia glaubte, daß der Tempel von Jerusalem und die Mauern der heiligen Stadt von den Widersachern Gottes zerstampft und zermahlen werden müßten, auf daß Gott noch einmal ganz von vorn beginnen könnte, indem er nicht mehr auf Tafeln aus Stein, sondern in das Herz der Menschen schreiben würde.

In den Tagen Jesu glaubten die Apokalyptiker, fast nach einem mathematischen Gesetz in innerer Ruhe einem solchen Ereignis erneut entgegensehen zu können. Es ist eine bizarre Hoffnung, die erwächst aus soviel Leiden an dem Bestehenden. Manche der Älteren von Ihnen mögen sich erinnern, daß sie etwa um 1942/1943 beinahe nur noch wünschen konnten, es möchte das Ende des großdeutschen Reiches nur möglichst bald kommen und je schrecklicher und je rascher, desto besser.

Es ist unter Umständen möglich, die ganze Welt so zu betrachten: in einem Zustand, der es beinahe verdient, möglichst schnell und gründlich ausgeräumt zu werden. Da haben die Statistiker das Wort, und was sie zusammenaddieren, mutet gespenstisch an. Ihre Schlagworte sind seit über einem Jahrzehnt gleichlautend: der Anstieg des CO_2, das Ozonloch, die Zerstörung der tropischen Regenwälder, die Ausbreitung der Wüsten, die Überbevölkerung, Hunger und Elend, die Risiken der Kernenergie – das alles kreuzt sich irgendwo im Jahre 2030 oder im Jahre 2200; die Katastrophe scheint jedenfalls unabwendbar. Es ist deswegen sehr wichtig, wenn entgegen dem apokalyptischen Ausrechnen der Unvermeidbarkeit von

Zerstörung und Zusammenbruch von allem dieser Text ganz einfach sagt: Ihr wißt nicht den Tag noch die Stunde. Es mag sein, daß uns die Astronomen darüber belehren, daß irgendwann die Sonne und der Mond ihren Schein verlieren; in viereinhalb oder fünfeinhalb Milliarden Jahren wird das der Fall sein. Es mag eines Tages sein, daß Genetiker kommen, die berechnen, wann die menschliche Art unfehlbar aussterben wird. All das sind Prognosen, die uns kaum helfen, heute wirklich zu leben, denn wir brauchen für unsere Menschlichkeit auch ein Stück Hoffnung, und da beginnt dieser Text innerlich noch einmal ganz anders zu sprechen. Grad wenn wir die Katastrophe mit Händen zu greifen glauben und ganz dicht vor Augen sehen, was wird uns dann erscheinen? Eben nicht nur das Dunkel, nicht nur die Ausweglosigkeit und der Abgrund, sagt dieser Text, sondern es ist, wie wenn als Fanal an das Firmament und an die Wolken das Zeichen des Menschensohnes geschrieben würde.

Das Richtmaß von allem, in der Zerstörung wie im Aufbau, ist unsere Menschlichkeit. Und da könnte man ganz privat einmal beginnen, den Gefühlen nachzugehen, wenn in unserem Leben, grad beim Durchbruch einer größeren Reife, einer weitherzigeren Gesinnung, einer universeller sich gestaltenden Menschlichkeit, die alte Ordnung, wie wir sie gelernt haben, aus den Fugen bricht. Wieviel kostet uns das Verlassen einer Welt, deren Unmenschlichkeit wir ganz deutlich spüren! Mitunter erlebt man in Seelsorgegesprächen so eine Apokalypse im kleinen. Man möchte fast glauben, sie sei weniger schlimm als die weltweiten Apokalypsen. Um es einmal zugespitzt zu sagen: Ich kenne nicht einen einzigen Menschen, der wirklich verzweifelt, wenn er die Schreckensdaten von fünfzig Millionen verhungernden Menschen auf der Südhalbkugel hört. Wer sich dafür das Leben nimmt, paradox genug, müßte seelisch fast für krank gehalten werden. Aber Menschen können wirklich verzweifeln, wenn ihnen ein Mensch stirbt, der ihnen ganz nahestand, wenn ein Unglück passiert in ihrem nächsten Bereich. Es ist so, wie wenn unsere Gefühle wirklich intensiv nur zu sein vermöchten im Umkreis von etwa zehn Menschen. Für eine so kleine Gruppe sind wir in unserem gesamten Gefühlshaushalt von der Natur angelegt, darüber hinaus beginnt das Rechnen, und es wird immer abstrakter.

Es kann aber sein, daß wir grad im Nahbereich und im Umgang mit uns selber Formen gelernt haben, grausam zu sein, die immer unerträglicher werden, je selbstverständlicher sie sind. Nehmen Sie als Beispiel die Geschichte einer Frau, die als Kind schon erleben mußte, daß sie in eine Welt hineingeboren wird, in der sie überflüssig ist. Kein Mensch hat daran wirklich die Schuld. Es ist nur grade so, daß der Vater vielleicht eben bemüht ist, mit viel Einsatz und Energie ein Geschäft aufzubauen. Er braucht das Geld, das er erwirtschaftet, für seine Familie, er ist pflichtbewußt und treu, seine Frau muß ihm dabei mithilfen, so gut sie kann, und sie tut es mit all ihren Kräften. Nur ist in dieser Zeit ein Kind, das geboren wird, schon in sich selber eine mittlere Katastrophe. Bei aller Liebe und allem Verantwortungsgefühl – im Grunde hätte es zu diesem Zeitpunkt nicht sein sollen. Es gibt keinen Vater und keine Mutter, die sich selbst und ihrem Kind das zugeben werden, solang sie es irgend gut meinen. Das Kind aber spürt die Wahrheit sehr bald, kaum daß es ein paar Wochen alt ist, und das Gefühl verfestigt sich. Nehmen Sie an, daß ein solches Kind versuchen wird, alles Erdenkliche zu tun, um die Last seines Lebens den Eltern leichtzumachen. Es wird so rücksichtsvoll, aufmerksam, sensibel, entgegenkommend, hilfsbereit, angepaßt, beschwerdelos sich zu geben suchen, als es nur möglich ist. Wenn eine solche Frau später selber heiratet und Kinder bekommt, wird sie alles daransetzen, ihren Kindern ein solches Schicksal zu ersparen. Sie wird also wieder um so mehr pflichtbewußt, hilfsbereit, treu und aufmerksam sein. Wir unterstellen einmal, daß sie grad bei diesem Bestreben sehr bald überfordert und inwendig gereizt ist, und grad weil sie sich überfordert, ist ihr Kind am Ende unerwünscht, und wieder wird sie es ihm nicht sagen. Das Kind hat die Pflicht, glücklich zu sein, schon um die Mutter zu belohnen, daß sie es so gut gemeint hat. Und es entsteht ein Fürsorgeterror, der, nach fünfzehn oder achtzehn Jahren, dazu führt, daß es der Mutter wie Schuppen von den Augen fällt. Ihre Tochter ist drogenabhängig oder stürzt sich in eine unglückliche Beziehung oder scheitert im Beruf, und eine solche Frau, jetzt vierzigjährig, muß erkennen, daß sie mit allem guten Willen und einem so ungeheuren Maß an Anstrengung wider Willen zum Schaden geworden ist. Je länger man mit Menschen spricht, desto deutlicher wird es, was ihnen fehlt, und um so klarer auch, wie schwer es sich leben läßt. Eine solche Frau müßte lernen, daß sie ein Recht hat, selber zu existieren. Sie müßte sich herausnehmen, was sie nie durfte: ein eigenes Interesse für sich selber aufzuwenden, ein Stück Menschlichkeit für sich selber zurückzugewinnen.

Es ist Ihnen klar, daß diese Erlaubnis alles hinwegschmelzen läßt, was bis dahin Pflicht und Ordnung war, und dieser Einsturz ist wie der Zusammenbruch von allem. Da hören Sonne und Mond und die Sterne auf, am Himmel zu stehen, die Welt von Vater und Mutter und all die hochgesteckten Ideale werden entzaubert und verlieren ihre Leuchtkraft, und es bebt die Erde unter den Füßen, es dreht sich alles im Kopf, und es erscheint wie der blühende Wahnsinn. Und dennoch ist dieser Zusammenbruch die Zeit einer neuen Reifung, so daß dieses Evangelium mit einer unglaublichen Freude sagen kann: Wenn das alles passiert, ist es, wie wenn im Frühling die Knospen treiben. Es ist der Beginn eines milderen Klimas, wenn die erfrorenen Eislandschaften abtauen und die scheinbar so saubere Welt sich in Schlamm und Morast und überfließende Bäche verwandelt, durch die man nur schmutzigen Fußes hindurchwaten kann. Nur so kommt das Leben: durch den Zusammenbruch dieser klaren, schneekalten Welt.

Es gibt im Neuen Testament nur ganz wenige Stellen, in denen Jesus sich selber als den Sohn Gottes bezeichnet. Paradoxerweise ist grade dieses Evangelium eine von solchen wenigen Ausnahmen. Da sagt Jesus von sich, entgegen all den apokalyptischen Rechnern: Den Tag der wirklichen Wende, des Anbruchs einer endgültigen Menschlichkeit kann man nicht vorherbestimmen, niemand kennt ihn. Und wie leben wir dann mit der bebenden Möglichkeit, es könnte jeden Augenblick der Fall sein? Da sagt Jesus: Nicht einmal die Engel im Himmel haben eine Ahnung, was Gott tun wird. Und jetzt an dieser Stelle spricht er von sich oder läßt das Evangelium ihn sagen: Nicht einmal der Sohn weiß um die Stunde.

Es ist die Göttlichkeit Jesu am meisten darin zu sehen, daß er im Vertrauen auf Gott einverstanden ist mit dem seligen Nichtwissen. Es schenkt uns den Mut, *heute* zu leben, und möglichst richtig. Wenn ein einziger von uns auch nur eine Ahnung hätte, was vielleicht in zweieinhalb Jahren oder in fünfundzwanzig Jahren auf ihn zukommt, welcher Art sein Sterben sein wird, schlimmer noch, welche Fehler vielleicht ihm unterlaufen, in welcher Weise sein Schicksal sich gestaltet – wer von uns hätte den Mut, durch die Wand des Dunkels hindurchzugehen in den Sonnenaufgang? Es ist eine solche Güte der Natur, daß wir bei allem Verstand am Ende kraft des Glaubens lernen, wieder so ruhig zu werden, wie es eigentlich nur Tiere können. Sie sind voller Angst im Moment, da der Tod sie anspringt, aber dann ziehen sie dahin in Ruhe, wie wenn nichts gewesen wäre. Die Natur selber hat ein Interesse, uns die dauernde Angst und das Gejagtsein zu ersparen. Wir wissen nicht, was kommt. Und was durch die Unwissenheit wieder neue Angst schaffen könnte, läßt sich beruhigen im Glauben. *Heute* zu sein, ist der Anfang des Advent. Sorgt euch nicht um den morgigen Tag! So bereitet sich die Zukunft vor, so lernen wir, Menschlichkeit zu üben, ohne zu rechnen. Ich glaube, daß ein großer Fehler darin liegt, daß wir uns immer wieder bemühen, das Zukünftige mindestens in den richtigen Planungen festlegen zu wollen. Wir sind immer wieder bestrebt, so zu handeln, daß es möglichst günstig wirkt. Wir verlieren dabei leicht aus den Augen, daß es noch etwas Wichtigeres gibt, als verantwortlich zu handeln für den Erhalt einer künftigen Generation. Am allerwichtigsten ist es nicht, *richtig zu wirken*, sondern *wirklich zu sein*. Die falschen

Ideale müssen zerfallen, und wir sehen dann vor uns das Bild des Menschensohns. Es gibt so klare Gefühle in uns, was wir wirklich sind und wovon wir am meisten angesprochen werden. Und das zu tun ohne Zögern, bringt jeweils ein Stück uns selbst und die Menschen an unserer Seite Gott näher. Es ist am Ende der Angst ein Friede des Vertrauens, der sich verbreitet.

Man sagt von Martin Luther, er habe auf die Frage, was er tun werde, wenn man ihm mitteilte, er müsse heute nachmittag noch sterben, gesagt, er werde in seinem Garten noch ein Bäumchen pflanzen. – Als man den heiligen Franz von Sales ähnlich fragte, soll er geantwortet haben, er werde weiter nachdenken, was ein weißer Springer im Schachspiel auf E 8 tun werde. Es ist eine heilige Sorglosigkeit, den heutigen Tag randvoll zu leben, denn das Morgen ist Gottes und also auch unser.

Seht zu! Schlaft nicht! Denn ihr wißt nicht, wann die Zeit ist. Wie ein Mann außer Landes, der sein Haus verlassen und seinen Knechten die Vollmacht (darüber) gegeben hat, einem jeden seine Arbeit, und dem Türhüter hat er befohlen, zu wachen – wachet deshalb! Denn ihr wißt nicht, wann der Hausherr kommt, ob abends spät, ob um Mitternacht, ob beim Hahnenschrei, ob am Morgen – nicht daß er plötzlich kommt und findet euch schlafend! Was ich aber euch sage, sage ich allen: Wacht! MK 13,33–37

Die Worte dieses Evangeliums sind die letzten Worte des Herrn unmittelbar vor dem Beginn seiner Leidensgeschichte. Es ist die Zusammenfassung all dessen, was er zu sagen hat, und es ist die Begründung dessen, was er durchleiden muß. Die ersten Worte Jesu im Markusevangelium waren einer Verheißung gewidmet: Das Gottesreich ist nahe, kehrt um. Seine letzten Worte sind, daß kein Stein auf dem anderen bleiben wird, denn alles wird umgekehrt, und Gott wird sich nicht aufhalten lassen durch die Widerstände der Menschen. Aber warum wird das Heil begründet auf soviel Umsturz statt auf Umkehr, wie Jesus selber hoffte?

Er trug eine glühende Vision im Herzen, ein bestimmtes Bild vom Menschen: Ihm selber, Christus, war Gott so nahe, daß er jeden Menschen unmittelbar in die Nähe Gottes stellen wollte. Seine Art, den Menschen zu sehen, war so groß, so frei, so getragen von Zuneigung, Sympathie und Wärme, daß er von jedem Menschen glauben mochte und jeden Menschen glauben machen wollte, er habe ohne Zögern und ohne Aufschub die Chance, Gott in seinem Herzen und in seinem Leben Wirklichkeit werden zu lassen. Wenn nur die Menschen begreifen würden, zu welcher Größe sie bestimmt seien, welch eine Würde sie in sich trügen, welch einen Respekt sie einander schuldeten, es könnte unverzüglich ein Reich der Freiheit, des Friedens und des Verstehens anheben auf dieser Welt.

Es gibt Theologen, die im Rückblick auf das Schicksal Jesu sagen, die Weissagung Christi vom nahen Kommen des Gottesreiches sei ein Irrtum gewesen; das Reich Gottes sei nicht gekommen, eher schon die Kirche, zweitausend Jahre schon seien in die Geschichte eingegangen ohne das Kommen des Reiches Gottes. Viele Reiche seien begründet worden auf dieser Erde und hätten ihren Namen in die Geschichte eingeschrieben mit Blut und Gewalt, aber das Reich Gottes sei ferner denn je, Jesus habe sich geirrt aus Liebe zum Menschen, aus vermessener Träumerei mit den Augen Gottes über den Menschen.

Aber dürfen wir uns wirklich so betrügen und beruhigen? Sollen wir den Herrn, womöglich mit theologischer Erlaubnis und aufgeklärter Geschichtsbetrachtung, einen Narren und Phantasten nennen, oder nicht vielmehr ganz umgekehrt sagen, jetzt, an den Pforten des Advents, daß Jesu Traum vom Menschen absolut richtig war, daß er wahr sprach, wenn er meinte, einem jeden Menschen sei Gott unmittelbar nahe und gegenwärtig und das Gefühl der Angst voreinander könnte entschwinden im Vertrauen auf Gott.

Wohl aber gibt es Menschen, immer wieder und zur Zeit Jesu waren sie offenbar fast allmächtig, denen die Zeit zu früh ist, von Gott zu reden, denen es niemals an der Zeit ist, mit der Menschlichkeit Ernst zu machen, denen überhaupt das wirkliche Ernstnehmen Gottes auf dem durchpflügten und blutbesäten Boden dieser Erde zu früh ist, unzeitgemäß erscheint und die es für einen Irrtum halten, Gott so zentral ins menschliche Leben zu rücken. Ihnen kommt Gott immer zu früh, und nie ist für sie die richtige Zeit, denn die Einwände sind ihnen immer stärker. Es war bisher immer so, wie es war, und also darf es sich nicht ändern. Man hat seine Erfahrungen, wie man richtig lebt, und also braucht man nicht dazuzulernen. Man hat seine Gewohnheit, wie man sich einrichten muß, und also ist es störend, wenn etwas Neues kommt. Man hat seine Ruhe und sein Auskommen und braucht deshalb nicht den Tumult neuer Botschaften, Prophezeiungen und Erklärungen. – Nun denn, wenn die Schlafmützigkeit recht hat, hat Jesus sich geirrt. Wenn die Herzensfaulheit und -trägheit recht hat, war Jesus ein Narr. Aber sein letztes Wort an uns, bevor er unter den Stiefeln der Geschichte zermalmt werden wird, lautet noch einmal: Wachet.

Es sind Worte, die die frühe Kirche aufgegriffen hat in den Gedanken der Apokalyptik. Sie hat sich gesagt: Wenn Jesus untergehen mußte unter dieser Welt, dann wird es nicht anders sein können, als daß diese Welt zugrunde geht, ehe die Wahrheit kommt. Und ist es so falsch gedacht, wenn die frühe Kirche das Geschehen um Christus so aufgriff? Muß nicht alles zugrunde gehen, ehe wir Gott, so wie Jesus ihn verkündete, eh' wir ihn verstehen? Die Welt, die wir zu kennen glauben, gründet sich auf die ehernen Pfeiler, an denen Jesus rütteln wollte. Und zu sehr sind wir im Dunstkreis der Gewohnheiten eingeschlossen, als daß wir oft genug wagen würden, die Fragestellung des Evangeliums radikal genug zu nehmen. Jesus stellt in Frage, daß die Welt menschlich ist, so wie sie ist, zu seiner Zeit nicht anders als heute.

Einer der ehernen Pfeiler unserer beruhigten Schläfrigkeit ist die Selbstverständlichkeit, mit der wir akzeptieren, daß menschliche Beziehungen degenerieren an nichts anderem als am Geld. Unsere gesamte Gesellschaft gründet sich auf das Geld. Die Verwaltung unserer Gesellschaft in Form der Politik gründet sich auf das Geld. Die meisten menschlichen Beziehungen gründen sich aufs Geld. Nein, widersprechen Sie bitte nicht an dieser Stelle. Wir glauben an Gott, gewiß, und wir sind im Abendland seit eintausendfünfhundert Jahren Christen, mehr oder weniger. Aber erklären Sie, wie es dann kommt, daß, wo immer ein Kulturkreis mit Europa in Berührung kommt, er nicht Gott lernt, sondern den krassen Materialismus, daß es keinen Wert gibt, keinen religiösen, keinen menschlichen, keinen natürlichen, außer dem Geld und dies offensichtlich die einzige Wahrheit ist, die wir exportieren, wie man im Namen des Geldes die Natur zerstört, den Menschen zerstört und Gott mißbraucht. Ihn kann man nicht zerstören, aber offenbar diffamieren, ideologisieren.

Der andere Pfeiler, an dem wir uns halten, ist die Sicherheit im Schatten der Macht. Auch dieser Ideologie, diesem Götzen bringen wir jedes Opfer dar. Die Welt taumelt wie ein Betrunkener dem Abgrund entgegen, aber wir halten's für ganz normal, für unvermeidbar, uns in Sicherheit zu wiegen, wenn wir Angst verbreiten und drohen können. Wir nennen's dann Freiheit, Schutz, Verantwortung, politische Vernunft. Wir sind imstande, ich weiß nicht, wie oft, sagen wir: hundertzwanzigmal, ein jeder für sich, für seine Sicherheit jeden denkbaren Erdenbürger dieser Welt in die Luft zu sprengen, zu vergasen, zu verseuchen, was man will. Es ist nicht genug, eh' wir sicher sind, daß wir sicher sind. Wir häufen Vorräte auf bis zum Übermaß, wir verbreiten Elend, bis es tödlich wird, wir nehmen's für selbstverständlich, immer wieder mit der Ausrede: Das Reich Gottes *kann* gar nicht kommen, es ist noch nicht an der Zeit, heute noch nicht; wir müssen heute, wie wir leben, nur so weitermachen, es war immer gut und richtig, und also wird es auch morgen noch richtig sein; und wer sagt, dies sei eine hausgemachte Apokalypse, diese Welt, so weitergedreht, werde sich dem Ende entgegendrehen, ist ein Narr, ein Phantast, ein Unruhestifter, ein Schwarmgeist, ganz sicher ein unpolitischer Kopf, und wie man ihn unschädlich macht, beseitigt und schnell liquidiert, das wird die Frage sein.

Es geht bis in die Anfänge der Botschaft Jesu zurück, wenn er sagte, daß Gott denen nahe ist, die Hunger haben, die Leid erfahren, die Sehnsucht kennen, die sich nicht einrichten, die nicht zufrieden sind mit dem Bestehenden, die den Mut haben, etwas zu erwarten, das es noch nie gab, die laut rufen vor Verzweiflung, um eine Hoffnung kennenzulernen über diesen Status quo hinaus, und die eine andere Welt ersehnen, schon weil sie sie im Herzen tragen, weil sie sie brauchen, um menschlich zu sein, weil sie ihrer bedürfen, um leben zu können. Dies offensichtlich ist es, was Jesus mit seinen letzten Worten vor der Leidensgeschichte wollte: die Nervosität, die Unruhe, die Sensibilität, die Empfindsamkeit, die Spannkraft, etwas Neues zu erwarten, den Mut, das Alte als erledigt zu begreifen, die Kompromißlosigkeit, das längst Vergangene abzuwerfen wie ein zerschlissenes Kleid, und die Stirn zu haben, nach vorne zu blicken, durch die Dunkelheit hindurch, und mehr an die Sterne zu glauben als an die Nacht. Möge dann doch der Menschensohn kommen, wenigstens um Mitternacht; es wird ihn die Verzweiflung zur Welt bringen. Und möge er kommen spät am Abend, dann wird ihn die Müdigkeit erwarten. Möge er kommen beim Hahnenschrei, dann wird ihn das Morgenrot erwarten. Aber möge er kommen! Möge eine neue Welt kommen! Dies waren die Gebete der frühen Kirche. Damit feierte sie die Eucharistie. Vergehen möge diese Welt, dein Reich komme!

Und übertragen wir's ins Private – es ist dieselbe Haltung. Überall da, wo wir einander begegnen, brauchten wir ein wachsames Gärtnertum der Seele, wachend darüber, daß jeder neue Keim von Hoffnung nicht erstickt, sondern unterstützt wird, jede Regung der Phantasie, jeder Aufbruch zu neuem Mut, jede Andeutung einer erwachenden Freiheit, jeder Mut zu einem eigenen Gedanken, jede Stärke, mit der jemand seine eigene Person mehr ergreift, jede beginnende Weitherzigkeit und Großzügigkeit im Umgang miteinander; jeder Aufbruch aus dem Schattendasein der Angst verdient, soweit wir es können, mit unseren Händen geborgen und geschützt, gepflegt und begleitet und zutiefst im Herzen begrüßt, gesegnet und beglückwünscht zu werden. Was ich euch sage, spricht Christus, sage ich allen: Wacht. Hört auf, so möchte man es wiedergeben, euch zu beruhigen; die Welt steht nicht zum besten, und wie man uns beigebracht hat, daß man leben müßte, wird wahrscheinlich nicht stimmen. Eine Änderung in allem ist das, was uns am meisten nottut. Die Unruhe werden wir akzeptieren müssen, um dem Frieden entgegenzugehen. Den Umbruch werden wir wagen müssen, um mehr mit uns selber eins zu werden. Den Zusammensturz von vielem, das man uns als heilig vor Augen gestellt hat, werden wir lernen, bejahen und betreiben müssen, ehe wir Gott tiefer in unserem Herzen spüren, ihm dankbarer huldigen, ihm frömmer begegnen, ihn menschlicher glauben.

Wenn der Menschensohn kommt, meint Christus, wird es sein wie mit einem Mann, der sein Haus verließ, aber er möchte es wiederfinden – nicht entfremdet, verwüstet, zum Chaos um und um gestürzt, er möchte einen jeden Menschen wiederfinden, so wie Gott ihn schuf, als sein Eigentum, rein, einig und befriedet. Vergehen möge diese Welt des Durcheinanders, der Verwüstung, der Angst, der Faulheit, der Bequemlichkeit, der Phantasielosigkeit, der gierigen Interessen der Rechtfertigungen mit tausend Lügen. Aber kommen möge das Reich des Friedens, der Wahrheit, des Erbarmens, des Mutes, der individuellen Reifung und Tapferkeit eines jeden, des Glücks für ein jedes Menschenkind, das das Licht der Welt erblickt. Wachen wir über jeden Keim der Hoffnung.

Und Zeichen wird es geben an Sonne und Mond und Sternen, und auf der Erde ein Bangen der Völker, ratlos ob dem Tosen und Wallen des Meers. Und den Menschen schwindet das Leben vor Furcht und Erwartung der Dinge, die über die bewohnte Welt kommen. Denn die Kräfte der Himmel werden wanken. Und dann werden sie sehen den Menschensohn – kommend in einer Wolke mit Kraft und viel Herrlichkeit. Beginnt aber das zu geschehen, beugt euch hoch und hebt eure Köpfe! Denn es naht euer Loskauf. ...

Achtet auf euch, daß nicht schwerfällig werden eure Herzen in Rausch und Zechgelage und Alltagssorgen, und unversehens jener Tag auf euch zutrete. Denn wie eine Fangschlinge wird er hereinfahren über alle, die auf dem Angesicht der ganzen Erde wohnen. Seid also wach zu aller Zeit, flehend, daß ihr erstarkt, all diesem künftigen Geschehen zu entrinnen und hinzutreten vor den Menschensohn. LK 21,25–28.34–36

Worauf dürfen wir hoffen, und was haben wir zu erwarten? Es gibt die Optimisten vom Dienst; für sie bedeutet Hoffnung und Zuversicht, daß die Welt immer nur besser werden kann; undenkbar ist für sie der Gedanke möglichen Scheiterns, möglicher Tragik, möglichen Untergangs. Wer ihnen so spricht, den nennen sie einen Schwarzmaler, einen Pessimisten, einen Hoffnungsmörder oder überhaupt einen hoffnungslosen Charakter. Die Christen zählen in den Augen der Optimisten unverbesserlich zu solchen endzeitlichen Apokalyptikern, zu solchen hoffnungslosen Kreaturen. Man kann nicht Christ sein, ohne von Grund auf über den Gang der menschlichen Geschichte und den Lauf der Welt buchstäblich bis ins letzte desillusioniert zu sein. Seit den Tagen von Golgota steht dies fest: Wenn es die Logik der menschlichen Geschichte ist, nicht irgendein Malheur, keine Nebensache, sondern ihr Hauptthema, die Liebe, kaum daß sie sich regt, an den Pranger zu stellen, zu verleumden und so rasch wie möglich zu liquidieren; wenn es im Interesse aller Logik von Herrschaft und Gewalt liegt, die Freiheit zu schänden und mit Füßen zu treten, dann kann man nur von Herzen hoffen, daß diese Art von Geschichte so rasch wie möglich ihr Ende findet.

Was nennen wir Geschichte außer eben die Verwaltung der Egoismen im kleinen und im großen? Man schlägt die Zeitung auf und liest, dies sei die gute Nachricht: zu Weihnachten dürfen wir im Einzelhandel mit einem Umsatz von 18 Milliarden Mark rechnen, denn das Konsumverhalten steigt, und es ist ein guter Mensch, dessen Konsumverhalten steigt, er sorgt für die Erweiterung der Absatzmärkte, die Erweiterung der Investitionen, der Fortschritt greift, die Arbeitslosen werden weniger, eine gute Nachricht. Man kann nicht leugnen, daß das seine wirtschaftliche Vernunft und Logik hat. Wieder: ein Saboteur am Volksvermögen, der sagen würde, diese Art von Engstirnigkeit, von Kleinkariertheit bei 50 Millionen Verhungernden im Jahr könne man nur von Herzen zu Ende wünschen und ihr möglichst baldiges Verschwinden ersehnen. Das ganze Christentum besteht darin, die Engstirnigkeit dessen, was wir geschichtliche Vernunft nennen, als einen einzigen Alptraum der Inhumanität zu begreifen.

Man sagt uns, daß überhaupt eine Fortentwicklung der menschlichen Geschichte nur möglich ist, wenn sich der Fortschritt lohnt, materiell, versteht sich. Es müssen die Tüchtigen bezahlt werden, ausgezahlt werden, in Lohnsklaven verwandelt werden, sagen wir's gradaus. Wie aber, wenn das Christentum recht hätte: es sei, weiß Gott, möglich, sich noch für etwas anderes zu engagieren als den verdammten Geldbeutel, es gebe Hoffnungen und Visionen der Menschlichkeit, die über den verwalteten Egoismus hinausgingen, und es sei ganz sicher, daß wir uns den Ruin schaufeln, wenn wir nur so weitermachen wie bisher in Sicherheit, Herzensträgheit, Gedankenfaulheit und Sattheit? Dies einfach, daß es so weitergeht, ist ja schon der Ruin, es braucht sich gar nichts zu ändern, kein Spektakel, Zeichen an Sonne, Mond und Sternen durchaus überflüssig, denn es gibt kein Licht über uns zu sehen, weder am Tage noch in der Nacht, es gibt keine Sterne, denen wir folgen mit bloßen Füßen als Sehnsüchtige im Dunkel, als Hoffnungsbesessene in der Finsternis, wohl aber gibt es das andere, daß die Erde und ihre Völker voll sind von Angst und das Meer, der brausende Abgrund dicht an die Peripherie drängt, und schon hört man das Rauschen.

Wer so spricht, macht allen angst, und er wird dazu nötigen, sich die Ohren zuzuhalten. »So war es doch immer, vermutlich wird es so weitergehen . . .« Aber dies weiß das Christentum: Es lohnt sich nicht, vor Katastrophen Angst zu haben, schon gar nicht vor solchen, die nur reinigen können. Es lohnt sich nicht, Untergänge zu fürchten, die nur überleiten zu einer wahreren Form des Menschseins. Wieviel eigentlich an Tödlichem, an ganz Alltäglichem muß in uns sterben, ehe wir anfangen können, wirklich zu leben? Wieviel Freiheit von den Scheinsicherungen, den künstlichen Verführungen, den Wortverfälschungen aller Werte und Begriffe brauchen wir noch, ehe wir uns trauen, ein Leben zu führen, das den Namen verdient?

Die frühen Christen konnten das nicht anders sehen. Es war möglich, Jesus umzubringen, aber nicht das Leben, das er bringen wollte. Wenn irgend etwas wahr ist auf dieser Welt, dann die Worte der Bergpredigt: Selig die Armen. Selig die Weinenden. Selig, die noch trauern können, über diese – oft möchte man sagen: gottverdammte – Erde trauern können. Sie werden Hoffnung haben. Sie sind nicht lebendig tot. Sie sind noch nicht begraben. Nehmt euch in acht, sagt Jesus in dieser seiner letzten großen Vision im Lukasevangelium, hütet euch vor dem Rausch, der Besoffenheit und den Sorgen des Alltags. So kann man's machen, so werden wir uns anpassen, wenn wir wollen, daß wir mit dabei sind und mitmachen, wie man es vormacht, das Leben als Party und als Fete oder als ein bewußtloses Verdösen oder als ein Vor-sich-hin-Wühlen nach der Art der Maulwürfe im Dunkeln.

Wir Menschen vertragen es nicht und es gehört sich nicht für uns, nach dieser Art zu verkommen. Vor uns liegt die Weite der Unendlichkeit, und dieses irdische Dasein, die paar Jahrzehnte, die wir hier zubringen, brauchen nicht zu sein und sollen nicht sein eine lebendige Falle, stets unter dem Schlagbügel des Todes, der Vergänglichkeit und der von vornherein feststehenden Nichtigkeit von allem. Wir können hoffen über den Untergang hinaus. Vieles muß vergehen, ehe wir auferstehen, und nicht einmal der Tod ist fürchterlich. Danach wartet eine ganze Ewigkeit.

Es ist und war die Hoffnung dieser Visionen, daß das, was im kleinen gilt, sich ausdehnen läßt auf die gesamte Welt. Selbst physisch werden weder dieser Planet noch unser Sonnensystem noch unser Milchstraßensystem mit hundert Milliarden Fixsternensonnen noch die hundert Milliarden von Milchstraßen bestehen bleiben. Man ist grad dabei, zu prüfen, ob dies alles einen Kälte- oder Hitzetod sterben wird, aber vergehen wird es sicher, die Sonne in fünf Milliarden Jahren, der Kosmos in fünfzig Milliarden Jahren, all das läßt sich berechnen, irgendwann einigermaßen sicher.

Aber was ist mit unserem Leben, was ist mit Gott? Was ist mit dem Schicksal der Menschheit? Diese Fragen müssen wir beantworten, und es wird immer nur dieselbe Antwort geben: Wir haben ein Recht, die Liebe zu wagen gegen die Angst. Wir haben die Möglichkeit, unser Herz zu weiten gegen die Erstickung. Wir haben Grund zur Hoffnung, jenseits der Gräber, jenseits des Todes, jenseits des Zusammenbruchs. Wenn der Vorhang zerreißt, sehen unsere Augen das Licht.

Widersprüchlicher kann man die Ankunft Jesu als des Menschensohnes kaum verkündigen. Da bereiten wir uns auf eine Zeit der Stille, der Besinnlichkeit und des Friedens vor, aber intoniert und präludiert wird sie wie mit metallenen Fanfarenstößen von diesen Botschaftsbildern des Untergangs der Welt und des Zusammenbruchs von allem. Warum das? muß man sich fragen. Läßt sich nicht Frieden von innen her als Geschenk, als Möglichkeit sanft und ohne Bruch und ohne diese grausigen Bilder von Zerstörung dem Menschen nahebringen? Offensichtlich meinen ganze Passagen des Neuen Testamentes, daß das nicht geht und daß zwischen unserer Menschwerdung und dem, was wir jetzt Geschichte nennen, nur ein krasser Graben, ein Einbruch von allem, ein Ende des Gegenwärtigen und ein völlig neuer Anfang vermitteln könnte. Es ist eigentümlich, daß es Augenblicke gibt, wo wir an uns selber und der Welt ringsum so zu leiden beginnen können, daß es förmlich unser Wunsch wird, es möchte möglichst bald nur Schluß sein, endlich Schluß sein mit allem, was wir sehen. Solange es uns einigermaßen gutgeht und wir relativ beruhigt auf dieser Erde stehen, sind Bilder vom Zusammenbruch der Welt wie in diesem Evangelium eine reine Tatarennachricht, die uns aufschreckt und besorgt und unruhig macht. Menschen aber, die diese Welt nicht länger mehr ertragen, weil sie sich darinnen bis zum Wahnsinn gequält fühlen, werden auf eigentümliche Weise beruhigt, wenn sie hören, daß diese Welt – man muß schon sagen, Gott sei Dank – nicht ewig dauert. Es ist so ähnlich, wie 1945 sich das Volk der Deutschen unsichtbar zweiteilte: Die einen, wenn sie den Volksempfänger aufdrehten und die Nachrichten von der Ostfront hörten, wurden jäh entsetzt, denn so großartig die Parolen auch klangen, spürte und wußte ein jeder, was sich da abspielt und wie die Katastrophe unaufhaltsam näherrückt. Es gab aber andere, die insgeheim schon lange wünschten, daß das sogenannte Dritte Reich lieber heute als morgen zusammenstürze, und denen waren dieselben Mitteilungen wie der Beginn einer endlichen Hoffnung. Es ist möglich, daß man Katastrophen herbeiwünscht, als so widerlich und unmenschlich und völlig unerträglich erlebt man die Gegenwart.

Da ist es nun die Frage, was wir uns als Christen leisten können. Die Gruppe von Leuten, denen wir apokalyptische Visionen auf dem Boden des Neuen Testamentes verdanken, meinte, daß es aus dem Leben des Jesus von Nazaret etwas zu lernen gebe für alle Welt und alle Zeit, nämlich so: daß, wenn es möglich ist, den gütigsten, mutigsten, wunderbarsten Menschen, der je unter uns gelebt hat, nach kurzer Zeit seines Auftretens, nach ein paar Monaten, nach anderthalb oder zwei Jahren spätestens mit System und Konsequenz zu zermalmen, und zwar nicht, weil dieser oder jener irgendein Fehlurteil getroffen oder im Dienst versagt hätte, sondern einfach weil nach den ehernen Gesetzen einer präzis funktionierenden Mechanik die ganz normalen Gesetze unserer Gerechtigkeit, unserer Geschichte, unserer moralischen Vernunft ihn unter die Räder bringen *müssen*, daß dann alles, was wir zu kennen glauben und für normal halten, auf eine einzige barbarische Lüge hinausläuft und *nichts* mehr stimmt, woran zu glauben man uns gelehrt hat.

Entweder – Oder.

Entweder der Traum des Jesus von Nazaret vom Reich Gottes auf Erden ist ein phantastischer, anarchischer, vollkommen verrückter Traum, den man bekämpfen muß, weil er maßlos hoffen läßt, weil er die Menschen aufwiegelt zu utopischen Gedanken, weil er für möglich ausgibt, Menschen könnten in ihrer Freiheit, ihrer Persönlichkeit aufrecht und glücklich über diese Erde gehen und müßten sich nicht ständig beugen und schikanieren lassen unter der Tortur der Leute, die das Sagen haben und wissen, wo es langgeht. Wenn es denn stimmt, daß dieser Traum des Jesus von Nazaret gefährlich wäre, dann ist seine Hinrichtung die Widerlegung all dieser Phantastereien, die da in die Welt gebracht werden sollten, und wir können uns beruhigen, daß wir es rasch geschafft haben. Der Tod am Kreuze ist dann ja wohl die beste Widerlegung, und die Welt hat ihren Frieden wieder. Ein jedes wird zurückkehren an sein Tagewerk mit der Geduld der Tiere, der Pferde, der Esel und der Ochsen, und nichts wird sich geändert haben.

Oder wir denken, daß die Träume des Jesus von Nazaret ganz wahr waren. Sie paßten nicht in seine Zeit, und sie passen nicht in unsere Zeit. Aber ein jeder von uns könnte wissen, daß sie stimmen, denn sie berühren ihn zuinnerst. Sie erzeugen in ihm eine Schwingung von Wahrheit und Sehnsucht, so daß man mit ihm spüren könnte, das Reich Gottes ist ganz nah. Dann ist sein Tod die Offenbarung all der Widerstände, die wir in uns tragen, um uns zu wehren gegen die Güte, gegen die Freiheit, gegen die Menschlichkeit. Dann ist der Tod am Karfreitag die Apokalypse, die Offenbarung unserer Unmenschlichkeit, an die wir gewöhnt sind und die wir schon deshalb kaum noch bemerken.

Es genügt, ein paar kleine Beispiele zu geben. Da hat doch dieser Phantast aus Nazaret sich eingebildet, er könne Menschen lehren: Wer dich auf die eine Wange schlägt, dem halte noch die andere hin. Er glaubte mit dieser Anweisung eine ganze Menschheit befrieden zu können. Er traute uns zu, wir könnten aus der unsinnigen Mechanik von Reaktion und Gegenreaktion, von Stoß und Gegenstoß heraustreten und ein Stück unbedrohter Souveränität lernen. Es scheint, als habe er diese Welt nie wirklich kennengelernt. Müßte man ihm nicht sagen: Mein guter Herr, du vertust dich mit den Menschen; du mutest ihnen Dinge zu, die sie nicht leben können; unsere staatliche Ordnung, die Gesetze selber bestimmen zweitausend Jahre nach deinen Worten, daß es auf dieser Welt keinen jungen Mann von 18 Jahren gibt, der nicht gezwungenermaßen lernen wird, wie man am praktischsten auf dem Stand der Technik seiner Zeit Menschen tötet. Das ist seine Pflicht; er wird unter Eid geloben müssen, für sein Volk und Vaterland notfalls alles zu tun. Es wird ein Fortschritt sein, wenn es auf dieser Welt ein, zwei Staaten gibt, die erlauben, Ausnahmen zu machen. Das ist die Normalität der geschichtlichen Vernunft. Frieden bedeutet, Zähne zu haben wie die Wölfe und beißen zu können jeden, der sich als Feind verdächtig macht. So sieht das aus mit der Stabilität der Sicherheit, der geschichtlichen Vernunft. Sie ist nur um den Preis der Wahrhaftigkeit zu erlangen, und die blanke Güte widerlegt sich an jeder Stelle. Der Mann aus Nazaret verhetzt das Volk, wenn er den Frieden leicht und nah erreichbar scheinen läßt. Er stürzt die Ordnung um, die wir kennen.

Und genauso, wenn er es fertigbekommt zu sagen, wir brauchten Besitz und Reichtum nicht, wir seien so groß und reich und schön als Menschen, daß wir nicht nötig hätten, mit Besitztümern herumzulaufen, so wie die Pfauen ihren Schwanz ausbreiten, wir könnten in unserer Wahrheit zueinander finden und einander in der Liebe kostbar werden. *Das* sind Träume, *das* sind Träume. Der Mann versteht nichts vom Geld, nichts von der Warenzirkulation, nichts vom wirklichen Geschäft, überhaupt nichts von den normalen Sicherungen einer bürgerlichen Existenz, er hat keine Ahnung von der Wirklichkeit, so scheint es. Und wo immer Sie hinpacken ins Neue Testament, werden Sie erleben, daß wir laut schreien möchten: So geht es nicht! und tausend Gründe finden, den Mann aus Nazaret zum Verstummen zu bringen. Man muß an dieser Welt sehr leiden, um zu verstehen, was Jesus sagte: Die Weinenden, die Trauernden sind vor Gott selig, sie wollen diese Welt nicht mehr, und sie setzen ihre Träume für wirklicher als den schnöden Merkantilismus und Militarismus und was wir noch alles haben. Aber diese Menschen werden darauf hoffen, daß die Sonne und der Mond und die Sterne vom Himmel fallen. Alles, worin wir unsere erhabenen väterlichen Machtvorstellungen von Sonnenglanz und Größe zu sehen glauben, alles, wovon wir glauben, daß es als erhabenes Ideal am Himmel steht, sternenhoch über uns, die Leitmarginalien, nach denen wir uns richten müssen – alles das wird einstürzen müssen, weil es nicht stimmt, weil dieser ganze Ideenhimmel eine Lüge ist. Und wir werden sofort Angst haben vor dem Rauschen des Meeres, vor dem, was aus dem Untergrund an Gefühlen, an Leidenschaften hervorbrechen möchte, wenn wir nicht aufpassen. Und es wird die Erde anfangen zu wanken. Nur wenn Menschen diese Welt gar nicht mehr ertragen, werden sie sich sagen: Gott sei Dank kommt das so. Es ist die einzige Voraussetzung, unter der wir in einem Neuanfang beginnen können, menschlich zu werden. So meint es diese Reihe apokalyptischer Bilder: Wenn alles sich auflöst, wohin man glaubte schauen zu können, worauf man dachte sich verlassen zu können, nehmt das nicht verzweifelt, sondern richtet euch auf, denn ihr tragt vor Augen das Bild wahrer Menschlichkeit. Im Bilde gesprochen: Es kommt der Menschensohn auf einer Wolke, es wird dann endlich vor unseren Augen sichtbar, wozu wir berufen sind bei Gott. Natürlich kann es sein, daß wir, statt über den Abgrund uns zu sehnen und zu hoffen, aus lauter Traurigkeit schon jetzt zu resignieren beginnen, in Rausch und Trunkenheit den Schmerz betäuben, in den Sorgen des Alltags an den Boden gedrückt einfach so weitermachen und das Verlangen nach Menschlichkeit begraben, die Hoffnung nach Wahrheit beerdigen. Es ist eine Beschwörung, nicht so zu tun, als wäre diese Welt eine aufgestellte Falle, in der die Angst uns gefangenhielte und es gäbe kein Entrinnen. Möglich ist es, den Schmerz wachzuhalten, denn er lehrt uns die Hoffnung. Möglich ist es, das Leiden spürbar zu bewahren, denn es übt uns in der Freude. Möglich ist es, über diese Welt, die wir kennen, hinauszuhoffen und dem Mann aus Nazaret recht zu geben, der an den Ufern des Sees Gennesaret Worte sprach, die alles verwandeln bis zum Ende der Welt, bis zum Kommen des Menschensohns. Ein Advent des Umsturzes, ein Advent des Neuanfangs – wir hätten ihn in Händen, meinte Jesus.

Zum zweiten Advent

In jenen Tagen findet sich Johannes der Täufer ein, verkündet in der Ödnis von Judäa und sagt: Kehrt um! Denn genaht ist das Königtum der Himmel. Der ist es ja, der angesagt ward durch den Propheten Jesaja, der sagt:

Eines Rufenden Stimme in der Ödnis:
Bereitet den Weg des Herrn;
macht gerade seine Straßen!

Er aber, Johannes, hatte sein Gewand aus Kamelhaar und einen ledernen Gurt um seine Hüfte; seine Zehr waren Heuschrecken und wilder Honig. Damals zogen hinaus zu ihm: Jerusalem und ganz Judäa und das ganze Umland des Jordan. Und sie ließen sich im Jordan-Fluß von ihm taufen, ihre Sünden bekennend.

Als er aber viele von den Pharisäern und den Sadduzäern zu seiner Taufe kommen sah, sagte er zu ihnen: Schlangenbrut! Wer unterwies euch, zu fliehen vor dem kommenden Zorn? Bringt also Frucht der Umkehr wert. Und wähnt nicht, euch sagen zu dürfen: Wir haben ja den Abraham zum Vater! Denn ich sage euch: Gott kann aus diesen Steinen hier dem Abraham Kinder erwecken. Schon ist die Axt an die Wurzel der Bäume gelegt: Ein jeder Baum also, der nicht gute Frucht bringt, wird herausgehauen und ins Feuer geworfen.

Ich taufe euch zwar im Wasser auf Umkehr hin. Der nach mir Kommende aber ist stärker als ich; und ich bin nicht genug, ihm die Sandalen abzunehmen. Er wird euch taufen in heiligem Geist und Feuer. In seiner Hand ist die Worfel: Säubern wird er den Drusch seiner Tenne, und sammeln sein Korn in die Scheune. Die Spreu aber wird er verbrennen in unlöschbarem Feuer. MT 3,1–12

An kaum einer anderen Gestalt der Bibel kann man die Größe und die Grenze der Gestalt eines Propheten erschütternder feststellen als an der Person Johannes' des Täufers, des Mannes an der Grenzzone zwischen zwei Zeiten, buchstäblich eines Mannes der Wende.

Wie steht er da? Bekleidet mit Kamelhaar und mit Ledergürtel, ausgemergelt wie die Pflanzen der Wüste und eine Nahrung zu sich nehmend, gewonnen aus den Felsritzen der Wüste. Als ich Theologie studierte, hat man mich so gelehrt: Es sei die Angewohnheit der Propheten des alten Israel, die Zeit der Wüste zurückzuwünschen, als Israel umherzog unter dem starken Arm seines Gottes, ihn fürchtend und erhoffend bei Tag und bei Nacht im Anblick der Rauch- und Feuersäule, keinen anderen Schutz wissend als ihn, keine andere Ehrfurcht im Herzen als die vor seinem Gotte; die Propheten hätten das Leben im Kulturland verabscheut mit seiner Zerfahrenheit, seiner Wollust, seinem unnatürlichen Durcheinander, seiner Herzensverfettung wegen und seinem Unvermögen, Gott zu hören, oder, wenn schon zu hören, dann ihm gehorsam zu sein. In der Reihe dieser Wüstenträumer sei Johannes der nachgeborene, der letzte und der vollendende. Keiner der theologischen Lehrer hat mir je gesagt, was wir heute wissen und in der Zeitung lesen: daß diese Männer der Alternative mit ihrer Radikalität vielleicht berufen sind, mit grellen Worten, mit Fanfarenstößen des Gerichtes Leben zu retten vor dem drohenden Untergang.

Wie denn, wenn die pittoreske und groteske Kostümierung dieses Mannes am Jordan buchstäblich zu nehmen wäre und womöglich der ganze Weg in das, was wir Kultur oder, schlimmer, Zivilisation nennen, sich als Irrtum erweisen würde, als ein langer Marsch ins Un-Leben? Wie denn, wenn ihm ungemein viel ähnlicher und verwandter die Leute wären, die wir in den Grenzzonen unserer Kultur in die Reservate eingepfercht haben, weil wir ihnen das Attribut von Menschen nur schwerlich zusprechen mögen? – Von ihren Weisen haben wir einige Aussprüche gerettet, von Männern, die in Tipis wohnen, die Savanne lieben oder die Steppe, und ihre Worte über das, was wir Normalität nennen, sind von schneidender Schärfe, durchdringendem Verstand und von unwiderlegbarer Klarheit in der Analyse, wenn es um Menschlichkeit geht und Frömmigkeit.

Wollte man im Sinne ihrer Denkart die Predigt Johannes' des Täufers übersetzen, vorsichtig übersetzen, so daß sie womöglich zunächst noch gar nicht den Charakter von Drohung oder Untergangsvision hat, nur von Infragestellung, von Provokation, müßte man ein ganzes Kaleidoskop von Fragen artikulieren, womöglich entlang der Art, wie wir die Wirklichkeit betrachten und wahrnehmen anhand unserer Sinne.

Wie denn, müßte man dann fragen, wollt ihr Gott sehen mit euren Augen? – Alles, was ihr anschaut, ist verzerrt durch den Blickwinkel der Gier und der Begierde. Nichts auf Erden könnt ihr sehen und euch daran erfreuen; ihr müßt die Augen aufreißen wie Raubtiere, um es euch anzueignen. Einen Baum könnt ihr nicht betrachten, um ihn stehenzulassen; ihr müßt euch fragen, wieviel er bringt, wenn ihr ihn abschlagt. Keinen Fluß könnt ihr sehen, nur einfach, um euch daran zu freuen; ihr müßt euch fragen, wieviel man verdienen kann, wenn er einem gehört, wieviel an Energie er liefert, wieviel er produzieren kann, was er einbringt, wenn man ihn aufstaut, was man mit ihm machen kann, wenn er euer Eigentum wird.

So die Gebirge, so die Steppen, so die Meere. Ihr könnt nicht einmal die Sterne sehen, ohne von ihnen zu lernen, mit welcher Art von atomarem Feuer man sich zugrunde richtet. Ihr könnt nicht in den Weltraum sehen, ohne nachzudenken, wie man die Weiten des Kosmos verwandelt in einen Aufmarschbezirk von Rüstungsapparaturen, von Vernichtungsaggregaten, von Zerstörungspotentialen. Was immer ihr seht, ist geprägt von Gier, von Zerstörung, von Inbesitznahme. Und seht ihr euch selber an, von Mensch zu Mensch herrscht die Begierde: wer gehört wem? wer bringt wen in Besitz? wer eignet sich wen an? wer vergewaltigt wen? – Wie wollt ihr Gott sehen mit solchen Augen? Wie wollt ihr Menschen sehen mit dieser Art der Wahrnehmung?

Und nehmt eure Ohren. Wie wollt ihr Gott hören, wenn ihr euch so vollstopft mit Geplärr, Gelärm, Getöse, Nichtigkeiten, Phrasen, Dummheiten von früh bis spät, ohne Unterlaß bis in die Nächte? – Wir könnten auf Knopfdruck die köstlichste Musik hören, Mozart, Beethoven, Tschaikowskij, wir könnten Schiller, Goethe in den besten Interpretationen jederzeit uns zu Gemüte führen, aber, weit gefehlt, wir jagen von früh bis spät herum, daß die Nerven vibrieren, daß die Ohren scheppern, wir hören uns Worte an, die nichts sind als Geplärr, Gelärm und Durcheinander, und dies ist unser Alltag, besser wollen wir's überhaupt nicht. Nur keinen wirklichen Gedanken – er ist zu aufregend; nur kein Nachdenken – es schafft Angst; nur keine Überlegung – wir fielen auf uns selber zurück; nein, besser ist die Abstumpfung, die Dumpfheit selber, das Gedröhn, das Ohren-Verstopfen, das Sitzen mit beiden Fäusten vor den Organen, die bestimmt sind, Worte zu vernehmen, Gedanken einander zu vermitteln. – Wie wollt ihr Gott hören im Schweigen inmitten eines solchen Gelärms? Und wie wollt ihr Menschen verstehen, wenn ihr euch so taub macht?

Und eure Münder. Was sie auch reden – das meiste ist gemein. Entweder trifft es unmittelbar den anderen, weil es sagt: ich habe recht, du aber nicht; ich weiß es genau, du wirst zuhören; ich erwarte, daß du jetzt parierst; weißt du nicht, wie man es macht? Befehle, Drohungen, Diktate, Rechthaberei, Ausbrüche von Gehässigkeit und Rache – euer Mund. Oder ein Schwätzen über andere: wie niederträchtig sie sind, wieviel besser man selber; wie man einander durch den Kakao zieht oder in den Mist zieht, wie man den anderen bespuckt mit Geifer... Eure Münder, glaubt ihr, darin wohnte Gott?

Und am schlimmsten: eure Hände. Was sie berühren, machen sie schmutzig, was sie ergreifen, wird zerstört. Der lange Weg, auf dem ihr gegangen seid – *hinter* euch hat er sich in Wüste verwandelt, *vor* euch war er blühend, eine ganze Welt.

In dieser Art könnte man fortfahren, und die Aussicht wäre auf der Stelle: es geht keinen Schritt so weiter. Die Axt an der Wurzel der Bäume, sie muß nicht kommen durch einen fremden Verkünder, wir sind sie selber. Nur noch ein paar Meter weiter, und der Abgrund wird uns verschlingen. Ernsthaft zweifelt daran heute niemand mehr, glaube ich. Ein solches System von Ungerechtigkeit, Sadismus und Gewalt, eine solche Perfektion der Lüge, der Unmenschlichkeit, der Ignoranz, die man selber will, der Heuchelei in jedem Augenblick wird nicht lange mehr gutgehen, auf diesem Globus nicht.

Man könnte das Ganze noch in der Tonlage Johannes' des Täufers ins Original heben, dann wäre jedes Wort eine Peitsche, jeder Satz ein Schreckensruf, jedes Wort ein Donnerwort. Und es juckt einen im Mund und in den Händen, so zuzulangen. Hunderte von Johannes' des Täufers Sorte bräuchte man, damit sich's um den Globus herumspräche, wie es ist. Nur her, möchte man wünschen, mit Johannes dem Täufer! Recht hat der Mann!

Dies ist die Größe der Propheten, und ihre Grenze ist genauso deutlich. Deshalb, daß ich nicht wage, auch nur ein Wort im Originalton wiederzugeben: »Schlangenbrut! Bringt Früchte, die der Umkehr wert sind!« Sicher, sicher. Nur sollte man sich fragen, was die Angst bewirkt, die die Propheten schaffen, was die Untergangsvisionen anrichten, wenn man die Leute sehen lehrt. – Jede Angst ist gut im Tierreich, die schärft die Sinne, macht die Sprungbereitschaft mächtig; das Zusammenzucken führt dazu, drohenden Gefahren zu entwischen. Wir Menschen sind zu begabt im Umgang mit der Angst. Unser Geheimnis ist, daß wir die meisten Fehler begehen, weil wir Angst haben. Wir sind die einzigen, die die Angst so verdrehen können, daß am Ende nichts mehr stimmt. Dies ist die Grenze der Propheten, daß, indem sie in allem recht haben, schließlich alles falsch wird, wenn man *nur* auf sie hört.

Der Mann, der nach dem Täufer kam, war nicht so, wie sein Vorläufer ihn schilderte: »Schon steht er da, die Schaufel in der Hand, Spreu und Weizen trennend, Feuer über die Spreu, die Kammer über das Korn.« – So hat Jesus nie gedacht, nie gefühlt, nie gelebt. Was er wollte, war, indem er all das aufgriff, was Johannes sagte, das gerade Gegenteil: Wie behandelt man Menschen, damit ihre Hände die Güte zurückzugewinnen vermögen? Wie öffnet man die Hände von Menschen, die sich verkrampfen zu Fäusten? Wie macht man die Hand eines Menschen so reich, daß er fähig wird, ohne Angst zu teilen? Wie streichelt man die Hand eines Menschen so sanft, daß sie zärtlich wird und Leben weckt? Wie berührt man die Hand eines Menschen auf eine Weise, daß sie rein wird und alles, was sie anfaßt, an Schönheit gewinnt? – *Das* war die Frage Jesu.

Wie spricht man zu einem Menschen so, daß seine Ohren sich öffnen und seine Seele angerührt wird von Worten der Wahrheit? Wie redet man so freundlich ins Herz eines Menschen, daß die Angst daraus weicht und er sich aufschließt zu seinem eigentlichen Leben? Wie formt man menschliche Worte so, daß darunter die Stimme zum Gesang wird und das menschliche Herz zum Instrument, diese Melodie zu verkörpern und zu spielen? – *Dies* war die Frage Jesu.

Wie bringt man den Mund eines Menschen dazu, daß er Freundlichkeit spricht und Vertrauen erweckt, Worte, die wiederum zum Herzen eines anderen reden, nicht indem sie Frieden oder Freiheit oder Gerechtigkeit zum Befehl erheben, aber stark genug sind, diese Geschenke zu verwirklichen und zu geben? Wie wird es möglich, den Mund eines Menschen so zu prägen, daß die Worte, die daraus hervorgehen, so sind wie die Berührung der Lippen, so sanft und so nahe und so geprägt von Liebe?

Und wie erweckt man die Augen von Menschen, daß sie widerspiegeln den Schimmer der Sterne und aufleuchten von der Entdeckung eigenen Glücks? Wie legt man in die Augen von Menschen den Glanz der Unendlichkeit, das Vertrauen in die Güte von allem, was ist? Wie macht man sie empfänglich für die Schönheit von allem, was existiert, und dankbar für die Schönheit des eigenen Wesens? – *Dies* waren die Fragen Jesu, wenn er kommt in seinem Advent.

Wie sieht unser Leben aus, wenn wir gezwungen werden, Bilanz zu machen? Johannes der Täufer ist ein Mann, wie es ihn im Verlaufe von Jahrhunderten nur wenige gibt. Aber diese wenigen sind notwendig, denn sie zwingen zur endgültigen Prüfung dessen, was wahr ist in unserem Leben, und dessen, was beseitigt werden muß.

In den Augen des Täufers gelten all die Entschuldigungen nicht, mit denen wir für gewöhnlich unsere Mängel umkleiden und immer wieder beteuern, daß wir im Grunde nicht anders leben als alle anderen auch. Es sind immer wieder die gleichen Argumente, mit denen wir unsere Kompromisse, unsere Verwaschenheiten, unsere eigenen Undurchsichtigkeiten zu erklären und zu legitimieren versuchen: Wir könnten schließlich keine Ausnahme machen, wir verfügten nicht über die nötige Energie, ein ganz anderes Leben zu führen, wir wüßten auch nicht anders zu leben, als man uns gelehrt hat und wir schon durch die Macht der Gewohnheit angewiesen werden. – Im Sinn der bürgerlichen Logik gelten alle diese Erklärungen; im Sinne des Täufers sind sie, was sie sind: nichts weiter als faule Ausreden. Natürlich kann man anders, man braucht die Verfettung im Kulturland überhaupt nicht. Wenn sich zeigt, daß das Wohnen im Land, wo Milch und Honig fließt, das Herz verfettet und das Blöken des Viehs auf den Triften nur die Ohren verstopft, warum dann nicht zurück in die Wüste, den Ort, da Israel noch wußte, was es bedeutet, jeden Tag Gott vor Augen zu haben, des Tags in einer Wolkensäule, des Nachts in der Gestalt von Feuer? Braucht man den Krimskrams wirklich, mit dem wir uns die Hände füllen und die Seele leer machen? Es war die große Hoffnung schon der alten Propheten Israels, man könnte den Schrei der Not all der Menschen im Elend ohne Zögern wahrnehmen und befolgen. War Israel nicht selber einmal Fremdling und Sklave im Lande Ägypten? Und sollte es so ganz verlernt haben, was es heißt, mit Füßen getreten zu werden?

Es sollte nicht schwer sein, das, was Johannes im Erbe der großen Propheten, des Amos, des Hosea, meint, in die Sprache des 20. Jahrhunderts zu übersetzen. Inmitten unserer Welt von etwa fünf Milliarden Menschen wissen mehr als achthundert Millionen nicht zu leben und zu sterben, das ist jeder fünfte auf diesem Planeten. Sollte es unser gutes Recht sein und schon der Stil der Gewohnheit, kein Grund zur Aufregung jedenfalls, daß dies so ist? Und sollte es wirklich nicht möglich sein, zu empfinden, welch ein herausfordernder Skandal darin liegt? Man zeigt der Generation, die heute heranwächst, auf Bildern und an Originalschauplätzen, wie der Stein der Krematorien in Auschwitz und in Dachau aussieht, als Menschen im Kampf gegen den Tod die Fingernägel eingruben in die

Mauern. Selbst der härteste und der toteste Stoff läßt sich erweichen. Und wer waren die Zeitgenossen damals? ist die eingegrabene Frage. Was werden wir der Generation sagen, die morgen heranwächst und uns fragt, was wir gemacht haben, als wir riesige Mittel auf die Nordhalbkugel karrten und zusammenfuhren, völlig unberührt vom millionenfachen Elend?

Johannes der Täufer war ein Mann, der es leid war, sich die Phrasen der Entschuldigung anzuhören. Er wußte genau, daß es wirklich nur ein einziges Argument gibt, das uns hindert, noch heute mit einem anderen Leben anzufangen: allein die Trägheit und die Angst. Gegen die Trägheit setzte Johannes den Stachel des Vorwurfs, ausgesprochen mit dem Munde Gottes. Gegen die Angst aber setzte er selber die Sprache der Angst. Es ist ein Verfahren, wie wenn jemand die Katastrophe eines Steppenbrandes grade noch beseitigen will, indem er selber einen Streifen Feuer legt. So steht Johannes am Jordan, mit einer Logik der Katastrophe gegen die längst eingetretene Katastrophe menschlicher Versteinerung. Deutlicher kann man es nicht sagen. Alles braucht nur zu bleiben, wie es ist, und man wird merken, daß Gott längst die Axt schwingt gegen die Wurzel der Bäume. Schon sieht Johannes seinen Nachfolger vor sich; eine Generation weiter, und er wird endlich kommen, der Mann, den Gott sendet. Er hat bereits in der Vision des Täufers die Worfschaufel in der Hand, und er wird zuschlagen mit dem Dreschflegel auf der Tenne, um zu sondern die Spreu vom Weizen. Klarer und eindeutiger kann man nicht reden als Johannes der Täufer; energischer und eindringlicher die Wahrheit zu sagen, die zu tun ist, vermag kein Mensch. Erst wenn man begriffen hat, worin die Wahrheit dieses Mannes liegt, kann man einen Schritt weiter begreifen, daß selbst sie, gesprochen mitten im Advent, nur vorläufig ist.

Denn als der kam, den er verheißen wollte, wußte er, daß man den Menschen nicht retten kann mit Worfschaufel, Dreschflegel und Feuer, mit der Angst gegen die Angst. Einzig gilt es, das Herz des Menschen zu beruhigen, das sich verzweifelt klammert an den letzten Rest der Güter, an denen er selber erstickt. Es gilt zunächst den Krampf zu lösen, mit dem die Hände das umspannen, was sie überhaupt nicht brauchen und worauf zu verzichten viel reicher machen könnte als alles, was wir besitzen. Es gilt zunächst, den Alptraum des Schreckens aus der Seele des Menschen zu verbannen, ehe es möglich wird, die Augen der Menschen zu öffnen für die Wirklichkeit der fremden Not. Und es gilt, so leise wie möglich zum Herzen Jerusalems zu reden, ehe sich seine Ohren öffnen und es den Schrei der Notleidenden vernimmt.

Die Wahrheit des Johannes läßt sich nur leben durch die Botschaft der Liebe. Aber wie nötig wir sie haben, werden wir erst verstehen, wenn wir begreifen, wie unerläßlich uns Johannes ist. Es gab eine Zeit, da ganz Judäa auszog an den Jordan mit dem Wunsch, ein neues Leben zu beginnen. Was hindert uns, noch heute damit anzufangen?

Anfang der Heilsbotschaft von Jesus, dem Messias, Gottes Sohn.
Wie geschrieben steht bei Jesaja, dem Propheten:
Hiermit sende ich meinen Boten vor dir her,
der deinen Weg vorbahnen soll.
Stimme eines Rufers in der Wüste:
Bereitet den Weg des Herrn.
Gerade macht seine Pfade. (Jes. 40,3)

Es geschah: Johannes taufte in der Wüste und verkündete die Umkehrtaufe zum Nachlaß der Sünden. Und herausging zu ihm das ganze judäische Land und die Jerusalemer alle, und sie ließen sich taufen von ihm im Jordanfluß, ihre Sünden bekennend. Und es war Johannes bekleidet mit Kamelhaar und einem Ledergürtel um seine Hüfte, und seine Speise: Heuschrecken und wilder Honig.

Und er verkündete, sprechend: Nach mir kommt, der stärker ist als ich. Ich bin nicht genug, gebückt seine Sandalenriemen zu lösen. Ich habe euch in Wasser getauft. Er aber wird euch taufen in heiligem Geist. MK 1,1–8

Wie mit ehernen Lettern sind diese Worte geschrieben am Beginn des Markusevangeliums: Anfang der Heilsbotschaft von Jesus Christus. Das ist es eigentlich, was wir wissen *müssen:* wie das Heil beginnt und zu uns kommen kann.

Wenn wir uns beruhigen wollen in der Betrachtung der großen Gestalten der Geschichte, sind wir geneigt, auf den Ausgang ihres Lebens zu starren. Wenn wir wissen, wie eine große Geschichte zu Ende geht, können wir uns zurücklehnen, und alle Spannung fällt von uns ab, denn wir kennen ja das Ende. Wenn es um das wirkliche Leben geht, muß man unbedingt auf den Anfang achten, wo noch nichts entschieden ist, jedes Risiko noch offen ist, jedes existentielle Wagnis noch unausgemacht im Raume steht, wir aber in der ganzen Spannung unseres Lebens wartend, hoffend, sehnsüchtig, zweifelnd uns strecken nach der Zukunft.

Wir sind in diesen Wochen des Advent Wartende und Suchende, und in gewissem Sinn ist dies unser ganzes Leben, zu hoffen und zu glauben darauf, daß das Wesentliche noch kommt, denn alles Entscheidende kann sich nur ereignen für die Suchenden. Deshalb ist es das größte Anliegen Johannes' des Täufers, vorzubereiten, wachzurütteln und eine neue Sehnsucht zu wecken.

Worauf warten wir wirklich? Das ist die Frage, die seit den Tagen des Johannes zu jeder Zeit an jeden Menschen ergeht. Es gibt alte Weissagungen über unser Leben, und sie drängen danach, sich zu erfüllen. Aber wie vernehmen wir die verblichenen und verwehten Schriftzeichen Gottes in unserem Herzen? Es gibt uralte Weissagungen und heilige Prophezeiungen über unser Leben, noch ehe wir zur Welt kamen. Aber wie finden wir den Anschluß an unser größeres und eigentliches Wesen?

Johannes der Täufer knüpft mit seiner Botschaft nach Jahrhunderten der Vergessenheit an die Sehnsucht der alten Propheten seines Volkes wieder an. Es ist die Meinung der großen Gestalten Israels, des Amos, des Hosea, des Jeremia, daß es als erstes darum gehen müsse, das Volk wieder einen neuen Durst und einen neuen Hunger zu lehren. Es ist ein Thema, das in unseren Tagen vielleicht mehr als alle anderen aktuell ist: wie man die Menschen zurückführen könnte zur Leidenschaft einer fast verlorenen Sehnsucht. Selber fast am Rande der Verzweiflung, glaubten die Propheten des alten Israel, wenn Gott wieder eine Chance bekommen könnte, gehört zu werden, müsse er dem Volk zumuten, eine Zeit der Wüste wieder auf sich zu nehmen oder, anders gewendet, dem Volk die Erkenntnis antragen, daß seine Lebensform einer vollendeten menschlichen Wüstenei gleichkommt. Vielleicht gibt es kaum eine größere Gefahr für die Menschlichkeit, als so zu leben, wie wir's fast für Pflicht erklären, äußerlich beruhigt in jeder Art der äußeren Lebensnotdurft, wohlversorgt, wohlabgesättigt, wohlabgefüttert mit allem, was das Herz begehrt, vollgestopft mit materiellem Krimskrams bis zum äußersten, und darunter legt sich eine immer schwerere bleierne Deckschicht über unsere Seele. Vor lauter Besorgungen, lauter Kümmernissen und lauter Sorgen im Alltäglichen stehen wir in der Gefahr, immer mehr zu vergessen, was in uns leben könnte.

Eigentümlich, es wird kaum jemanden unter Ihnen geben, der älter ist als fünfzig und sich nicht ungefähr noch erinnern könnte, wie es nach 1945 aussah. Es konnten ganze Häuserzeilen in Schutt und Asche liegen, man hatte kein Geld in der Hosentasche, man lebte von der Hand in den Mund, aber merkwürdig, es gab Tugenden, die seit dreißig Jahren wie verschollen sind, ein Gefühl der Brüderlichkeit, des Verständnisses, der Bereitschaft, einander zu helfen, miteinander am gleichen Strick zu ziehen, es gab die Ödnis dieser Verfettung noch nicht, die uns seither heimgesucht hat. Es gab die Verspießerung noch nicht, die Vermopsung noch nicht, das Sich-Einrichten im Kulturland, hätten die alten Propheten gesagt, die Götzendienerei der Fruchtbarkeitsreligion und den Tanz um das Goldene Kalb, den öden Materialismus nicht, wie wir es heute ausdrücken würden. Es gab ein unmittelbares Gespür für Dinge, die wichtig sind, und solche, die nicht wichtig sind. Es gab eine deutliche, instinktive Unterscheidung für das, was Menschen leben läßt und was sie tötet. Deshalb schwärmten die Propheten förmlich davon, das Volk zurückzuführen in die Wüste, so wie es damals war. Man wußte nicht, wie man morgen leben würde, aber wenn man morgens aufstand, begann man zwischen dem Gestein die Brocken des Manna, dieser seltsamen Speise vom Himmel, zu sammeln, Körnchen für Körnchen. Man wußte nicht, wovon man lebt, deshalb nannte man es »Was ist das? – manhu«, die Speise, die Gott gab. Aber in dieser Zeit ohne Vorsorge, ohne Absicherung und des ständigen Unterwegsseins war die Sehnsucht Israels groß und sein Herz Gott nahe. Man traute sich keinen Schritt weiter, ohne Gott vor sich zu sehen, in einer Wolkensäule am Tag und einer Feuersäule bei Nacht. Und es genügte zu wissen, daß Gott seine Schwingen breiten, daß er mitgehen würde, Seite an Seite mit seinem Volk. Was braucht ein Mensch wesentlich mehr, um lebendig zu sein?

Johannes der Täufer macht dies ganz ernst, indem er einen Ritus aufgreift, den wir meist moralisierend verkürzt verstehen: Laßt euch taufen, sagt er. Ein wunderbares Zeichen. Wenn heute ein Kind im Christentum zur Welt kommt, bringen wir es zum Empfang der Taufe in die Kirche, und wir wollen damit sagen: Ein Mensch, der zur Welt kommt, soll sich niemals fühlen müssen als das Produkt seiner Eltern, das Produkt seiner Umgebung, das Produkt fremder Erwartungen. Er soll sein und haben ein eigenes Ich, das hervorgegangen ist aus den unsichtbaren Händen seines Schöpfers. Er soll ein Mensch sein, dessen Stirn den Himmel berührt und dessen Herz frei ist für Gott. So soll es leben dürfen. Und seinen Namen soll es empfangen im Raum des Heiligen. Denn ihm selber gelten alle Weissagungen, alle Verheißungen und alles Heil der Erde. Kein Mensch ringsum soll jemals das Recht haben, das reine Licht Gottes in seinem Herzen zu trüben. Niemand soll die Macht haben, seinen Weg zurück zu den Sternen zu verdunkeln oder zu versperren. Das ist es, was wir die Taufe nennen, wenn sie einem Kind gespendet wird.

Aber was bedeutet sie, wenn sie Erwachsenen angetragen wird, uns, die wir leben, dreißig, vierzig, sechzig Jahre schon? Wie wär's, das Phantastische würde gelten und die Aufforderung fände Gehör: Fang an, den verschollenen Wegen nachzuträumen, die du nie gegangen bist. Hab den Mut, zu überlegen, wie dein Leben aussähe, wenn es noch einmal ganz von vorn beginnen könnte. Jetzt zurückblickend, mit der Erkenntnis von heute – wie würdest du leben mögen, könnte alles noch einmal von vorn anheben? Vermutlich würden die meisten sagen: Phantasterei; darüber nachzudenken stört, bringt durcheinander und verwirrt; wir leben, wie wir leben, der Zug ist abgefahren, wir sitzen darin, zwanzig Stationen haben wir hinter uns, im übrigen wissen wir gar nicht so genau, auf welcher Strecke wir sind, ob nach Hamburg, Warschau, Berlin oder München, wer will das sagen – Hauptsache, es geht weiter. Dann hat Johannes der Täufer nichts zu sagen, eine Umkehr ist illusorisch, der Zwang der Umstände wird uns weiterpeitschen, und wir werden von einem Heil Gottes in unserem Leben nie mehr etwas hören.

Die Chance ist, daß wir vernehmen: Es gibt so vieles, was wir nie gewagt haben zu träumen. Es gibt so viele Hoffnungen, die wir kaum wagten kennenzulernen. An ihre Stelle ist die Macht der Resignation getreten, der eingeschliffenen, mechanisierten Ängste, der Gegendressate, in die man uns eingezwängt hat, immer weiter entfernt von uns selber. Wie aber, wenn wir unsere ursprüngliche Gestalt wiederfinden könnten? Wie, wenn wir noch einmal buchstäblich alles umkehren könnten und dort begännen, wo das seither Nicht-Gelebte abgebrochen wurde, auf daß das Verschollene keimen könnte, das in unser Herz Gesäte und nie Aufgeblühte sich hervorwagen dürfte zum Licht und zur Schönheit? Wir sind soviel reicher, als wir selber glauben. Unsere Seele ist soviel schöner, als wir ihr zutrauen. Unser Dasein hat soviel Möglichkeiten, und wer zwingt uns eigentlich, ständig zu verzichten? Einzig doch nur die Angst, der Mangel an Vertrauen, die beigebrachten Formeln, das Nachplappern dessen, was die andern sagen, machen und tun.

Es kommt einem Wunder gleich, wenn Johannes der Täufer ganz Judäa und Jerusalem faszinierte, herauszukommen aus den Wohnungen, aus den Löchern, aus den Höhlen, hinaus in die Wüste, an den Jordan. Es ist die Vision, daß das Leben noch einmal beginnen kann, muschelblank und rein. Es geht in dem Sinn ja nicht um moralische Vergehen, um Sünden im Sinne von Gebotsübertretungen, es geht um die Abweichungen, um die Untreue gegenüber dem eigenen Wesen, gegenüber dem ganzen Dasein, zu dem wir berufen sind, um die Abspaltungen von uns selber. Sie zu bekennen, sich einzugestehen und, wo irgend es geht, sie zu beseitigen, ist ein großes Werk. Denn unsere Menschlichkeit reift darunter, unser Glück wächst daran, und die unverstellte Gestalt dessen, was wir sind, beginnt zu leben.

Gewiß, wir können sagen, dieser Mann am Jordan macht uns angst; schon wie er aussieht, ist zu asketisch; mit ledernen Gürteln, Kamelhaargewändern und Speisen aus Heuschrecken und wildem Honig wollen wir nichts zu tun haben. Dies ist zu hart, zu absolut, zu steil gefordert, dies schneidet in die Bequemlichkeiten, tut den Gewohnheiten weh, stößt im Grunde ab, denn es ist, zunächst, nicht annehmlich, weich. Und trotzdem: Es gilt, jenseits der Verspießerungen eine tiefere Hoffnung zu entdecken, sie ruht in uns allen. Und wenn wir uns nichts vormachen, gibt es ein größeres Glück, als woran wir tagaus, tagein hastend und rennend zu glauben uns selber einreden. Wie wir eine ganze Generation und uns selber inmitten der menschlichen Auszehrung, des Verdorrens, der Menschenwüstenei den

Mut zu höheren Zielen, zum Glauben an die Sterne, zur Sehnsucht, es den Wolken nachzutun, lehren können, vermitteln können, ist vielleicht die einzige Frage des Advent. Woher wir Durst und Hunger fühlen inmitten einer Welt, die uns nicht sättigt, ist der erste Anfang, daß Gott wahr wird in unserem Herzen.

Keiner wußte dies besser als Johannes: Es wird nach ihm jemand kommen, den braucht man nicht mehr zu verkündigen mit Mahnung, Aufruf, Drohung und Forderung. Er wird sich ereignen mitten im Herzen der Sehnsucht, ganz von innen. Denn dies ist das wirkliche Wunder unserer Menschlichkeit, daß wir getauft werden mit einem Geist, der in unserem Herzen lebt: ein heiliger Geist, der in unseren Träumen wächst, in unserem Fühlen, in unserem Denken, in uns selber, kein fremder Geist mehr, sondern in Erfüllung ältester Prophezeiung des Alten Testamentes: Am Ende der Tage wird es sein, siehe, da gebe ich den Söhnen Träume und den alten Leuten Visionen. Soll man glauben, daß dies wahr wäre, eine Generation, die heranwächst, beflügelt von Träumen, Phantasie, Poesie, Kreativität und dem Mut, die Welt umzukrempeln nach neuen Maßen, neuen Visionen, und es gäbe alte Leute, die schauen Gesichte, indem sie ihr Leben rückblickend wie ein sich bereitendes aufgeschlagenes Buch Gottes in ihren Händen zu lesen beginnen, ahnend schon die verborgene Gestalt, die gereift ist in den paar Jahrzehnten ihres Lebens, und vor sich das Versprechen der Ewigkeit jenseits des Grabens des Todes? Den jungen Leuten Träume, den alten Leuten Visionen und einem jeden die Taufe des Geistes, welch ein Versprechen!

Im fünfzehnten Jahr der Regierung des Kaisers Tiberius – als Pontius Pilatus Statthalter von Judäa war, Herodes Gaufürst von Galiläa, sein Bruder Philippus Gaufürst von Ituräa und des trachonitischen Landes, Lysanias Gaufürst von Abilene – unter dem Hohenpriester Hannas und Kajaphas: Da geschah das Wort Gottes an Johannes, Zacharias' Sohn, in der Ödnis. Und er kam in das ganze Umland des Jordan als Künder einer Taufe auf Umkehr hin – zum Nachlaß der Sünden. So ist geschrieben im Buch der Worte des Propheten Jesaja:

Eines Rufenden Stimme in der Ödnis:
Bereitet den Weg des Herrn;
macht gerade seine Straßen.
Jede Schlucht werde aufgefüllt,
jeder Berg und Hügel niedrig gemacht,
das Verquere werde zu Geradem,
die holprigen zu ebenen Wegen.
Und jedes fleischlich Wesen
schaue das rettende Tun Gottes. LK 3,1–6

Mit merkwürdiger Genauigkeit leitet der Evangelist Lukas die eigentliche Erzählung des öffentlichen Wirkens Jesu ein. Auf das genaueste schickt er die Mitteilungen der Herrscher und ihrer Machtbezirke dem Wirken des Vorläufers Johannes vorweg. Gewiß eine schriftstellerische Manier, wie sie in der Antike üblich war, gewiß ein Verfahren, dort anzuknüpfen, wo die Chronisten seiner Zeit ihren Stil geübt hatten, und dennoch Aufschluß auch über die Art, wie etwas Wesentliches in unser Leben eintritt. Denn ganz so würden auch wir vermutlich von den wesentlichen Begebenheiten in unserem eigenen Leben zu berichten wissen, nur in kleinerem Format. Wenn sich in unserem Leben etwas Entscheidendes ereignet, werden auch wir es im Rückblick meist noch auf das genaueste wiederzugeben wissen, zu welcher Stunde es war, an welchem Ort, wir sehen den Wartesaal, den Versammlungsraum, die Straße womöglich noch ganz genau vor uns, wissen die Inneneinrichtung zu beschreiben, wissen noch, ob an diesem Tag die Sonne schien oder Herbstwind war, alle Details sind uns gegenwärtig, und doch zeigen sie, fast grotesk, daß sich ganz unabhängig davon ebendies Entscheidende in unserem Leben zugetragen hat. Ganz so hier.

Man wird annehmen dürfen, daß zur Zeit Johannes' des Täufers gerade die Namen jener Männer in aller Munde waren. Historisch gesehen schien es auf *sie* anzukommen, bei ihnen lag die Macht, und sie hatten das Sagen.

Und dennoch zeigt sich wie im Kontrast, daß förmlich an ihnen vorbei, in einem vergessenen Winkel ihres Reiches und einer Zone, die sie gar nicht kontrollieren zu müssen glaubten, das Entscheidende sich vorbereitet und ereignet. Sie, die Mächtigen, stehen mit einemmal auf der Bühne der eigentlichen Ereignisse wie Statisten. Geplant und dirigiert haben sie, aber an ihnen vorbei, unterhalb ihrer Aufmerksamkeit tritt das Wesentliche in die Erscheinung. So immer, wenn wir Menschen handeln, ganz besessen von dem Glauben: es kommt auf uns entscheidend an, *wir* sind's, *wir* planen's – dann wird im Verborgenen und Verschwiegenen, uns selbst zur Überraschung, mit einemmal das Wesentliche sich bemerkbar machen, und all unsere Vorsätze sind nur noch der Dekor der Bühne, niemals die treibenden Kräfte, es hervorzubringen.

Kommt es also auf uns gar nicht an, wenn es um die Wegbereitung des Entscheidenden geht? So wieder auch nicht. Vielmehr daß der Ruf des Johannes, Sohn des Mannes mit dem Namen »Gott hat ein Gedenken« – Zacharias –, in der Wüste ergeht. Mit dieser Zone des Schweigens verbinden die Propheten des Alten Testamentes eine eigentümliche Vision. Erstaunlich ist in der Religionsgeschichte, daß alle wesentlichen Gründer der Menschheitsreligionen Orte der Wüste, wie absichtlich, aufsuchen. Tatsächlich ist sie das Terrain der Wahrheit. Unerbittlich, ist sie ein Lebensraum fast der Lebensfeindlichkeit. In ihr überlebt nur, wer ihr seelisch gewachsen ist: in ihrer grenzenlosen Einsamkeit, in dem krassen Wechselspiel ihrer Gegensätze, der kälteklirrenden Nächte und der hitzeflirrenden Tage, der extremen Kontraste, der starrenden Zonen des Todes, des Treibsands, der Vergänglichkeit und dann der wenigen Oasenstellen explodierenden Lebens. An jeder Stelle zwingt die Wüste zur Entscheidung. Nichts Überflüssiges duldet sie, keinerlei Luxus erlaubt sie, alles Nebensächliche macht sie zum Ballast und mergelt sie aus unter dem ständigen Druck des reibenden Windes. Pflanzen, die dort existieren wollen, müssen ihre Blätter zusammenrollen, bis daß sie stachelig und spitz werden, und alle Gedanken der Menschen formen sich schließlich, gewinnen am Ende Gestalt, indem alles Überflüssige herausgeschnitten wird. Nur noch die wesentlichen Fragen sind in diesen Zonen des Schweigens erlaubt, und eine einzige Erfahrung begleitet die Menschen der Wüste die Tage und die Nächte über: daß die Menschen winzig sind und vergänglich, die Welt grenzenlos und weit, aber darüber himmelhoch die ewige Kuppel der Majestät Gottes. Zu ihr aufzuschauen und unter ihr zu leben, nach den Bahnen ihrer Gestirne Wege zu suchen und Pfade im Unwirklichen zu finden, und vor allem die Dankbarkeit, Gott ergeben zu sein unter seiner Führung: so zu denken haben die Religionen der Wüste allesamt gelernt. Und die Männer der Wüsteneinsamkeit waren schließlich die Wegweiser der Menschheit.

So Johannes der Täufer. So wünschen's die Propheten. Sie erklären dem Volk Israel inmitten des fruchtbaren Agrarlandes, daß es schon nicht mehr nur in der Gefahr steht, sondern sich längst die Anklage gefallen lassen muß, seine Ohren verklebt zu haben und sein Herz verfettet. Sehnlichst daß die Propheten herbeiwünschen, Gott möge sein Volk in die Wüste zurückführen, in die Zeit, da es, wenn es morgens erwachte, kaum zu leben wußte vor Hunger und vor Not, aber wenn es existierte, so aus der Hand Gottes, die ihm jeden Morgen das Manna auf die Erde sandte, um es dort aufzusammeln; ein jeder Tag hervorgegangen aus der Gnade Gottes. Daß man dies wieder spüren möchte, voller Dankbarkeit und Angewiesenheit, dies wünschten die Propheten sehnlich, weil sie dachten, Menschen würden glücklicher, wenn sie einfach lebten und ihr Dasein nicht verstellen müßten mit allem möglichen Zierat und Gerät, nur Verführungen des Herzens, Verstellungen des Wesentlichen. Deshalb begibt sich Johannes zurück an den Ort der Prophetenweissagungen, der ersten Führungsstunden und Lehrstunden Israels. Wenn überhaupt, dann in einem einfachen und unverstellten Leben wird man lernen, zurückzufinden zum Gottesursprung. Dort gebraucht er das große Wort und Bild von der Taufe und Bekehrung, von einem neuen Anfang in einem reinen Leben, so geläutert, so rein, wie die Wüste Menschen erziehen kann.

Fragt man nun: was sollen wir denn machen, wie schwören wir der Sünde ab?, so zeigt dieses alte Bild erfüllter Prophetenrede, was zu tun ist: dem Herrn einen Weg bereiten. Wer wollte es nicht? Wer möchte nicht, daß Gott Eingang fände zu uns Menschen. Aber wie? Gewiß sind das Sprachbilder, die geformt sind vom zurückkehrenden Rest Israels, der auf dem Königsweg mitten durch die Wüste eine Art planierter Wegstrecke vorbereitet findet. Aber was für ein Bild, bezogen auf unser Leben? Was krumm ist, soll gerade werden. Innerlich auf unsere Lebensführung bezogen, eine geradezu geniale Formel der Vereinfachung, sicher nicht der Simplifikation. Keine Frage, im Leben geht es nicht so zu wie im Geometriebuch, wo gelehrt wird, daß die kürzeste Verbindung zwischen zwei Punkten immer noch die Gerade sei. So zielgeradeaus können wir nicht leben. Wir existieren inmitten von Hindernissen. Wir können nicht jeden Berg untertunneln oder ihn einebnen. Wir müssen serpentinenartig uns dem Hang anpassen, tausend Umwege sind nötig. Aber Menschen sollten nicht zu den Bergen zählen, die uns die Wege krümmen, mit Menschen sollten wir nicht so umgehen, daß wir uns an ihnen vorbeidrücken oder uns um sie herumschmiegen. Denn die stets Wendigen und Windigen werden schließlich selber serpentinenförmig, selber schlangenartig, verlogen, verkrümmt, jedem ausweichend und ohne Charakter.

Was krumm ist, soll gerade werden, das heißt: Wage, die Wahrheit zu sagen, steh zu dem, was du wirklich denkst, verbiege es nicht aus Angst; Menschen sind deine Partner, keine Hindernisse. Menschen stehen vor dir nicht wie Berge, die man meiden oder überwinden müßte, sie sind Gefährten deiner Wegstrecke. Ihnen gegenüber lohnt sich kein Ausweichen, sondern Klarheit und Ehrlichkeit. Und in jedem Punkt, wo du der Lüge ausweichst und gradeaus bist, bereitest du Gott einen Weg ins Leben. Die Psalmen wurden nicht müde, die Menschen seligzupreisen, die herzensgerade sind, wie das schöne hebräische Wort sagt. Die Geradeausdenker, die unverworrenen Gemüter bereiten Gott einen Weg in diese Welt. Und genauso übertragen in die Vertikale: die Verbiegungen zwischen Schlucht und Berg, zwischen Höhe und Tiefe. Unsere Stimmungskurve wird unvermeidbar nach oben und nach unten schnellen, immer wieder. Augenblicke des Erfolgs wird es geben und Stunden der Demütigung. Kein Mensch kann dies vermeiden, selbst wenn er es wollte. Aber wir müßten uns selber nicht eine Lebensphilosophie aneignen, die das Leben nur so einteilt in Höhepunkte und Tiefpunkte, in Erfolg und Mißerfolg. Denn tun wir dies, sind wir sofort gebannt in die Strapaze der Anstrengung, des Wir-müssen-selber-Machen.

Besser ist es, das Leben gleichmütiger, ausgewogener, ebener zu sehen, so daß die großen Berge gar nicht so groß erscheinen, wenn wir sie nicht so wichtig nehmen, die sich auftürmenden Lebenshindernisse nicht so dramatisch uns vor Augen stehen, weil wir wissen: unser Leben beschränkt sich nicht auf das Terrain des Irdischen. Wichtiger ist über uns der Himmel, und vor ihm relativieren sich Schluchten, Berge und Hügel. Wenn wir uns zwingen, nur nach oben und unten einzuteilen, erscheinen uns viele Menschen als zu groß, und wir müssen sie bekämpfen, und viele Menschen als zu klein, und wir müssen sie verachten. Und wenn wir das oft genug tun, wird es sogar im eigenen Herzen vieles geben, was uns zu minderwertig ist, und wir werden es verleugnen, und anderes, das wir nach oben ziehen und heben möchten, und es wird uns nicht gelingen. »Ebenmäßig« werden – die Psalmen drücken das oft so aus, daß sie von dem kleingewordenen Herzen sprechen, das die Augen nicht mehr nach oben erhebt. Es ist die beste Art, tiefen Fall zu vermeiden. Berge und Schluchten zu nivellieren bedeutet nicht, das Leben langweilig zu machen. Es bedeutet nur, es in ein Zentrum zu ziehen, wo es ruhiger wird und nicht – wie in der Fieberkurve – ständig vibrierend und enervierend auf und ab tanzt inmitten ständiger Krisen, wo es nicht geschüttelt wird von Euphorie und Depression, sondern in Ruhe zu sich selber findet.

In dieser Haltung der Einfachheit und Dankbarkeit, der Wüste, in der Bereitschaft der geraden Herzen und in der Richtigkeit oder der Ausgerichtetheit der ebenmäßig gewordenen, der an der Erde ruhig gewordenen, der demütigen, der bescheiden gewordenen Menschen findet Gott Eingang in diese Welt. Und zu schauen ist sein Heil überall da, wo irgend es sich ereignet. Wo Menschen wahr sind, wird Gott wirklich.

Am Anfang des Advent steht die Gestalt Johannes' des Täufers. Mit ihm beginnt auf dem Boden des Neuen Testaments eine neue Form von Verheißung und Hoffnung. Jahrhunderte waren ins Land gegangen, in denen Israel sich trösten mußte mit der Überlieferung der Alten. Kein Gotteswort erreichte es unmittelbar. Abgestorben war das Vertrauen, daß wir Menschen befähigt seien, Gott mit den Augen des Herzens zu sehen und mit den eigenen Ohren zu vernehmen. Es war eine erklärte, gelernte, ausgelegte, überlieferte Form von Religiosität entstanden, in der dem einzelnen von den Schriftauslegern und den Hohenpriestern Stelle für Stelle seines Lebens kommentiert werden mußte, woran er sich halten und was er tun mußte. Ein solches Leben mag fleißig sein und bemüht, in gewissem Sinne rechtschaffen und treu, aber es ist immer auch trocken und staubig und leer, eine Wüstenei des Herzens, die sich immer weiter ausbreitet. Im Sinn der alten Prophetie galt die Wüste als ein Bild des Heils. Mit Mißtrauen verfolgten diese Männer, daß Israel im Kulturland immer mehr den Ursprung und die Unmittelbarkeit seiner Hoffnungen verlor und sich einrichtete. Man kann arm sein mitten im äußeren Wohlstand. Und die Propheten hätten etwas darum gegeben, ja, sie stellten es als die Verheißung für eine bestimmte Zeit des Zusammenbruchs wieder dar, daß Gott sein Volk nehmen und förmlich in die Tage der Väter, in die Zeit des Wüstenzuges zurücktreiben werde.

Geht es uns nicht fast immer so, daß wir an Gott stark zu glauben vermögen und innerlich wahr sind, wenn die Garantien für unser Leben und der ganze Haufen falscher Sicherheiten sich wie von alleine auflösen? Das ist Israel einmal gewesen: Es hatte die Knechtschaft der Menschen abgelegt, und es fand sich wieder am anderen Ufer des Toten Meeres. Wie können wir Menschen leben, wenn wir morgens beim Aufstehen *nicht* wissen, was sein wird? Es war die Zeit, in der Israel unter den Händen seines Gottes am meisten geschützt war; eines Gottes, der am Tage mit ihm ging in Gestalt einer Rauchsäule und des Nachts in Gestalt einer Feuersäule als Schutz gegen die Last der Sonnenhitze und als Wegzeichen in der Dunkelheit der Nächte. Man wußte damals nie, man erhob sich und empfing, was man zum Leben brauchte, unmittelbar aus der Hand Gottes, jeden Morgen neu. Man las es auf zwischen den Steinen und lernte zu leben von der Hand in den Mund, und es ging immer weiter, tagaus, tagein und Jahr um Jahr. In den Augen der Propheten ist einzig dies ein wirkliches Leben: ein immer hoffendes, ein immer sich vorwärts bewegendes, ständig unruhiges, von Gott getragenes. Es gibt für Johannes den Täufer überhaupt keinen anderen Ort, um zu den Menschen seiner Zeit zu reden, als dieses prophetische Traumland der Wüste. Man mag sich fragen, wie es kommt, daß ein ganzes

Volk jahrhundertelang darauf wartet, unmittelbar von Gott angesprochen zu werden. Und dann endlich ergeht ein Wort zu einer bestimmten Zeit, unter der Regierung von Leuten, die damit überhaupt nichts zu tun haben, die es nicht verstehen und auch nicht organisieren und die lediglich auf der Bühne der Zeit herumstehen wie Statisten oder Zuschauer oder Gegner, als sie's annähernd begreifen. Vermutlich redet Gott nicht zu bestimmten Zeiten, ab und an, wenn er gerade will, und läßt uns in der übrigen Zeit förmlich zappeln und hängen aus Gründen, die wir nicht begreifen; vermutlich redet Gott ständig, vermutlich leuchtet er immer, so wie das Licht der Sonne ständig gegenwärtig ist. Nur daß es manchmal Menschen gibt, die es sehen. Wie wir unsere Herzen so öffnen könnten, daß die Wirklichkeit, die uns ständig umgibt, uns tatsächlich erreicht, einzig das ist die Frage. Was die Propheten uns zu sagen haben, ist selten etwas wirklich anderes als das, was wir selber deutlich genug fühlen und merken würden. Die großen Gestalten der Religionsgeschichte sind nicht groß als Entdecker und Erfinder ungeahnter Neuigkeiten, sie sind nur einfach die Menschen, die *beim Wort* nehmen, was wir alle uns selber sagen könnten. Gott redet zu ihnen, weil sie ihn bei sich einlassen und weil sie einfach genug sind, einfach zu tun, was er zu sagen hat.

Johannes der Täufer mag, mit den Augen des Neuen Testamentes gelesen, in all seinen Anliegen vorläufig sein. Er möchte im Sinn der alten Propheten und des Glaubens Israels, daß man das Wort des Gesetzes unverstellt *einmal* befolgt. Es ist der sehnsuchtsvolle Glaube, die ganze Welt werde in Ordnung sein, in den Bildern des Mythos; der Messias, das Reich Gottes werde kommen, wenn Israel auch nur ein einziges Mal einen Sabbat ohne Schuld begehe, wenn es keines der göttlichen Gebote auslasse, und so möge es umkehren, abrücken von den Sünden und den geraden Weg der Heiligkeit gehen. Dabei steht Johannes nicht an, mit beschwörenden Formeln zu drohen, was passieren wird, wenn man so nicht tut. Ihm sitzt Gott im Nacken, ihm steht er vor Augen, ihm macht er angst, ihm ist er Verheißung. Dicht gerückt sind ihm die Worte der Alten: jetzt oder nie. Lukas aber greift die Worte des Johannes in einer Weise auf, daß darin Verheißungen des Jesaja zum Tragen kämen, und es sind Bilder außerhalb einer solchen Bemühtheit, Verkrampftheit und angstgepreßten Richtigkeit. Es sind Bilder, wie wir die Wüste unseres Lebens einrichten könnten zum Ort, Gott zu empfangen.

Da gelte es, krumme Wege gerade zu machen. Und davon wissen wir eine Menge. Kaum einen Tag, den wir nicht mit einem endlosen Manövrieren auf Umwegen zubrächten. Wann schon hätten wir den Mut, einer dem anderen etwas gradeaus zu sagen? Wann würden wir die Kraft haben, irgend etwas auf unverstellte Weise anzugehen? Wir winden uns, drehen uns, biegen uns, immer auf den krummen Wegen. Wieviel Mut gehört oft dazu, auf all das Hin und Her, auf die Zickzackbewegungen der Diplomatie, die wir für nötig halten, um den anderen einzuwickeln, zu verzichten und zu sagen, was wir wirklich denken, möchten, wollen! Die Geradheit des Herzens ist der Königsweg Gottes für Jesaja.

Und genau so mit den Abweichungen nach oben und nach unten. Da gelte es, Täler aufzufüllen. Wie oft fühlen wir uns in unserem Leben tief unten und wie hineingeworfen in den Abgrund, niedergeschlagen, zu Boden gedrückt, immer nur im Bereich der Schatten und der Traurigkeiten. Wie wir es vermöchten, da herauszukommen, um das Licht wiederzusehen, um gewissermaßen zu unserem eigenen Format zurückzukehren und zu sein, was wir wirklich sind, ohne das Lastgewicht ständiger Enttäuschungen über uns selber, Verzweiflungen über das, was wir sind? – Es würde genügen, einfach *zu sein* und mit beiden Beinen auf der Erde zu stehen.

Und mit den Bergen nicht minder. Wie oft klettern wir in die Höhe, glauben überhaupt erst leben zu können, wenn wir uns wer weiß wie verstiegen anstellen, und es kann nicht hoch genug gehen, nicht groß genug erscheinen, nicht überflüssig genug viel Kraft kosten!

Es wäre möglich, auf der einfachen Erde einfach und geradeaus zu leben, es hätte nicht all das Angestrengte aus der Predigt Johannes' des Täufers, es wäre nur, daß inmitten der Wahrheit die Wüstenei des Lebens beginnen könnte, zu blühen und reich zu werden, und die Freude anfangen könnte, auf Gott zu warten. Denn er ist nahe. Es gilt nur, schon zu hören, schon sich zu öffnen.

Etwas Eigentümliches ist es um die Gestalten der Heiligen in der katholischen Kirche. Fast scheint es ein Gesetz der Entsprechung zu geben, daß sie um so bekannter und großartiger in der Verehrung des Volkes stehen, je weniger man historisch von ihnen weiß.

Eine überragende Rolle in der Geschichte eines jeden von uns hat die Person des heiligen Nikolaus gespielt. Niemand unter den Heiligen des Volkes ist bekannter, niemand bei den Kindern beliebter, und dies gewiß nicht der Spekulatiusmänner wegen, die man am 6. Dezember in Stiefeln oder Schuhen vor den Türen zu finden pflegt. Aus seinem Leben wird mehr an Legenden denn an Geschichte überliefert. Sicher ist er, um 300 herum geboren, sehr bald in die christliche Erziehung bei Mönchen gegeben worden. Er muß recht früh Bischof der jüdischen Stadt Myra geworden sein, einer damals relativ großen, von den Römern zur Hauptstadt erklärten Ansiedlung mit einem Theater, mit Wasserleitungen, die Kaiser Hadrian errichtet hatte... Die Stadt Myra hatte ihre Bedeutung, also auch ihr Bischof. Wir finden ihn wieder beim Konzil von Nizäa im Jahre 325, dort wird er in zwei Listen geführt; alles weitere ist Legende, wie wir so sagen. So soll er dem Irrlehrer Arius, um dessen Lehren das ganze Konzil ging – Kaiser Konstantin wollte die Ansichten der Christen in seinem Reich vereinheitlichen – mit Macht entgegengetreten sein, er soll ihn geradewegs, an Stelle von Argumenten, mit den Fäusten geschlagen haben. Arius appellierte an den Kaiser, und der tat seine Pflicht: Nikolaus wurde eingekerkert. Aber was tat Gott? Er wirkte ein Wunder, und am anderen Morgen saß Nikolaus in seiner Zelle, frei von den Fesseln, betend über dem Neuen Testament, in welchem doch die Partei Christi klar bezeugt wurde. Klarer war die Heiligkeit des Nikolaus nicht zu bezeugen, und er wurde freigelassen.

In der Überlieferung vermischt sich vieles aus seinem Leben mit der Gestalt eines Mannes, der zweihundert Jahre später als Visionär und Seher gelebt hat. Von ihm geht die Sage, daß er eine Schiffsreise nach Jerusalem antrat, auf der er Menschen aus Seenot rettete. Dieser Nikolaus von Sidon verschmilzt in der Überlieferung mit Nikolaus, dem Bischof von Myra. Wir wüßten wenig, hätten wir nur die Historie, die Heiligen zu verehren. So aber schwelgt die Legende in der Erzählung von Taten des Mitleids. Nikolaus soll Schiffe während einer Hungersnot angehalten haben. Kapitän und Seeleute weigerten sich, die gelagerten Bestände von Mehl an die Bevölkerung herauszugeben, der Kaiser bestehe unter Androhung von Strafe darauf, daß die Schiffsfracht ohne Einbuße im Hafen gelöscht werde. Nikolaus entfernte so viel an Mehlsäcken, wie man brauchte, den Hunger der eigenen Bevölkerung zu stillen, ja, es waren für zwei Jahre Vorrat und

Saatgut noch überzählig. Als aber das Schiff in den Hafen einlief, fehlte nichts von der Fracht – eines der Wunder des heiligen Nikolaus.

Er soll, nicht minder wunderbar und hoch zu rühmen, einer armen Familie, die drei Töchter hatte, von denen keine einzige standesgemäß zu verheiraten war, aus der Not geholfen haben, indem er des Nachts drei Säcke Gold durch ihr Fenster warf.

Dies sind die Vorstellungen der Legende; hinzu kommt heidnischer Brauch in diesen Tagen des Dezember: die Gestalt eines Weckmanns, die an Fruchtbarkeitszauber altgermanischer Bräuche erinnert. Fabeln und Legenden, heidnisches Amalgam – sieht so der katholische Glaube aus? – Ja, und man möchte sagen, Gott sei Dank. Was wissen wir denn vom Leben eines Menschen wirklich, außer wir wagen ihn zu träumen? Jeder mag sagen, Träume seien nichts weiter als Einbildung, Eingebung des eigenen Herzens und wir verehrten immer nur uns selber, malten wir die Gestalt eines Heiligen nach den Bildern, Hoffnungen, Sehnsüchten, die uns die eigene Phantasie eingibt. Ist es aber nicht auch denkbar und sogar unerläßlich, daß wir mit Hilfe der eigenen Träume überhaupt erst die Wahrheit im Leben eines anderen bemerken? Könnte es nicht sein, daß gerade die eigene Sehnsucht uns zeigt und lehrt, wer der andere wirklich ist? Dann sind all die Taten, die vom heiligen Nikolaus berichtet werden, Aufgaben, die sich noch viel mehr innerlich stellen, als daß wir sie äußerlich rühmen könnten. Wie viele Menschen treffen wir, denen es daran mangelt, die Liebe zu lernen. Wie erreicht man es, daß Menschen sich buchstäblich reich genug fühlen, um sich des anderen zu bedienen, dessen sie für ihr Glück bedürfen? Und wie bewirkt man solches Wunder der Seele, das die Hemmnisse nimmt, das Gefühl der Armut zum Verschwinden bringt und ganz normale Hoffnungen des Lebens realisieren hilft? Wie ist es möglich, Menschen, deren Leben über dem Abgrund hängt, wie bei einer Seefahrt mitten in Not unter dem Wogenschwall und dem Brausen des Windes Rettung und Schutz zu geben? Wie ist es möglich, Mitleid so zu üben, daß es anderen hilft und niemanden schädigt, so daß am Ende nichts mehr fehlt?

Es ist im Grunde immer wieder die menschliche Not, die sich an Gott wendet, und jeder, der auf sie eingeht, wird bei Gott und den Menschen hoch in Ansehen stehen. Die Gestalt eines Heiligen in diesem Sinne ist zeitlos. Es kommt nicht darauf an, was man geschichtlich von ihr weiß. Es ist die ewige Geschichte Gottes mit uns Menschen, immer die gleiche Not, das Suchen nach Liebe, Schutz gegen Angst, Mittel gegen das Verhungern. Wer in diesen drei Bereichen sich als groß erweist, menschliches Elend und menschliche Not auch nur ein wenig zu lindern, ist dem Heiligen von Myra sehr nahe. Er hat eine Lehre, die man nicht mit Fäusten predigen muß, er kann sicher sein, daß Gott im Kerker eines jeden Menschen Fesseln löst und Wunder der Befreiung wirkt. Darüber hinaus zeigt sich, daß wir wohl doch nicht Menschen so unterschiedlicher Kultur und Religion sind, daß wir nicht von allen lernen könnten. Kein Brauchtum und keine Vorstellung wäre so heidnisch, daß sie nicht zugleich auch christlich genannt werden könnte, wenn wir nur offen genug, poetisch genug sind. Das sind die schönsten Feste der Kirche, die am wenigsten spezifisch, aber dafür im Wesen menschlich sind.

Zum dritten Advent

Als aber Johannes im Gefängnis von den Taten des Messias hörte, schickte er seine Jünger, damit sie zu ihm sprechen: Bist du »der Kommende«? Oder sollen wir auf einen anderen warten? Da hob Jesus an und sprach zu ihnen: Geht und berichtet dem Johannes, was ihr hört und erblickt:

Blinde blicken auf und Krüppel gehen.
Aussätzige werden rein und Taube hören.
Tote werden erweckt
und Armen wird die Heilsbotschaft gebracht.
Und selig ist, wer an mir kein Ärgernis nimmt.

Als diese von dannen zogen, fing Jesus an, zu den Scharen über Johannes zu reden: Was seid ihr in die Ödnis hinausgegangen? Um ein Schilfrohr zu schauen, das unterm Winde schwankt? Oder: Was seid ihr hinausgegangen? Um einen Menschen zu sehen, mollig gekleidet? Da! Die das Mollige tragen – in den Häusern der Könige sind sie! Oder: Was seid ihr hinausgegangen? Einen Propheten zu sehen? Ja! Ich sage euch: Weit mehr denn einen Propheten! Der ist es, von dem geschrieben ist:

Da! Ich sende meinen Boten vor deinem Angesicht her,
damit er deinen Weg wird vor dir rüsten.

Wahr ists, ich sage euch: Erweckt wurde unter den Weibgeborenen kein Größerer als Johannes der Täufer. Der Kleinste aber im Königtum der Himmel ist größer als er. MT 11,2–11

Erschütternd ist die Frage des Johannes aus dem Kerker an Jesus: Bist du es, der da kommen soll?

Ein Mann hat sein Leben lang sich eingesetzt, bestimmte Hoffnungen als greifbar nahe zu verkünden, er war in seiner Gestalt so unbedingt und selbst so glaubwürdig und überzeugend, daß die Leute aus ganz Judäa und dem Bergland an den Jordan strömten. Er hatte den Mut, vor den Machthabern und den Königen Gott zu bekennen, und liegt nun im Gefängnis, den sicheren Tod vor Augen. Diese Stunden müssen für Johannes schlimm gewesen sein. Es ist nicht, daß er an seiner Botschaft selber zweifelt. Die Frage ist ihm dennoch unabweisbar, ob es jemanden gibt, noch zu seiner Zeit wenigstens, der sie erfüllt, oder wie lang es sich noch hinziehen muß. Daß er sich in dem Wesentlichen geirrt haben könnte, dies glaubt Johannes nicht, aber sollte es sein, daß Gott auf sich warten läßt und warten läßt? –

das Schicksal aller Propheten durch Jahrhunderte. Und ist es dann am Ende nicht doch wie Täuschung, mindestens wie Enttäuschung?

Tatsächlich dringt die Kunde von Jesus auch in den Kerker, und ein letztes Mal möchte Johannes wissen, was seine Botschaft wert ist, in gewissem Sinne auch, was er über sich selbst, über seine Berufung und sein Schicksal denken soll. Merkwürdig ist dies in unserem Leben, daß wir subjektiv all das getan haben können, was wir sollten, und dennoch wird das endgültige Urteil über den Wert und die Bedeutung dessen, was wir sind und waren, wie von außen, vom weiteren Gang der Geschichte, aus der Hand Gottes über uns gesprochen.

Worauf hat Johannes gewartet? Daß das Reich Gottes anbricht, jetzt, in seinen Tagen, bald schon, und er hat ausgemalt, wie es sein würde: Nach ihm käme jemand, weit größer als er selber, vor allem in der Dimension des Schreckens. Wie eine Axt in die Wurzel der Bäume würde der endgültige Gesandte von Gott hineinfahren, wie Feuer über die Spreu, wie der Dreschflegel über das Korn.

Ist Jesus derjenige, der solche Weissagungen wahr macht und erfüllt? Man sieht und hört nichts von Äxten, Feuer und Dreschflegel im Munde Jesu. Und dennoch gibt er den Gesandten des Johannes eine Antwort. Es scheint nicht möglich, mit Ja oder Nein die Frage des Johannes zu entscheiden. Sagt man ja, müßte man ihm recht geben in den Details seiner Verheißung; und das kann man nicht. Sagt man nein, gibt man ihm unrecht in dem Wesentlichen seiner Verkündigung; und auch das kann man nicht. Das einzige, wozu Jesus die Boten des Johannes einlädt, ist, ihr eigenes Zeugnis weiterzugeben. Was sie selber sehen, was sie selber hören, sollen sie prüfen und sich dabei fragen: Ist es von Gott oder nicht? Ist dies das Heil, auf das man warten kann und soll? Es ist eine sehr leise Sprache, in der Jesus hier spricht, wie Worte durch die Gitterstäbe der Gefangenschaft. Aber es ist eine Aufzählung, die jeden an die Worte des Jesaja aus dem 35. Kapitel erinnern wird: Wenn das Heil kommt, wird Gott jedes Elend der Menschen berühren und fortnehmen.

Blinde sehen. Wie viele Menschen gibt es, die aus Not und Verzweiflung am hellen Tage die Welt wie in Dunkelheit und Nacht getaucht sehen und sehen noch nicht den nächsten Schritt vor den Augen, den sie gehen könnten. Wie gibt man solchen Menschen Mut, Zuversicht und eine Perspektive für ihr Leben hier auf dieser Erde? – In der Botschaft Jesu muß dies lebendig sein, daß Menschen sich getrauen, ihren Blick nach vorn zu richten.

Lahme gehen. Auch das kennen wir, wie schwer uns die Glieder sein können im Gefühl der Verzweiflung, als ob der ganze Körper nur noch aus

Resignation, bleierner Schwere und Müdigkeit bestünde. Und man wagt die eigenen Hände kaum noch zu rühren. Es ist, wie wenn es nie die Möglichkeit gegeben hätte, etwas zu tun, das sinnvoll wäre und imstande, Glück zu bringen. – Aber in der Botschaft Jesu muß diese Kraft gelebt haben, Menschen zu erfüllen mit einer gewissen Begeisterung für ihr Leben und für die Menschen ringsum, so daß es sich lohnte, dieses Leben, ihr eigenes, wieder in die Hand zu nehmen.

Aussätzige werden rein. Es gibt diese so weit verbreitete Pest, Menschen dahin zu bringen, daß sie sich selbst nur fühlen können wie etwas ansteckend Krankmachendes, wie etwas, vor dem man von weitem warnen müßte, wie etwas, auf das man nur mit weiten, ausgestreckten Händen zeigen kann als Unrat, Auswurf und Gemeinheit. Jedes Schuldgefühl hat diese Macht, Menschen in Aussatz zu verwandeln. – Aber in der Botschaft Jesu muß diese Kraft enthalten gewesen sein, Menschen wieder mit dem Vertrauen zu erfüllen, daß sie wie alle anderen auch rein und gut und zumutbar genug für alle anderen sein könnten und ein Recht hätten, sich wieder blicken zu lassen unter den Augen der Menschen und ihre Nähe nicht mehr zu fürchten.

Taube hören. Wie oft geht uns das so, daß wir vorm Lärm der Zeit am liebsten die Ohren schließen möchten, als ging' im Trommelfeuer der Redensarten jedes sinnvolle Wort bis zum Ersterben unter und wir könnten in allem, was gesagt wird, weder Sinn noch Verstand noch irgendeinen Inhalt wahrnehmen. Es ist nicht, daß wir akustisch nicht imstande wären, zu vernehmen und die Laute zu registrieren, es ist nur, daß uns die Ohren vollgestopft sind vom Gekreisch und Geschrei und Gelärm. – In der Botschaft Jesu muß dies gelegen haben, Menschen hellhörig zu machen für das, was andere wirklich zu sagen haben, aufnahmefähig und bereit, selbst mitten im Gelärm die feinen Botschaften mitschwingen zu hören und wieder so etwas zu lernen wie eine Freude an der Musikalität, an der Sprachfähigkeit, an der Gemeinschaft der Worte.

Es ist wie eine Zusammenfassung aller Not, wenn Jesus hinzufügt: Tote stehen auf. Menschen gibt es, die, kaum daß sie auf der Welt sind, tagaus, tagein mehr warten auf den Engel mit dem Gewand der Nacht als auf die Helligkeit des Tages, und immer scheint der Tod näher als das Leben, als wären sie bestimmt dazu, aus Bleikammern der Verwesung nie hervorzukommen und aus den Gräbern der Erde nie aufzusteigen zur Helligkeit des Tages. – Die Botschaft Jesu muß die Kraft gehabt haben, das Leben liebenswert zu machen bis dahin, daß Menschen sich getrauen mochten, Gott selber als Quelle und Ursprung ihres Daseins dankbar zu preisen. Allen Armen wird diese Frohbotschaft verkündet, grade ihnen, weil sie sie verstehen, mitten in ihrem Elend.

Dabei bleibt es für Johannes die Frage, ob er diese sanfte und milde Botschaft als Enttäuschung wertet oder als eine noch einmal neu an ihn ergehende Verheißung. Selig, wer nicht Anstoß nimmt, fügt Jesus hinzu. – Es ist möglich, daß Johannes verbittert ist, denn alles, was er sagte, war bis zur Grenze des Grausamen schwer, ängstigend, asketisch und bemüht. Wenn jetzt das Heil auf derart leichten Füßen in die Welt käme, wär's nicht doch Grund, sich zu empören und zu erklären, dieser *kann* das Heil nicht sein? Johannes muß selber entscheiden, was ihm evident wird an Menschlichkeit und Göttlichkeit, auch in seinem Leben und in seiner Botschaft.

Dann aber wendet Jesus sich an die Leute. Auch sie müssen wissen, wen sie am Jordan suchten und wen sie heute vor sich haben. Und Jesus erinnert sie an ihre wirklichen Motive. Jeder, der sich damals taufen ließ, tat es nicht, um einer besonderen Attraktion und Mode der Zeit zu folgen. Es ging nicht darum, Wetterfahnen undSchilfrohre zu betrachten. Leute, die immer nur wissen, wie sie mitlaufen und mit den Wölfen heulen müssen – von der Art war Johannes nie, und das wußte man vorher. Es ging auch nicht darum, irgendeinem modischen Schnickschnack zu folgen und bei den nächsten Zusammentreffen im Kreise der Albernheiten verkünden zu können, daß man *auch* am Jordan war, so wie man *auch* irgendwo im Süden in den Ferien war. Wenn es darum gegangen wäre, hätte man nicht zum Jordan gehen müssen. Solche Leute wohnen dort, wo das Geld wächst und die Macht blüht. Das war nicht Johannes. Aber begreift man seine Größe, versteht man zugleich seine Grenze. Und das Wunderbarste an der Art, wie Gott mit uns lebt, ist, daß, wenn er wahr macht, was er verspricht, es immer noch unendlich viel größer ist, als wir zu hoffen wagten, und selbst das, was uns am wahrsten dünkte, fast noch erscheint wie ein Irrtum. Das Reich Gottes ist da, und es lebt, denn es läßt die Toten auferstehen.

Bei den Worten dieses Evangeliums stehen wir allem Anschein nach am Wendepunkt der Religionsgeschichte und ganz gewiß an einer Wendemarke unserer eigenen Lebensauffassungen. Es ist, wie wenn zwei Prinzipien aufeinanderträfen in der Gestalt des Täufers und in der Person Jesu. Beide verkörpern sie einen unterschiedlichen Ausgangspunkt. Johannes steht für den Gipfelpunkt dessen, was Menschen von sich her zu tun vermögen, wenn sie es ernst meinen mit ihrem Leben und sich Gott überantworten. Nach Jahrhunderten der schriftgelehrten Rede von Gott beginnt mit Johannes dem Täufer wieder eine innere Vision und Intuition religiös wirksam zu werden. Für den Mann am Jordan ist Gott so unmittelbar erlebbar, so eindringlich nahe zu spüren, daß es die Menschen seiner Zeit in den Bann gezogen hat. Wenn Johannes von Gott spricht, ist es ihm dringende Gegenwart; jetzt oder nie gilt es, die Wahrheit, die längst erkannt ist, mit aller Anspannung des guten Willens auch zu tun. Was er verkündet, sind einfache Hinweise: Wer zwei Röcke hat, gebe dem einen, der keinen hat. Wenn Menschen noch zögern sollten, diese für Johannes wie selbstverständlichen Dinge endlich in die Tat umzusetzen, dann macht er ihnen Beine mit der Geißel der Angst, indem er in schrecklichen Bildern als seinen Nachfolger die Gestalt des von Gott verheißenen Messias an die Wand der menschlichen Geschichte malt. Schon steht er bereit, erklärt der Täufer, die Axt an die Wurzel der Bäume zu legen, und er wird unbarmherzig die Menschen trennen in Weizen und Spreu; er wird dreschen auf der Tenne und im ewigen Feuer verbrennen, was nichtig ist. Wir hören aus der Legende des Johannes, daß er den Mut besaß, am Thron der Mächtigen einzustehen für Recht und Wahrheit, indem er dem König den Ehebruch und das Laster in aller Öffentlichkeit zum Vorwurf zu machen wagte. Johannes riskierte dafür sein Leben. Aus dem Kerker heraus fragt er nun, wie weit seine Erwartung, seine für sicher geglaubte Hoffnung in Erfüllung gehe und bei wem, an wessen Person sich dies festmachen lasse. Ist Jesus derjenige, auf den Johannes nach der biblischen Darstellung hindeuten wollte?

Eine merkwürdige Antwort aus dem Munde Jesu ist dies, die ja sagt, um zugleich zu korrigieren, und zusichert, was doch erst gilt, wenn es eine entscheidende Wende und Wandlung durchlaufen hat. Nichts ist übrig in der Botschaft des Jesus von Nazaret von all dem Drohenden, Ängstigenden, Gerichtssehnsüchtigen in der Predigt der Täufers. Das Neue Testament kaschiert, so gut es kann, den ganz empfindlichen Bruch zwischen diesen beiden großen Gestalten der Bibel, dem Täufer und dem Mann aus Nazaret.

In Wirklichkeit wird in der Botschaft und in der Person Jesu eine ganz andere, scheinbar gegenläufige Erfahrung wirksam: Es hilft den Menschen nicht entscheidend, wenn man ihnen Vorhaltungen im Namen der Moral und ihrer Gesetze macht. Es liegt nicht daran, daß sie nicht genügend guten Willen hätten und daß man ihnen lediglich mit Druck und Vorschrift sagen müßte, es gelte jetzt, sich unverzüglich anzustrengen, sich zu beherrschen und sich mit Energie auf den rechten Kurs zu drücken. Die Menschen sind unendlich viel hilfloser, ausgesetzter und leidender. Das ist es, was Jesus gesehen haben muß, indem er immer wieder von den Menschen, die am meisten litten, sich am stärksten angezogen fühlte und ihnen nachging, um zunehmend die Welt aus den Augen derer zu verstehen, die am meisten weinen. Wer diesen Standpunkt einnimmt, für den verändert sich die ganze Welt. Es gibt kein Ding mehr, das noch so aussähe wie vorher. Die ganz gewöhnliche, normal erscheinende Ordnung kehrt sich um, und es bleibt einzig die Frage, was Menschen wirklich hilft. Es ist so einfach, nach klaren Prinzipien zu reden: das ist gut und das ist falsch; so ist es in Ordnung und so darf man nicht tun; alles ist eindeutig, zuverlässig, sicher – nur ist das menschliche Leben nicht eindeutig, zuverlässig und sicher, es ist voll ungelöster Fragen. Kein wirkliches Problem der menschlichen Existenz beantwortet sich in solcher Oberflächlichkeit. Und das ist nun die Aufgabe, die Jesus vor sich sieht: Wie heilt man die Menschen und macht sie allererst fähig zu der Güte, die in ihnen schlummert und die sie leben möchten? Es ist ein wunderbarer Katalog, den zu berichten aus eigenem Zeugnis Jesus die Jünger des Johannes auffordert. Es ist wie eine erfüllte Prophetie, wenn er der Reihe nach die Taten seiner Heilungen in die Gefangenschaft seines eigenen Lehrers Johannes zu melden beauftragt.

Blinde sehen. Wir müssen uns nur einen Augenblick lang selber fragen, wieviel seit Kindertagen wir nicht haben wahrnehmen dürfen. Spätestens wenn ein Kind sieht, was kritisch empfunden werden müßte, wird das Verbot ergehen, die Welt anders und nicht so, wie sie gerade noch schien, zu betrachten. Man darf den eigenen Augen nicht trauen, wenn dies etwas ins Wanken brächte oder in Frage stellte; es gilt, die Weltsicht einzunehmen, die richtig ist und vorgeschrieben wird. Menschenkinder sind noch nicht zehn Jahre alt, da sind diese Scheuklappen, Sichtblenden, Perspektiveverengungen und zwangsverordneten Verfälschungen der eigenen Wahrheit bis an die Grenze der Blindheit wirksam. Es würde in unseren Augen so viel leuchten können an innerer Freude, an Glanz aus der Tiefe der Seele, an Entdeckerreichtum und Neugier, an Forschergeist und Offenheit. Wo sehen wir Augen von Menschen, die *so* sind, zauberhaft im Schimmer des Herzens und geöffnet und sehend für alles, was Leid ist? Menschen, die glücklich sind, haben keinen Grund, den Schmerz zu scheuen. Sie können sich darauf einlassen, ohne sich in Frage gestellt zu fühlen. Für sie verwandelt sich die Welt nicht in ständige Pflichten, in Hinsehenmüssen und Wegsehenmüssen; sie sind, wenn man so will, Realisten oder besser Surrealisten der Wahrnehmung, denn sie sehen unverfälscht die Hintergründe von allem, die Motive und die Gefühle, aus denen heraus etwas geschieht. Wir Menschen wären begabt, die Augen von Dichtern zu haben. Aber wie nimmt man uns die Hüllen, wie löst man uns die Blindheit? Und wieviel Mut muß man Menschen machen, eh' sie beginnen können, ihrem eigenen Wahrnehmungsvermögen wieder Wirklichkeit und Wahrheit zuzutrauen? Wie nimmt man sie so an die Hand, daß sie keinen Grund mehr spüren, vor irgend etwas die Augen zu verschließen, und daß sie die Kraft wiederfinden, *alles* an sich herantreten zu lassen, in ihr Gesichtsfeld einzubeziehen und bis zum Horizont offen zu bleiben? – So müssen die Taten des Jesus von Nazaret gewesen sein, daß, wenn er einem Blinden die Hände auflegte und seine Augen berührte, darunter die Fähigkeit, richtig zu sehen, zurückgegeben wurde.

Wir hören aus seinem Munde, daß er vermochte, Lahme gehen zu machen. Auch das ist oft genug unsere eigene Erfahrung, daß wir uns nicht mehr fühlen wie Menschen, die über ihre eigenen Gliedmaßen zu gebieten imstande wären, sondern eher wie fremdgesteuerte Automaten. Alles, was passiert, vollzieht sich auf fremden Zwang hin, nach fremder Weisung und äußerem Antrieb. Es ist, als wären wir selbst uns entfallen und als würde nur noch nach allen Richtungen an uns herumgezogen. Das Bündel dieser Einflußnahmen erscheint dann als das Feld unserer Aktivitäten. In Wirklichkeit leben wir nicht aus dem eigenen Inneren heraus, sondern wie etwas marionettenhaft Gesteuertes, inwendig müde, äußerlich versklavt, buchstäblich lahm für jeden Antrieb, der aus dem eigenen Gefühl, aus dem eigenen Wollen kommen könnte. Und fragt man uns, wie es dahin mit uns geraten konnte, lautet die Antwort fast immer, daß man uns die Verfügungsgewalt über uns selbst womöglich durch eine fremde und viel zu früh einsetzende Form moralischer Gesetzgebung entzogen hat. Wann leben wir wirklich? Wieviel Vertrauen gehört dazu, ehe ein Mensch es wieder wagt, sein Leben in seine eigenen Hände zu nehmen, eine eigene Verantwortung, eine eigene Spann- und Tatkraft zu reklamieren und sich zu wagen, auf das, was er einsah, jetzt auch mit dem Anspruch eines eigenen Lebens zuzugehen und etwas daraus zu machen! Menschen, die sich ihr Leben lang verkrümmt und geduckt hatten unter dem Lastgewicht fremder Autoritäten, lehrte Jesus von Nazaret, sich aufzurichten, einen eigenen Standpunkt einzunehmen und geradeaus zu gehen. Von dieser Art waren die Wunder des Jesus von Nazaret.

Aussätzige, spricht er, wurden rein. Es geschieht im Namen der Moral fast einer jeden Kultur, daß man die Menschen zwingt, schon am eigenen Körper und dann am Erfahrungsraum der Welt, zu unterscheiden, was rein ist und was unrein, was als anständig und was als unanständig betrachtet werden muß. Da gibt es die edlen Körperteile und die unedlen, die schönen und die gefahrvollen, solche, die man zeigen darf, und andere, die man verdecken muß; auf das eine darf man stolz sein, und für das andere muß man sich schämen. Es bleibt bei solchen Lehren nichts beim anderen, alles spaltet sich auf, zerfasert sich bis dahin, daß wir Menschen schließlich uns wirklich fühlen wie Aussätzige. Wir müssen den anderen warnen, uns nicht zu nahe zu kommen, wir haben Grund, uns zu verhüllen, zu verbergen und vor den andern wegzulaufen. Und am schlimmsten fürchten wir am Ende die Energie, die wir den Worten nach Gott selber nennen, die Liebe. Keine Moral löst das Problem von solcherweise Aussätzigen. Es muß die feste Meinung Jesu gewesen sein, daß es Aussätzige nicht gebe in einer Welt, die Gott gemacht hat. Es gibt in unserem Leben wohl vieles, was nie hat leben dürfen, was abseits modert und fault, was schimmelig ist durch Nichtgebrauch. Von diesen Zonen und Bereichen unseres Daseins mag es vieles geben, aber eben indem wir es zulassen und wieder ins Fließen bringen, indem wir es ins Leben zurücktragen, gewinnt es auch seine ursprüngliche Unschuld wieder. Das wäre eine Religion nach dem Geschmack des Mannes aus Nazaret: wir nähmen uns jenseits der Tabuschranken, des Aussatzes und der Unreinheit bei der Hand und geleiteten uns zurück in jene Sphäre verlorener Reinheit, in welche hinein Gott uns geschaffen hat. Wieviel Vertrauen, wieviel Menschlichkeit und wieviel Sensibilität gehört dazu!

Und daß Tauben das Gehör zurückgegeben wurde – auch davon wissen wir aus der täglichen Erfahrung so viel zu berichten. Wir überhören unter dem Lärm der Geräusche fremder Reden so vieles, was im anderen wirklich vorgeht und im Herniederregnen der Worte immer wieder ungehört bleibt. Wie wäre es, wir würden Ohren dafür bekommen, das nur indirekt Mitgeteilte als das wirklich Wichtige zu vernehmen, wir würden feinnervig genug sein, die geheimen, die verborgenen Wahrheiten in der Rede des anderen, seine versteckten, oft verschleierten Gefühle zu hören: uns gingen buchstäblich die Ohren auf für das Lied, für die Musik, die im Leben des anderen und im eigenen Herzen beginnen könnte, und wir würden Gespräche führen, in denen wie in einem beginnenden Konzert das Lied des einen verschmilzt mit dem Gesang des anderen, und es bezöge sich aufeinander wie in einem reifenden Kunstwerk von Melodie und Klang und Harmonie.

Ohren zu haben für die verstellte Welt unserer Worte – es wäre, daß sich in uns alles öffnete. Es wäre in der Bündelung von all dem, was unsere

Sinne, unsere Selbsterfahrung, unseren eigenen Mut zu leben betrifft, wie wenn Tote anfangen würden, richtig zu existieren. Es ist eine Umkehr aller Dinge, die wirklich vermutlich nur diejenigen merken werden, die selber leiden.

Es ist die feste Meinung Christi, daß überhaupt nur die Armen verstehen, was er meint. All diejenigen, denen es noch relativ passabel mit sich geht, werden diesen Umsturz von allem nicht wirklich brauchen; aber die wissen, daß es nicht weitergeht, die spüren mit einemmal, daß es nicht mehr darauf ankommt, sich anzustrengen und stark zu sein und ordentlich zu werden, sondern Vertrauen zu gewinnen und den Mut, wahrhaftig zu werden und sich Gott zu überlassen in seiner Gnade, miteinander aber als Menschen so bedingungslos, als es irgend geht, gütig zu sein. Das Größte nach der Ordnung der Menschen ist, daran gemessen, ein Nichts, eine zu vergessende Größe, denn wirklich groß ist einzig die Güte, die uns Gott schenkt und ermöglicht.

Da bleibt es die Frage an Johannes den Täufer, was er noch einmal zu sehen und zu hören vermag. Ein Mensch hat sich festgelegt, auf seine Art zu hoffen, die Zukunft herbeizuwünschen und sie im Namen Gottes zu verkündigen, aber wenn sie dann kommt, die verheißene Zukunft, sieht sie in aller Regel vollkommen anders aus, kaum noch wiederzuerkennen. Und haben wir dann die Kraft, noch einmal uns zu wandeln, vom Gesetz zur Gnade, von der Moral zum Verständnis, vom menschlichen Tun zum einfachen Sein? Alles, was Johannes tat, schmilzt ab und stürzt ein unter den Worten Jesu, und doch ist es nicht verloren. Es geschieht, was Johannes wollte, nur kommt es jetzt ganz von innen. Es wird nicht herbeigepeitscht unter der Zuchtrute der Angst, es wächst aus der Kraft eines milder gewordenen Klimas. Wir wissen nicht, welche Antwort Johannes der Täufer auf Jesu Botschaft gegeben hat. Nur soviel steht fest: Er hat gelebt, was er zu sehen vermochte. Darum preist ihn Jesus in seiner überragenden Gestalt. Gott wird uns am Ende nicht messen und nicht fragen nach den Wahrheiten, die wir nicht zu erkennen imstande waren; er wird uns messen und uns fragen nach den Wahrheiten, die wir kannten, aber oft genug aus lauter Angst versperrten. Von Johannes dem Täufer muß man sagen, es hätte sich geirrt, wer in ihm ein schwankendes Schilfrohr, eine Wetterfahne, einen Windbeutel oder einen Wendehals, wie wir neuerdings sagen, anzutreffen gemeint hätte. Dieser Mann stand fest und stark am Jordan, eingewurzelt wie ein Baum in der Sicherheit und Klarheit seiner Verkündigung. Er hatte nichts zu bieten, was nach äußerem Tumult und Prunk und Pracht aussieht; er verzichtete auf den Herrscheranspruch der Äußerlichkeit. Die einzige Macht, die er besaß, stammte aus der Lauterkeit seiner

Rede. Er meinte es ernst und ehrlich. Darum war er ein Prophet, ein Mensch, der Gott so ernst meinte, daß er der Religion seiner Zeit ins Gesicht schlug, und der auf gewisse Weise die Menschen so liebte, daß er oft genug nicht umhin konnte, ihnen weh zu tun. Dies ist der Anfang der Art, wie Gott wirklich spricht, es ist nicht das Ende; es ist die Vorbereitung, eine Güte zu lernen, die stimmt. *Sie* ist das Größte von allem, das Ende der äußeren Ordnung, die Beseitigung einer Gewalt und Zwangszensur im Raum des Göttlichen, ein Aufblühen unter dem Licht und der Wärme des Ewigen.

Und die Scharen fragten ihn und sagten: Was sollen wir denn tun? Er hob an und sagte zu ihnen: Wer zwei Leibröcke hat, teile mit dem, der keinen hat. Und wer zu essen hat, der tue desgleichen. Es kamen aber auch Zöllner, um sich taufen zu lassen. Und sie sprachen zu ihm: Lehrer, was sollen wir tun? Er sprach zu ihnen: Treibt nicht mehr ein, als euch angeordnet. Aber auch Kampfsoldaten fragten ihn und sagten: Und wir – was sollen wir tun? Und er sprach zu ihnen: Keinen schindet, keinen erpreßt, und laßt euch euren Sold genügen.

Da das Volk in Spannung war und alle in ihrem Herzen über Johannes nachdachten, ob er nicht selber der Messias sei, hob Johannes an und sagte allen: Ich taufe euch in Wasser. Kommen aber wird, der stärker ist als ich; und ich bin nicht genug, die Riemen seiner Sandalen zu lösen. Er wird euch taufen in heiligem Geist und Feuer. In seiner Hand ist die Worfel: Säubern wird er den Drusch seiner Tenne und das Korn in seiner Scheune sammeln; die Spreu aber wird er verbrennen in unlöschbarem Feuer. Mit vielen anderen Ermutigungen brachte er dem Volk die Heilsbotschaft. LK 3,10–18

Was soll man machen?

Diese Frage stellt sich immer wieder, wenn Menschen nicht mehr weiter wissen. Am Ende der Sackgasse sucht man nach einem Ausweg, und je dringlicher die Not, desto stärker die Erwartung praktischer Ratschläge, machbarer Lösungen. Johannes der Täufer versucht sich darin: Achte auf die Not deiner Mitmenschen und behalte selber nicht mehr, als du brauchst. Laß deine eigene Willkür ihre Grenze finden am Willen des anderen. Die Wehrlosigkeit soll geschützt, nicht ausgeplündert werden. – Regeln für alle Stände, Bürger, Beamte, Soldaten, für eine jede Schicht, wie sie es nötig hat. Viel wäre gewonnen, wir richteten uns nach den Worten des Mannes am Jordan. Und doch erlebt Johannes es selber nicht anders als wir. Die Frage kommt zu spät oder zu früh: Was soll man machen?

Johannes selber begleitet seine Botschaft durch ein anderes Bild, ein wunderbares Symbol. Wenn das Reich Gottes kommt, so scheint er mehr zu fühlen als zu denken, geht es um einen vollkommenen Neuanfang, und der läßt sich nicht machen. Er ist wie die Rückkehr in den Schöpfungsmorgen, wie eine Heimkehr in den Wesensursprung. So dieses Bild von der Taufe. Was wäre, wenn wir Menschen die Chance bekämen, ein jeder für sich, noch einmal ganz von vorn zu beginnen? Dann stimmte die ganze Frage nicht: Was soll man machen? Sie enthält in vier Worten vier Fehler. Denn es geht niemals um »etwas«, es geht um uns, im ganzen, als Menschen. Es geht auch nicht um »sollen« und »müssen«; es geht, wenn irgend etwas sich erneuern soll, um die Freiheit, zu dürfen, zu wünschen, zu mögen, und um die Fähigkeit, das Herz weit zu machen. Es geht auch nicht um das, was »man« zu machen hat, es geht um uns als einzelne, als unverwechselbare Individuen, jedes auf der Welt mit einem eigenen Horizont, in dem Gott sichtbar werden möchte. Und am wenigsten geht es ums »machen«, es geht ums »leben«, ums Sein-Dürfen, es geht um Entfaltung, um Aufblühen, es geht um Reifung zu der wesensgemäßen Schönheit, die in uns liegt. Vielleicht nur deshalb ist uns das Leben so schwer, weil man es einem jeden von uns auf seine Weise von klein auf schwergemacht hat, ursprünglich zu leben, ein Stück weit spontan zu sein und den Eingebungen seines Herzens zu folgen, die so viel an Wahrheit, an Schönheit und an Größe in sich tragen.

Für Johannes verknüpft sich die Ankunft des Messias mit einem Gottesbild, wie wir es irgendwie alle kennen: ein Gott, der bereitsteht zu trennen, das Fruchtbare vom Unfruchtbaren, das Korn von der Spreu, und er wird sammeln und verbrennen. Schon steht er da mit der Axt, und er wird zuschlagen. Alles Bilder, die, wenn denn Hoffnung sein soll, allenfalls von einer Hoffnung jenseits des Gerichtes und jenseits der Flammenwand sprechen. Ist dies eine menschliche Hoffnung? Ist es dies, wovon wir leben?

Als Jesus kam, scheint sein Problem anderer Art gewesen zu sein, als daß man's mit Axt und Feuer lösen könnte. Das Johannesevangelium hat viel mehr recht: Das Problem unseres menschlichen Lebens ist das der lichtlosen Finsternis, und man muß hinzufügen: das der Kälte. Als Jesus kam, schien seine Aufgabe eher darin zu bestehen, das Menschenantlitz, gefroren wie das eines Schneemanns, mit bloßen Händen abzutauen. So hat man uns gelehrt, wie wenn man alles Gefrorene zusammenformt zu einem grotesken Bild menschlicher Umrisse. Und kaum berührt sie ein Hauch der Wärme, scheint alles zu zerschmelzen, und der Kampf beginnt, die eigene Struktur, die eigenen gefrorenen Konturen zu erhalten und zu bewahren. Aber das wirkliche Leben schlummert im Boden, wartet auf das Ende der Kälte und hofft auf den ersten Strahl der wärmenden Sonne. Dies ist das Problem des menschlichen Herzens, wie wir wieder lernen, anzuknüpfen an die ewigen Träume unserer Seele. Die Völkerüberlieferungen berichten in ihren Erzählungen immer wieder von Königssöhnen, die in der Fremde, weitab von ihrem angestammten Reich, die Liebe lernen und so erst zurückfinden nach Hause.

Im Herzen eines jeden Menschen schlummern solche Visionen von Freiheit, Glück und Liebe. Ein jeder trägt mehr als alles in sich die Pflicht, so weit und so groß und so intensiv zu leben, wie er kann. Diese Pflicht, ja dieses Recht leitet sich nicht aus geordneten und verordneten Anweisungen und Bestimmungen ab. Es hängt nicht ab von der Zustimmung der Umgebung. Es gehört der Mut dazu, es selber zu leben. Das eigentlich ist die Frage des Advents. Immer wieder sehen wir, wie die Angst stärker zu sein scheint als die Hoffnung, die Schwerkraft stärker als der Schwung des Herzens, die Zähigkeit lähmender als die Freiheit mächtig, und die Kälte stärker oft als die Wärme der Liebe. Aber soll es nicht möglich sein, inmitten so vieler zerbrochener Träume, zerstörter Hoffnungen und enttäuschter Erwartungen immer wieder und immer wieder von neuem anzuknüpfen an die Energie und an die Bilder, die Gott uns mitgab, als er uns in diese Welt schickte? Woran sollten wir denn sonst glauben, wenn nicht an die Allmacht der Liebe? Ohne sie wäre diese Erde nichts als dunkel, schwer und kalt. Woran sollten wir sonst glauben, wenn nicht an die Energie der Freiheit? Ohne diesen Glauben wäre diese Erde nur eng und drückend und gepanzert. Und woran, wenn nicht an das Glück, sollten wir glauben, wird doch sonst diese Welt überflutet von einem Meer von Tränen. Es gilt, daß wir selber uns wagen und den Mut finden, uns selber zu leben. Beendet die Frage »Was soll man machen?« Ersetzt diese Frage durch eine andere: »Wer dürfen wir sein? Wer sind wir selber? Was schlummert in uns und wartet auf Leben?« – Man schäme sich nicht, daß das, was sich regt, oft unfertig aussieht, ungekonnt, ungeübt, ganz in den Anfängen. Dies ist Weihnachten: eine Hoffnung in Anfängen, etwas ganz Kleines, ein Gott im Werden, ein Mensch, der werden möchte. Wer dies zu unbedeutend findet, kommt nie nach Betlehem, er wird nie aus Jerusalem herauskommen. Dort sitzen die Fertigen, die Könige, die Machthaber, die mit Gold und Silber Geschmückten. Aber die Menschlichkeit beginnt nirgendwo anders als dort, wo Sterne zu leuchten beginnen in der Nacht, wo Wandelsterne innehalten und Ruhe finden und wo mitten in der Armut, mitten in der Kälte die Menschlichkeit gewagt wird und Engel zu reden beginnen.

Manchmal formt die menschliche Geschichte wunderbare Sinnbilder. Vor der südindischen Küste gibt es eine Inselgruppe, die Malediven. Auf ihr fand man bei Ausgrabungen Tempel der Sonne, hinterlassen wohl von einem Volk vor mehreren tausend Jahren, das sich mit einfachen Binsenbooten aus dem Persischen Golf ins offene Meer hinauswagte. Diese Seefahrer wagten das Äußerste und hatten vor sich nur ein Ziel und eine Orientierung: den Weg der Sonne wollten sie segeln. Sie wußten nicht, daß Hunderte von Meilen südwärts neue Eilande auf sie warteten, aber kaum setzten sie den Fuß auf das Land, errichteten sie Treppen, Terrassen und Tempel, Emporen, die von der Erde hinaufführen zum Himmel, zum Licht, zur Sonne. Dies ist es, was »man« nicht machen kann, aber unbedingt ein jeder für sich tun sollte: der Sehnsucht des Lichts, dem Verlangen der Liebe sollte er nachsegeln, und sei der Horizont noch so ungewiß. Es wird, wo immer man ankommt, möglich sein, die Seele zu erheben zum Himmel und das Leben zu formen zu einem Gebet, das schrittweise emporsteigt zur Ewigkeit.

Folgt man der Darstellung des Neuen Testamentes, so war Johannes der Täufer der Vorläufer und der Hinweis auf Jesus von Nazaret. Er selber wird in sich und seinem Auftrag wohl kaum etwas Vorläufiges erkannt haben, weit eher etwas Endgültiges und Letztes. Jetzt ist in seinen Augen die Stunde einer äußersten Entscheidung gekommen; schon steht Gott bereit, diese Welt und die menschliche Geschichte auf den Abfall zu werfen, wenn nicht die Menschen tun, was sie klar als das Richtige vor sich sehen könnten.

Wie so viele im Verlauf der Überlieferungen der Völker hat auch Johannes versucht, das menschliche Leben zu ordnen, indem er an den guten Willen und an die moralische Einsichtsfähigkeit der Menschen appellierte. In seiner Sicht liegen die Dinge im Grunde einfach. Und so fremd uns der Mann am Jordan auch erscheinen mag, Heuschrecken essend, in der Wüste zur Umkehr rufend mit dem Donnerwort drohenden Gerichts im Munde, so kommt er uns in diesem Punkt doch sehr entgegen: daß er klar ordnet und unterscheidet zwischen Gut und Böse, Richtig und Falsch, Erlaubt und Verboten. Immer wenn wir nicht ein noch aus wissen, sind uns Leute von der Art des Täufers sehr willkommen, zeigen sie uns doch, wo es langgeht, vermögen sie doch das Leben auf einfache Formeln zu bringen. So drängt man an den Jordan mit der Frage aller, die sich irgendwie am Ende fühlen: Was sollen wir tun? Die Worte, die Johannes dabei als Antwort gibt, sind groß zu nennen in ihrer Redlichkeit und Einfachheit. Noch als Jesus später über diesen seinen eigenen Lehrer sprechen wird, sagt er, daß Johannes in seinen Augen der Größte unter allen gewesen sei, die je eine Frau auf dieser Welt geboren habe. Zweitausend Jahre später können wir das Anliegen und die Art dieses Mannes womöglich noch besser würdigen und verstehen als seine eigenen Zeitgenossen.

Da kommt man aus der Gegend von Judäa und Jerusalem zu ihm und erbittet sich einen Ratschlag, wie es möglich sei, vor dem heranrückenden Zorn und Strafgericht Gottes sich in Sicherheit zu bringen. Und die Formel des Johannes lautet: Wer zwei Röcke hat, gebe dem einen, der keinen hat. Und beim Essen genauso. Würden wir in der Welt heute mit dieser Anweisung des Täufers Ernst machen, so könnten wir zuversichtlich sagen, daß es vieles an Unrecht, Gewalt und Zerstörung nicht gäbe auf dieser Erde. Inmitten einer Welt, in der mehr als ein Drittel der Menschen im Elend lebt, am Rande des Existenzminimums und darunter, kommt es uns selber doch bald alptraumhaft und apokalyptisch vor, auf welch einer Insel des Überflusses wir mit dem Recht der Besitzenden uns festgesetzt haben. Wir brauchen den Rummel der Vorweihnachtstage nur zu konfrontieren mit den Bildern im Fernsehen, und wir wissen, daß diese Ordnung nicht stimmt und ein ständiges Unrecht bedeutet. Würden wir, entsprechend der Not, vom Überfluß zur Hälfte teilen, es hätte vermutlich ein jeder genug. Sie ist genial einfach, diese Regel, und äußerst praktisch. Es gälte zu entrümpeln, was wir nicht brauchen, und umgekehrt sich zu fragen im Anblick von Not, was wirklich zählt und wichtig ist.

Es kommen zum Täufer Zöllner, Menschen, die man in seinen Tagen als Volksfeinde und Verräter, als Handlanger der Ausbeutungsmacht Rom ächtet und sozial an die Wand drückt. Diese Männer machen überhaupt erst den Apparat der Zwangsherrschaft möglich und durchführbar, indem sie als Juden sich gegen Juden stellen, indem sie das Werk der Feinde Israels verrichten und indem sie die klaren Gegensätze aufheben und die Drehstellen des Systems gewissermaßen durch ihre Mitarbeit flüssiger halten. Ihnen gilt der Zorn der meisten. Man sollte denken, daß ein Prediger, dem an der reinen Sache Gottes liegt, die Zöllner verurteilen, daß er eindeutig ihren ganzen Berufsstand für unsittlich und unmoralisch erklären würde.

Johannes tut das nicht. Er zwingt diese Menschengruppe von in gewissem Sinne Verlorenen nicht zu ihrem finanziellen, womöglich existentiellen Ruin. Was er sagt, auch ihnen, ist möglich: Sie sollten dem Maß der verordneten Ausbeutung nicht noch ein privates hinzufügen. Es wäre auf dieser Welt unsagbar viel gewonnen, wenn wir mitten in den sogenannten Zwangslagen nicht einfach, zynisch werdend, noch auf eigene Faust das Unrecht vermehren wollten. Die menschliche Geschichte ist nicht im Handstreich zu ordnen, und manch einem mag deshalb scheinen, daß es jetzt gelte, fünf gerade sein zu lassen, und es im einzelnen nicht mehr darauf ankomme. Viel an Leid und Unrecht und Gewalt in dieser Welt könnte vermieden werden, wenn wir mindestens nicht noch ein eigenes hinzufügen würden.

Und genauso die Soldaten. Man möchte oft hoffen auf eine Welt, die bald käme, vielleicht in fünfzig oder achtzig Jahren schon, wo unsere Kindeskinder zurückblicken ins zwanzigste Jahrhundert und uns bereits nicht mehr verstehen, ja gar nicht mehr begreifen wollen, wieso es einmal nötig war, daß an jeder Stelle der Erde jeder Achtzehnjährige lernen muß, für sein Volk notfalls, wenn es befohlen wird und unumgänglich scheint, zu töten. Hoffen möchte man, daß schon die übernächste Generation auf uns Heutige mit solchem Schaudern blickt, wie wir uns vielleicht völkerkundliche Filme über den Kannibalismus und die Kopfjagd in Neuguinea anschauen, mit Ekel und Widerwillen, begreifend vielleicht, daß dort ein System herrscht, das unter archaischen Voraussetzungen geistig mitvollziehbar ist, aber endgültig nicht mehr in Frage kommt für eine zivilisierte und kulturell hochstehende Menschheit. Denken sollte man also, daß

Johannes der Täufer den Stand der Soldaten schlechtweg verbietet, schon gar den der römischen Soldaten, denn nur um solche kann es sich hier handeln. Machtpolitik, Eroberung, Unterjochung ganzer Völker, das alles, sollte man denken, gehört in der menschlichen Geschichte, wenn sie mit Gott zu tun haben will, ein für allemal der Vergangenheit an, nötigenfalls der Verurteilung.

Johannes spricht so nicht. Auch den Soldaten empfiehlt er lediglich, sie sollten die Prämien beim Plündern nicht einfach selber ins Willkürliche erhöhen, sie sollten nicht mit den Wehrlosen spielen und sich nicht Hab und Gut aneignen, das ihnen nicht zusteht. Tatsächlich sähe unsere Geschichte sehr viel besser aus, würde mindestens die Raub- und Raffgier ein Stück weit vermindert. Johannes der Täufer, man wird das sagen müssen, mit diesen nüchternen, realistischen, so gar nicht phantastisch-utopischen Zielen, ist der Größte all derer, die eine Frau geboren hat.

Dennoch, in der Sicht Jesu genügt die Lehre seines Meisters von einem bestimmten Zeitpunkt an nicht mehr. Man muß nur so sagen: Wer zwei Röcke hat, gebe dem einen, der keinen hat, man muß nur sagen: Wirf das Überflüssige weg, und man wird von einem bestimmten Zeitpunkt an nicht mehr nur guten Willen erzeugen, sondern Gegengefühle: Niedergeschlagenheit, Traurigkeit und schwere Depressionen. Es ist nicht möglich, Menschen auf direktem Wege mit klaren Anweisungen zu kommen. Solange wir noch fragen: Was sollen wir machen?, geht es uns womöglich noch recht gut, glauben wir uns relativ sicher in unserem eigenen Vermögen und kommt es uns vor, als ob wir das Schiff unseres Lebens mit sicherem Ruder durch das Meer lenkten. Die Wahrheit aber ist, daß irgendwann und bald schon dieses Lebensschiff uns vorkommen mag wie mitten im Sturm befindlich und es gar nicht mehr darauf ankommt, einen klaren Kurs zu halten, sondern schlechterdings darauf zu überleben. Mit solchen Menschen, die sich hin und her getrieben vorkamen wie über dem Abgrund, hatte es Jesus viel dichter zu tun als mit den dem Täufer nahestehenden Pharisäerkreisen, die wußten, wo es langgeht, und es sogar den anderen erklären mochten. Es wurde beizeiten die Frage Jesu, wie man die Menschen dahin bringt, nicht einfach das Richtige zu tun, sondern sich selbst wiederzufinden; so sehr, daß es ihnen möglich wird, aus innen heraus wahrzumachen, was an Wahrheit in ihnen lebt.

. . . der gebe dem einen, der keinen hat . . . Jesus wird in der Bergpredigt sagen: Wenn ihr Gutes tut, dann muß eure rechte Hand nicht wissen, was die linke tut. Er wollte damit sagen: Tut das Gute wie selbstverständlich, denkt nicht darüber nach, nehmt es euch nicht vor, sondern seid Menschen, die im Anblick von Leid spontan handeln. Und so schildert er das Gericht

Gottes, anders als der Täufer, nicht als ein Dreinschlagen auf der Tenne, nicht als ein klares Trennen zwischen Gut und Böse, sondern nach dem einfachen Maßstab der Güte. Immer wieder wird es vorkommen, daß wir Menschen sehen, die wörtlich oder im übertragenen Sinne Gefangene sind, nackt sind, die Hunger haben, die elend sind. Und immer wieder wird es vorkommen, daß wir versuchen, zu ihnen zu gelangen, sie einzuhüllen und ihnen zu geben, was sie brauchen. Wir denken in solchen Momenten nicht, etwas Gutes zu tun, wir denken nicht an Jesus Christus, an Gott oder das Reich der Liebe – es ist etwas ganz Einfaches, Selbstverständliches, was sich da begibt. Und aus solchen fast vergessenen Momenten sammelt sich in den Augen Jesu die Wahrheit des Himmels schon hier auf Erden. Nicht eine neue Moral wird Jesus später bringen wollen, sondern ein Reifen im Vertrauen, das uns lehrt, zu leben, was wir sind. Es ist das Problem Jesu auch im Umgang mit den Zöllnern schließlich nicht, ob sie ihren Beruf aufgeben, ob sie das Maß der Ausbeutung verringern; seine Frage geht vielmehr dahin, wie wir sorglos genug werden, aus den ganzen Gefügen von Haben und Nichthaben herauszutreten. Und so wird er in der Bergpredigt sagen: Achtet auf die Lilien des Feldes, und er wird hinzufügen: Ihr selber seid unendlich viel schöner. Jesus möchte uns Menschen den Mut geben, daß wir einfach zu leben vermöchten ohne die Wechselverhältnisse von Unterdrückung und Machtausübung. Es wird die Frage Jesu nicht sein, wie man die politische Ordnung im Handstreich ändert, wohl aber, wie wir es fertigbekommen, die Angst voreinander aufzulösen. Und er wird sagen: Wer dich auf die eine Wange schlägt, dem halte noch die andere hin, und möchte uns zumuten, wir könnten sehen, wie der Mensch selber leidet, wenn er anderen Leid zufügt, und was in ihm selber vorgeht, ehe er meint, über Leichen gehen zu müssen.

In der Tat war Johannes der Täufer der Größte unter allen vom Weibe Geborenen, aber Jesus wird den Satz ergänzen: Er war der Kleinste, oder anders gesagt, ganz am Anfang noch, wenn es um Gott geht. In historischem Sinne mochte der Täufer sich als Verkünder des Endgültigen begreifen, wesentlich betrachtet, wirklich ist er nur vorläufig, so wie alles Fragen »Was sollen wir tun?« sich schließlich auflöst in die Frage: Wer sind wir selber? Dann gibt es bei den Menschen nicht mehr zu trennen zwischen der Spreu und dem Weizen, dann werden wir merken, wie tief wir miteinander verflochten sind, wie sehr alles, Gutes und Böses, gemeinsam in unserem Herzen liegt. Und wir werden beginnen zu hoffen, daß Gott uns ganz annimmt, so wie wir sind, auf daß wir fähig werden, auch einander anzunehmen in Verstehen und in Güte. Wir wären dem Reich Gottes ein ganzes Stück näher.

Ein Mensch ward – gesandt von Gott –
sein Name: Johannes.
Der kam zur Zeugenschaft,
um zu zeugen für das Licht,
auf daß alle glaubend würden durch ihn.
Nicht jener war das Licht,
sondern: zeugen sollte er für das Licht. . . .

Und dies ist das Zeugnis des Johannes: Als die Juden aus Jerusalem Priester und Leviten zu ihm sandten, ihn zu befragen: Wer bist du? – da bekannte er und leugnete nicht. Und zwar bekannte er: Ich bin nicht der Messias. Da fragten sie ihn: Was dann? Bist du Elija? Und er sagte: Ich bin es nicht. Bist du der Prophet? Und er antwortete: Nein! Also sprachen sie zu ihm: Wer bist du? Wir müssen denen Antwort geben, die uns schickten. Was sagst du von dir selbst? Er sprach:

Ich bin eines Rufenden Stimme in der Ödnis.
Gerade macht den Weg des Herrn –
wie der Prophet Jesaja gespochen.

Und die Abgesandten waren von den Pharisäern. Und sie fragten ihn und sprachen zu ihm: Warum aber taufst du, wenn du nicht der Messias bist und nicht Elija und nicht der Prophet? Da hob Johannes an und sagte zu ihnen: Ich taufe in Wasser. In eurer Runde steht er, den ihr nicht kennt: Der nach mir Kommende, dessen Schuhriemen zu lösen ich nicht wert bin. Das geschah zu Betanien, jenseits des Jordan, wo Johannes zum Taufen war.

JOH 1,6–8. 19–18

Der Evangelist Johannes wagt es, die Gestalt des Vorläufers so arm zu schildern wie keiner der Evangelisten vor ihm. Alles, was sonst über diesen Mann geglaubt und berichtet wurde, schrumpft zusammen auf eine Stimme in der Wüste jenseits des Jordan, im Land des Todes. Andere mochten ihn in der Tat für den wiedergekommenen Elija oder gar für den Messias selber halten, der Evangelist Johannes sieht in ihm nichts weiter als einen bloßen Hinweis. Aber von welcher Art?

Wir sind daran gewöhnt, Advent in der rhythmischen Routine des kirchlichen Kalenders zu feiern. Für uns steht fest: am 25. Dezember um Mitternacht steigt das Wort Gottes herab in die Dunkelheit dieser Welt. Es kostet einige Mühe, sich einmal vorzustellen, wir wüßten das alles nicht, und wir wären zeitgleich mit diesem Mann am Jordan, der nichts in der Hand hat, allenfalls eine gewisse Vision, eine Ahnung von etwas, das kommen *muß*, wenn Leben überhaupt wieder beginnen soll. Aber ist das nicht eigentlich Advent, mit allem noch einmal anzufangen, womöglich sogar mit unserem Verhältnis zu Christus? Wir sind groß geworden im Christentum, fast zu groß, denn wir sind Christen schon seit Kindertagen. Nur, wie leben wir wirklich, und wie gelangen wir dahin, all die Fragen noch einmal zu stellen, die es kostet, auf Christus und sein Kommen uns vorzubereiten?

In den Tagen des Johannes dachte man, alles verlassen zu müssen, und es war rigoros. Dieser Mann am Jordan glaubt nicht, daß es möglich sei, weiter Sabbat für Sabbat in den Tempel zu gehen, die heiligen Texte der Väter zu lesen, nach den Gesetzen des Mose die Opfer zu regeln und einfach im fortlaufenden Gottesdienst der Feiertage Gott zu begegnen. Er meint, daß man sogar die heilige Stadt, sogar den Wohnsitz Gottes im Tempel eine Weile lang vergessen müsse, um in das Herz von Menschen Wahrheit zu pflanzen. Wie aber dann? Wär' es möglich, es müßte sogar die ganze Heilsgeschichte, all das, woran das Volk der Juden glaubt, noch einmal zur Stunde Null zurückgedreht werden, ein neuer Exodus, beginnend im Niemandsland, ohne jede Voraussetzung, und warum das?

Johannes scheint zu denken, es sei alles leergeredet worden in seinen Tagen, es sei buchstäblich geistlos geworden. Wollen Sie vor Augen haben, daß zu diesen Tagen des Johannes und des Manns aus Nazaret mehr als dreihundert Jahre ins Land gegangen sind ohne Prophetie, ohne jemanden, der, ermächtigt vom Geist, innerlich von Gott redet, und man nur die Textrollen auf und ab gewälzt und einen Kommentar nach dem anderen über den Willen Gottes erlassen und eine ganze Kaste von Priestern und Schriftgelehrten sich hergemacht hat über das, was leben sollte, statt verordnet und verwaltet zu werden. Johannes der Täufer stützt sich auf nichts außer dem Gefühl der Wüste selber. Und darin scheint er uns außerordentlich modern. Wie leben wir denn, wenn wir uns umsehen, und wen erreicht etwas vom Worte Gottes so, daß es zur Entscheidung käme zwischen Heil und Unheil? Und was bereitet es dann vor, wenn man es ahnt? Keine Angst, es werden augenblicks Priester und Leviten aus Jerusalem gesandt werden, und sie werden das übliche Frage-und-Antwort-Spiel der Auskunftei, der behördlichen Regelung nach festgesetzten Begriffen über Johannes den Täufer herniedergehen lassen: Wer bist du? Wir *müssen* es wissen, und wir haben fertige Kategorien, innerhalb deren überhaupt die Wirklichkeit nur erscheinen kann. Bist du der Messias? Wenn es so wäre, wäre die Welt zu Ende, alle Hoffnungen erfüllt, wir könnten uns zur Ruhe setzen.

Keineswegs ist Johannes der Täufer das Ende aller Erwartung. Ganz im Gegenteil. Er möchte die Vorhänge und den faulen Zauber von der Bühne nehmen und sagen: Laßt euch ein auf etwas, das grad noch kommt und über das ihr nicht verfügen könnt, das ihr überhaupt nicht in der Hand habt. Nicht das Ende aller Hoffnungen, sondern der Anfang aller Erwartungen, Sehnsucht ist das, Verlangen ist das, Not ist das, Rufen und nicht Wissen ist das. Ich bin nicht der Messias, ist die erste Antwort.

Bist du Elija? Die ersten drei Evangelien legen Jesus Worte in den Mund, die bekennen: Johannes ist der wiedergekommene Elija. Dieser Mann wollte sein Volk befreien von der Verehrung der Götzen; er kämpfte gegen den Moloch der Kanaanäer, dem man Kinder in den Rachen schob, die er fressen mußte, um sich am Leben zu erhalten, ein Popanz von Gott, ein grausamer Götze. Dagegen der Prophet Elija: Gott sollte menschenförmig werden und kein Menschenfresser bleiben. Das ist etwas, das Johannes liegen könnte, aber man verbindet viel zuviel mit dem wiedergekommenen Elija. Man beginnt, wiederum Elija, statt ihn aus einem lodernden Feuer leben zu lassen, in eine feste Größe zu verwandeln. So ist er nicht, der Mann am Jordan. Er ist nicht der Ausbruch des Endgültigen, nicht wieder ein neues Wissen um Gott, auf das man sich berufen könnte und das dann abzuhaken wäre als erledigt, er ist nicht einmal der Prophet.

Sollten wir einmal denken, die Vorbereitung auf Christus würde so beginnen müssen: Alles, was wir zu wissen glauben, würde durchgestrichen und wir hätten nichts mehr in der Hand, all die fertigen Sprachspiele, in denen wir einteilen und ordnen und kategorisieren, würden außer Kraft gesetzt und wir müßten uns schutzlos auf etwas einlassen, das so noch nie war, damit überhaupt etwas wirklich Veränderndes und Neues kommen könnte – dann wäre der Mann am Jordan nicht eine historische Gestalt, sondern etwas, das wir selber tun sollten, nicht eigentlich ein Vorbild für uns, sondern buchstäblich Weg mitten in der Wüste. Er sollte nur kommen, Zeugnis abzulegen für das Licht. Wenn es denn nicht möglich ist, zu sagen, das rechte Judentum lebe in Jerusalem und die wahre Gottesverehrung lebe in Israel, wenn es womöglich gar nicht denkbar ist zu sagen, wir verehrten Christus richtig in den festen Mauern unserer Kirche, wenn es überhaupt nicht klar ist, wo man Gott findet, könnten wir dann nicht fühlen und merken, wie sich lähmend und dunkel die Verzweiflung ausbreitet in unserer Zeit, und es gäbe nicht die klaren Grenzmarkierungen zwischen Hell und Dunkel, wir aber wären vielleicht berufen, mitten in die Finsternis hinein Zeugnis abzulegen für das Licht? Das wäre die einzige Vorbereitung auf Gott: Wir müßten ständig sagen: ich bin es nicht, alles, was ihr erwartet, was ihr wollt – ich bin es nicht, aber es gibt im Herzen eines jeden Menschen so etwas wie einen Funken Licht, den man leise, mit warmem Atem anfachen kann, bis daß er zum Feuer wird und leuchtet.

Wie vielen Menschen erscheint das Leben als eine einzige Umnachtung, eine einzige Umhüllung in Verzweiflung und Aussichtslosigkeit! Aussehen kann das oft proper und schick, aber woraufhin leben wir? Zeugnis zu geben für das Licht heißt, den Menschen zu beschwören, mitten in der Kälte an Wärme zu glauben, mitten in der Herzenserstarrung den geringen Gefühlen von Traum und Hoffnung, von Liebe und Leidenschaft sich zu überlassen. Es heißt, die Menschen zu beschwören, auf das noch Unsichtbare Hoffnung zu setzen, selbst wenn die Sonne sich verbirgt, und das alles mitten in der Wüste. In der Zeit und in der Bevölkerung, in der wir leben, ist selbst die Sprache von Gott nicht mehr klar. Wer von Gott redet, scheint damit irgendeine soziale Größe zu beschreiben, irgend etwas, was man sich zurechtmacht, um die Macht zu verteidigen oder um die Ohnmacht mit Illusionen auszustatten, eine Erinnerung an frühkindliche Vergewaltigungen oder einen Ort bestimmter Gemeinschaftsideale, kurz, irgend etwas wieder, was man nach sozialen, psychologischen, politischen Begriffen einteilen kann, eine Art moderner Form von Elija oder dem Propheten oder dem Messias. Wenn all die Begriffe aufhören, bleibt immer noch so viel an Seelenwüstenei übrig, an Unmenschlichkeit und Nichtweiterwissen. Das muß stimmen, wenn die ersten drei Evangelien sagen: An den Jordan kamen Leute, die nicht ein noch aus wußten. Die am ehesten verstanden, was Johannes wollte: Hoffnung auf einen Gott, wie er so nie gelehrt wurde, wie wir ihn aber bräuchten, ein Gott, der ist wie Wasser, so fließend, so tragend, so reinigend, so belebend und so gut. Es ist das Element, das aus dem Land des Todes Fruchtgärten macht – mitten in der Starre, der Ausgedorrtheit, der Vertrocknung Lebensanfang. Wieviel an Energie und Vitalität ist in uns verschüttet und müßte freigesetzt werden wie in einer neuen Taufe, wie in einer zweiten Geburt! Johannes der Täufer kann nur sagen: Ich vermag das nicht, ich kann kein Leben schaffen. Aber es ist ungeheuer viel, mindestens noch zu wissen, daß es ein eigentliches Leben geben könnte. Nur wenn man daran noch glaubt, wird es möglich sein, es mitten unter uns wiederzufinden. Könnte es sein, daß wir zweitausend Jahre nach Christus alles noch einmal von vorn lernen müssen? Ich glaube, Advent heißt genaü das: alles noch einmal von vorn, damit gilt: Wiedergeburt, Neuanfang, Erlösung.

Zum vierten Advent

Mit Jesu des Messias Ursprung aber war es so: Verlobt war seine Mutter Maria dem Josef. Noch ehe sie zusammenkamen, ward gefunden, daß sie im Schoße tragend war von heiligem Geist. Josef aber, ihr Mann – rechtlich wie er war, und doch nicht gewillt, sie anzuprangern – beschloß, sie im stillen zu entlassen. Jedoch, als er dieses Sinnes geworden – da! Ein Engel des Herrn erschien ihm im Traum und sagte: Josef, Sohn Davids, ängste dich nicht, Maria, deine Frau, zu dir zu nehmen. Denn: Das in ihr Gezeugte – aus Geist ist es, dem Heiligen. Einen Sohn wird sie gebären, und du sollst seinen Namen Jesus rufen, das heißt: »Gott rettet«. Denn: Retten wird er sein Volk aus seinen Sünden.

All dies ist geschehen, damit erfüllt werde das vom Herrn durch den Propheten Gesprochene, der sagt:

Da! Die Jungfrau wird im Schoße tragen
und wird gebären einen Sohn.
Und seinen Namen wird man rufen Immanuel,
das heißt übersetzt: »Mit uns ist Gott«.

Als Josef vom Schlaf aufwachte, tat er, wie der Engel des Herrn ihm befohlen. Er nahm seine Frau zu sich. MT 1,18–24

Wenn es ein Evangelium gibt, das unsere ganze Art zu glauben, ja, den gesamten Typ unserer Religiosität in Frage zu stellen imstande ist, so ist es dieser Text vom Beginn des Weihnachtsevangeliums.

Die Rede ist von der deutenden Macht der Träume im Leben eines Menschen, und gesprochen wird von der Erscheinung des Gottesengels in den Stunden der Nacht. Uns Heutigen ist diese Vorstellung vollkommen fremd. Wenn wir mit Gott in Beziehung treten, dann gewiß nicht in den Vorstellungen unserer Wünsche und unserer Hoffnungen, wie sie im Traum erscheinen. Allenfalls vermittelt durch klares Denken und planvolles Handeln trauen wir uns, mit Gott in Beziehung zu kommen. So sehr weicht unsere Art der Frömmigkeit von diesem Evangelium ab, daß wir uns, weit weg von unserer Kultur, zu den Trägern einer einfacheren, wie wir zu sagen pflegen, primitiven Form von Kultur und Denken hinbewegen müssen, um uns erklären zu lassen, was hier eigentlich gemeint ist.

Um 1856 forderte man den Häuptling der Duwamish im Gebiet des heutigen New York auf, er solle das Land seiner Väter verkaufen. Und er hielt eine Rede, die seitdem berühmt wurde. In ihr vergleicht er die

Wesensart der Indianer mit der Wesensart des weißen Mannes, und, schon dies uns fremd genug, er setzt den entscheidenden Vergleichspunkt in die Art der Religion. Eure Religion, sagt er, wurde geschrieben auf steinerne Tafeln mit eisernem Finger von einem zürnenden Gott, damit ihr sie nicht vergessen solltet. Diese Religion ist uns Indianern stets fremd geblieben. Wir haben sie nie verstanden und niemals in unser Herz aufgenommen. Unsere Religion gründet sich – nun hören Sie richtig – auf die Träume unserer Vorväter und auf die Visionen unserer Häuptlinge und auf die Wege unserer Vorfahren.

Dies hat es also einmal gegeben, eine Frömmigkeit, die nicht von außen her diktiert wurde unter der Androhung von Befehl und Strafe, sondern die im Innern entdeckt wurde. Tatsächlich lehrte man noch in der Mitte des vergangenen Jahrhunderts die Indianerkinder, von Gott zu träumen. Wochenlang oft mußten sie sich vorbereiten in Gebet und Einsamkeit, um irgendwo in den Bergen vom Großen Geist einen Traum gesandt zu bekommen.

Wir sind so weit entfernt von diesem auf das Weihnachtsfest vorbereitenden Evangelium, daß wir beim ersten Hören dieser Geschichte unser Denken fast mutwillig unterbrechen müssen, um nicht sofort auf das Allernächstliegende zu kommen. Was der Mann Josef des Nachts hier träumt, ist ganz offensichtlich ein Wunschtraum. Er liebt eine Frau, möchte sie heiraten und sieht sich betrogen. Der Mann kann einem leid tun, aber er ist bei klarem Verstand, ein rechtschaffener Mann, er muß das Dilemma lösen. Er schimpft im stillen, aber vermeidet den Skandal nach außen. Möglich, daß man den Text hier schärfer übersetzen muß als mit der Wendung: »Josef, der gerecht war *und* sie nicht bloßstellen wollte ...« Nein, man sollte sagen: »... der gerecht war, *aber* – oder mit Fridolin Stier: *und doch* – seine Frau nicht bloßstellen wollte ...« Dies beides bedingt sich im Widerspruch. Ein gerechter, ein rechtlicher Mann hat nicht eine solche liebzuhaben, die noch vor der Hochzeit schwanger geht von einem anderen. Ein solcher Mann hat sich zusammenzunehmen, wenn er die Missetat nicht ruchbar werden läßt, damit die Geliebte nicht gesteinigt wird, wie sich's gehörte. Dazwischen windet er sich zu einem Ausweg, aber wohl ist ihm nicht dabei. Sein Herz widerspricht seinem Verstand, sein Gefühl möchte der Frau, die er liebt, nicht zutrauen, was seine Sinne und sein Denken für bestätigt halten müssen, ein Konflikt zwischen Herz und Verstand, zwischen Liebe und Gerechtigkeit.

Man muß schon auf die Bühnen Deutschlands gehen und womöglich einhundertfünfzig Jahre zurück, um wenigstens noch diesen Widerspruch begreifen zu können. Bei Heinrich von Kleist finden Sie diese Gegensätze ausformuliert, daß Menschen von Kopf bis Fuß zerrissen werden können, wenn ihre gesamte Sehnsucht, ihr gesamtes Empfinden, die Sprache ihrer Seele widersprüchlich ist zu der Erfahrung der Natur draußen, zu dem, was die Gesetze des Verstandes lehren. Menschen werden bis zum Wahnsinn getrieben, wenn sie diesen Konflikt aushalten müssen. Wie gibt es dafür eine Lösung? Das Herz hat seine Ordnung, der Verstand aber eine andere. Und wie sollen Menschen, hin und her taumelnd in zwei Welten, existieren? Wie denn soll der Mann Josef glauben an Rechtschaffenheit und Treue, wenn die Frau, die er am meisten liebt, nach allem, was sein Denken ihm sagt, als treulos gelten muß? Was an menschlichen Beziehungen denn lebt noch und ist zuverlässig, wenn solche Dinge möglich sind? Würde auf unserem Planeten das Gesetz der Schwerkraft für eine Weile aufgehoben, so daß kein Stein auf dem anderen bliebe, es wäre eine Erschütterung, ungleich geringer, als wenn die Glaubwürdigkeit unter Menschen so tief erschüttert wird. Es gilt dann nichts mehr, selbst wenn sich im Äußeren die Gerechtigkeit, vermittelt durch die Strafe, wiederherstellt. Die Infragestellung des Herzens wird sich nie mehr beruhigen. Der Mann Josef sieht sich gepeinigt bis in seine Nächte hinein und gequält bis in seine Träume.

Um so mehr Grund, mag man denken, haben wir zu glauben, daß ein solcher Mensch in seiner Zerrissenheit zu Wunschgedanken, Projektionen und Wunschträumen Neigung haben wird. Ein Engel des Herrn erscheint ihm im Traum. Sehr fromm erfunden ist dies und geht an der Wirklichkeit vorbei, sagt unser kritischer Verstand.

Derselbe Widerspruch, den Josef erlebt, äußert sich auch in uns.

Wie denn, wenn wir der Sprache der Sehnsucht einmal mehr recht geben sollten und vielleicht müßten als der Logik der Vernunft? Wie denn, wenn die Sprache des Herzens weniger irrt als das Zeugnis der Sinne? Wie denn, wenn das Vertrauen in die Liebe größer ist als die Gewißheit der Ordnung der äußeren Natur? Erst dann bewegen wir uns auf eine Art von Frömmigkeit zu, die sich in diesem Evangelium ausdrückt.

Es ist möglich, zu lernen, dem eigenen Herzen zu glauben. Es ist möglich, so tief nach innen zu horchen, daß die Gewißheit eines unverstellten Gefühls uns überzeugender erscheint als alles, was von außen her an uns herangetragen wird. Es ist möglich, ein menschliches Vertrauen für unerschütterlich zu halten, selbst wo im Äußeren alles widerlegt erscheint. Und diese Macht besitzt nun in der Tat einzig die Liebe. Sie verwandelt bereits das Erleben der Natur in eine Traumlandschaft voller Magie und Poesie. In der Liebe geschieht es, daß uns die äußeren Dinge, die Bäume, die Blumen, die Sterne, die Wolken anregen zu träumen von den Menschen, die uns nahestehen und die wir in unser Herz geschlossen haben. Die Liebe lehrt uns, die gesamte äußere Wirklichkeit von innen zu schauen im Symbol und Gleichnis. Und mit einemmal zeigen sich die äußeren Gestalten als Hinweise, als Verheißungen der Nähe der Liebe. Diese Kraft besitzt die Sehnsucht und besitzt die Einheit des Herzens, daß die äußere Natur, die Menschen voneinander trennt, sich aufhebt in eine symbolische Brücke der Zusammengehörigkeit. Und alles verwandelt sich in ein traumnahes Erleben des Gefühls der Zärtlichkeit, des Austauschs, der verdichteten Realität. Deshalb sind für die Liebe die Träume oft wahrer als die äußeren Sinne, die Wahrnehmungen des Herzens wirklicher als die Spiegelungen der Sinnesorgane, und es ist möglich, wenn wir uns selber tief genug hören, daß wir die schweigende Stimme Gottes vernehmen, die sich in unserem Wesen unverstellt ausspricht.

Wie denn soll Gott in diese Welt geboren werden, wenn wir nicht zurücktauchen in das unverstellte Wesen unseres Herzens, in die unverwechselbare Gewißheit unserer Liebe, in die nicht endende Sprache unserer Sehnsucht. Nur in unserem Herzen kann Gott wahrhaft erscheinen, unmittelbar von Ich und Du, und nur wenn wir dem eigenen Gefühl uns weit genug anvertrauen, wird Gott auf dieser Welt eine Chance haben, die Gestalt eines Menschen anzunehmen. Einzig durch unser Inneres lebt unsere eigene Menschlichkeit. Einem jeden von uns ist ein Engel Gottes an die Seite gestellt, der in seiner Liebe lebt, in seiner Sehnsucht erwartet wird, in seinen Träumen erscheint, und seine Sprache ist keine andere als die, die unser eigenes Wesen aufzuwecken vermag, die innere Gefangenschaft erlöst und freisetzt, was in uns leben will. Was wir vernehmen, ist im Grunde stets alte Verheißung, überlieferte Vision, von den Urvätern her überkommene Traumbotschaft. Aber der Mann Josef tut, was der Engel im Traum ihm sagt. Und er lehrt uns damit eine uns ungewohnte, weit wahrere, tiefere Form des Glaubens insgesamt. Wenn dieses Evangelium stimmt, so müßte fortan Glauben heißen, die alte, überlieferte Traumbotschaft der Propheten, der Visionäre unter unseren Vorvätern im Traum des eigenen Herzens und in der Sprache der Liebe unseres Herzens noch einmal zu entdecken und aufs neue zu bestätigen. Im Inneren spricht Gott zu uns, nicht mehr auf Tafeln aus Stein, mit eisernem Griffel, in Angst und Furcht, damit wir's nicht vergäßen. Fortan redet Gott gütig ins Herz von Jerusalem, uns zu trösten.

In ihren Zweifeln geführt, in ihren Nöten beschützt, in ihren Hoffnungen bestärkt... Wann immer Menschen nicht ein noch aus wissen, so erzählen es die heiligen Texte, treten Engel zu ihnen und weisen ihnen den Weg. Wie anders da wir, unbelehrt durch heilige Träume, unkundig der Visionen der Engel, allein gelassen mit unseren Fragen und Zweifeln. Wie aber, wenn die Art Gottes, sich mitzuteilen, in der Bibel gar keine andere wäre als die Weise, die wir auch heute erfahren?

Was verstehen wir von einem Menschen an unserer Seite, und was verstehen wir von uns selbst? Diese Erzählung aus dem Anfangskapitel des Matthäusevangeliums hält es für möglich: Der Mensch, den wir am meisten lieben, steht uns im Verdacht der Untreue, der Lieblosigkeit und des Verrats grade in dem Moment, wo er Heiligstes lebend macht und zur Welt bringt, was uns retten könnte. So widersprüchlich ist unser Leben oft, daß wir am meisten dort verzweifeln zu müssen meinen, wo die Hoffnung bereits unterwegs ist. Welche Wahrheit über das menschliche Leben gilt? Einen Dichter wie Heinrich von Kleist hat diese Frage bis zum Wahnsinnigwerden beunruhigt. Folgt man der Logik unseres Verstandes und der Art, wie wir unser Bewußtsein und unsere Vernunft gebrauchen, so zeichnet sich vor unseren Augen eine Welt ab, in der mit geschriebenem Recht Schindluder getrieben werden kann, in der die Menschen mit Lügen und Ausreden sich durchzumogeln versuchen, wo es Wahrheit nicht zu geben scheint in der Gesetzgebung und der Sprache der Menschen. Und worauf ist dann noch Verlaß? Furchtbar können Erdbeben sein, Unwetter und Stürme, aber niemals wird der Boden uns brüchiger und die Atmosphäre, die uns umgibt, gefährlicher, als wenn wir den Worten von Menschen keinen Glauben mehr schenken können.

Wie aber, wenn es so zugeht wie in dieser Erzählung des Matthäus? Ein Mensch versucht seine Wahrheit zu sagen, wir aber können sie nicht glauben, weil das Zeugnis unserer Sinne und die Beweise des Verstandes dagegenreden. Wie sollen wir leben, wenn alles, was Vernunft und Wahrnehmung uns gebieten, das Leben eher zerstört als gelten läßt? Wie oft glauben wir einen anderen Menschen zu kennen und könnten die Beweise an fünf Fingern aufzählen – wie redet in solchen Momenten, da wir bereitstehen, wegzuschicken und zu verurteilen, Gott in unser Leben? Gott ändert sich nie, und in den Zeiträumen, die wir überschauen können, ändert sich auch die menschliche Geschichte nur wenig. Also wird man denken müssen, daß Gott damals nicht anders zu uns sprach, als er es heute tut. Es gilt unter diesem Widerspruch mindestens zunächst zu leiden. Ist es denn wahr, was Josef sich sagt, daß die Frau, die er liebt, zu dem Tun imstande wäre, das er ihr als gewiß unterstellt? Ist es möglich, daß die Forderung der Sittlichkeit eine ganz andere ist als die Gewißheit des Herzens?

Es zählt zu den schönsten Stellen des Neuen Testamentes, wenn beschrieben wird, daß es eine Wahrheit zwischen uns Menschen gibt jenseits des Beweisbaren, in gewissem Sinne jenseits des Vernünftigen. Was wir Menschen wirklich voneinander in Erfahrung bringen können, lehren uns nicht unsere Sinne und schlußfolgernden Gedanken; es gibt eine unmittelbare Sprache des Herzens, und sie ist unendlich viel wahrer. Es gibt eine Gewißheit innerer Stimmen und innerlicher Gestimmtheiten; in denen sehen wir klarer als im Licht des Tages. Es gibt die Botschaft von Träumen, die uns das Wesen eines anderen Menschen klarer sehen lehren.

Wie ist es, wenn uns ein Engel erscheint? Es ist die Gestalt einer Kraft, die sich nicht greifen, nicht dingfest machen läßt und die dennoch in unserer Seele lebt. Gott hat uns etwas zu sagen aus der Kraft des eigenen Wesens, und dies ist das Wichtigste. Wenn wir über einen anderen Menschen etwas Wahres erkennen wollen, müssen wir uns selber fragen in den tiefsten Schichten des eigenen Herzens, was wir darin glauben, was unser Wesen uns sagt, was wir zu vernehmen vermögen, unverfälscht von der Angst draußen und der Verwirrung drinnen. Dies umschreibt die Bibel mit der Vision eines Engels. Man könnte auch sagen: Es gilt zu üben, einander zu sehen mit den Augen Gottes.

Im alten Israel glaubte man die Erscheinung dieses Boten Gottes am Ende der Tage für möglich halten zu dürfen, wenn die Geschichte des auserwählten Volkes sich dem Ende zuneigen würde. Es ist aber eine Wahrheit, die im Leben eines jeden von uns gilt. Es gibt Wahrheiten, die wir mit Gott abmachen müssen und können, wenn scheinbar draußen kein Weg mehr weiterführt. Es gibt das Vertrauen, daß die Hände Gottes uns im Unsichtbaren stärker führen und leiten als in allen Eindrücken der Welt von außen. Es gibt etwas zu sehen, das wir nur mit dem Herzen wirklich zu schauen vermögen, und dies, was uns die Reinheit des Gefühls, die Kraft des Vertrauens, die Poesie der Träume über einen anderen Menschen an unserer Seite sagt, ist unendlich viel wahrer sogar als das Zeugnis der Sinne, sogar als die Logik des Verstandes und ihre Gesetze. Eigentlich nur, wenn wir das eigene Herz klären, verbindet es uns miteinander gegen die Zweifel, gegen die Einsprüche, gegen die Weisung der Sittlichkeit, gegen die Forderungen der Vernunft. Es gibt eine Treue Gottes zu unserem Leben, die unverbrüchlich ist, und es gibt Wege unter den Menschen, die unzerstörbar bleiben.

Wenn wir am vierten Adventssonntag uns vorbereiten auf die Ankunft unseres Erlösers, wird es nur so sein können wie in dieser Erzählung des Matthäusevangeliums: Ein Stück Heil wird in unserem Leben nur wachsen können, wenn wir die Sprache der Träume wieder lernen, wenn wir die geheimen Botschaften unseres Herzens mutiger, weiter und tiefer aufzunehmen wagen und wenn wir die Gewißheit der Liebe für wichtiger nehmen als alles, was scheinbar praktisch so nahe liegt. Gott kommt in unsere Welt, wenn wir das, was wir zu wissen glauben vom Gang der Welt im ganzen, zu vergessen beginnen. Denn unser Heil fängt an im Unsichtbaren, in der Freiheit, die in uns liegt, wenn wir uns lossagen von der Weise, wie man uns sonst lehrt, zu leben und die Welt zu machen. Es gibt etwas zu finden in unserem Herzen, das wir mit den Augen des Leibes nicht sehen und nach dem wir uns doch sehnen mit den Augen der Seele seit Ewigkeit. Dieses Unsichtbare ist unser ganzes Glück, und dieses Hoffen verbindet uns mit Gott, denn es redet die Sprache der Liebe, und sie ist unzerstörbar.

Die Worte dieses Evangeliums wollen beschreiben, wie alles begann, wovon wir leben und was wir sind. Ebendeswegen stellen sie uns auf die Probe in unserer Art, unser Leben zu betrachten und die Wirklichkeit zu verstehen. Religiöse Texte, die über alles entscheiden, sind wie eine Generalprobe auf unser religiöses Empfinden insgesamt, mit anderen Worten: es ist nicht einfach, Texte von der Art, wie wir gerade einen vernommen haben, richtig zu verstehen.

Wir hören die Erzählungen um die Geburt Jesu wie historische Texte, die uns sagen wollten, was sich damals vor zweitausend Jahren zwischen Nazaret und Betlehem äußerlich begeben hat. Aber so ist es nicht. Wir sind irritiert, wenn wir hören, daß Josef selbst zum Vater Jesu nur wurde, indem er der Botschaft eines Engels folgen lernte. Und so ist die Frage, was geschieht, wenn *wir* in unserem Leben einem Engel begegnen, genauer: nicht einmal *einem* Engel, sondern *dem* Engel Gottes – in der Einzahl – es gibt nur einen einzigen. Das, was Gott in unser Leben sagt, hat nur eine einzige Gestalt, und es entscheidet über Heil oder Unheil, ob wir es überhaupt wahrnehmen, und noch viel mehr, wie wir es wahrmachen. Anders tritt es nicht ins Dasein und kommt gar nicht zur Existenz. Vollends wenn wir hören, daß Jesus geboren wurde aus dem Geheimnis Gottes, jungfräulich, bricht sofort eine Verwirrung in unserem Gehirn und in unseren Gedanken aus, wie das zu verstehen sei, wortwörtlich oder symbolisch, historisch oder übertragen, dingfest als Wunder mit Händen zu greifen oder als Verwandlung des Herzens. Religiöse Texte sind nicht dazu angetan, unsere Gedanken durcheinanderzubringen, aber richtig ist: sie bestehen in einer einzigartigen Verwirrung dessen, was wir die Normalität nennen.

Alles beginnt bereits damit, wie wir die Wirklichkeit auch nur eines Menschen an unserer Seite, der uns sehr viel bedeutet, auszusagen vermögen. Alles, was wir von ihm wissen, beruht auf Erfahrungen, die wir mit ihm gemacht haben. Wenn wir erfahren haben, wie wir mit ihm spazierengingen, Kaffee getrunken, uns Bücher vorgelesen haben, besagt das, *was* geschehen ist, aber es sagt nicht, was es bedeutet, *daß* es geschah. Um zu sagen, was ein anderer Mensch wirklich ist, müssen wir sagen, was er uns bedeutet, mit anderen Worten, wir müssen erzählen, was die Begegnung mit ihm mit uns selber gemacht hat, wie sie uns verwandelte. Und jetzt gar in Fragen der Religion. Wenn die Jünger Jesu Auskunft geben sollten, was die Begegnung mit dem Mann aus Nazaret mit ihnen gemacht hat – es ist nicht anders möglich, als daß sie die Veränderungen in ihrem eigenen Leben so schildern, daß es sich verdichtet als die Wirklichkeit der Person Jesu. Anders ist es nicht möglich. Und jetzt ganz zugespitzt: Erzählungen, die so sind, daß sie rein aus innen betrachtet sein wollen, soll man sie überhaupt verstehen, sind von völlig anderer Art, als wir sie zu lesen gewohnt sind. Solche Geschichten nennen wir Legenden und diese zumal eine Geburtslegende. Das braucht man nur zu sagen und schon entzündet sich ein Meinungsstreit der Mißverständnisse. Ist es nicht das, was wir gelernt haben spätestens vom zweiten, dritten Schuljahr an? Bis dahin waren wir Kinder und haben uns gefreut an Märchen und Sagen und Legenden. Da wurden die Berge des Sauerlandes noch geschaffen von Riesen; das gilt jetzt nicht mehr, sondern ab sofort gilt es, die Riesenkräfte der Natur zu erklären durch die vulkanischen Energien im Inneren des oberen Erdmantels; und das eine hat mit dem anderen überhaupt nichts mehr zu tun. So ist es, wenn wir die Natur begreifen wollen. Wenn wir Menschen verstehen wollen oder gar uns selber, stimmt alles das nicht, sondern wir müßten sagen: Du wirst von einem anderen Menschen, der dich wirklich etwas angeht, überhaupt nur nach der Art der Dichter, im poetischen Raum der Märchen, Legenden und Mythen und Sagen, etwas Wirkliches verstehen. Was dir nicht zum Traum aus innen wird, ist nicht die Wirklichkeit. Was du mit Händen greifst, beleidigt den anderen, wenn es keine Seele widerspiegelt oder bekommt. Und nur was du nachempfindest in Bildern oder in Musik oder in heiligen Worten, zeugt sich von Gott her. Wenn dir nicht irgend etwas vom Engel Gottes aufscheint in der Nähe des anderen und ihn umspielt mit seinem Licht und seiner Weisung, bist du einem Menschen begegnet wie sonst auch, aber niemandem, der dir von Gott geschickt wurde auf Heil oder Unheil, unausweichlich. Stehen die Dinge so, dürfen wir nicht erwarten, in dem Text um die Geburt Jesu historische Informationen zu erhalten, wie es damals war vor zweitausend Jahren, wir werden performiert, wie man heute sagt, durchtränkt oder gestaltet auf unser Leben heute hin. Was der Text sagen will, ist überzeitlich gültig für uns selber, eine Anregung gewissermaßen, die Augen zu schließen und mit dem Herzen zu sehen, wie wenn es ein ewiger Traum Gottes in unserer Seele wäre und es begäbe sich durch die Strahlkraft, die von der Person des Jesus von Nazaret in unsere Tage reicht, in uns selber gerade so.

Wie kann man sagen, daß man Jesus von Nazaret so erlebt hat, daß er Gott verkörperte? Da gibt es viele Möglichkeiten schon im Neuen Testament. Die einen sagen: Er hat mir die Augen geöffnet; die anderen sagen: Er hat mir meine Unschuld wiedergeschenkt; dritte sagen: Er hat mich aufgerichtet aus dem Kerker der Niedergedrücktheit, und alle sagen irgend etwas davon, daß ihr Leben sich noch einmal öffnete, nachdem es wie verbarrikadiert schien. Fassen Sie alles das zusammen und bringen es auf eine einzige Bildgestalt, dann müßten Sie so sprechen wie hier: Jesus, das *ist* für mich, nicht: es war für mich, es ist für mich oder es wird noch sein für mich, wie wenn ich ein zweites Mal zur Welt käme, jetzt geboren aus Geist und von Gott her. Wohlgemerkt, wir alle existieren auf Erden, weil es Vater und Mutter gab, aus deren Leben sich unser Dasein gezeugt hat. Es ist eine Erklärung, die umschreibt, warum wir existieren, und die mehr oder minder beschreibt, warum es so schwerfällt, wir selber zu sein. Die Eltern haben uns alles auf den Weg gegeben, was sie konnten, die biologische Ausstattung, die Fürsorge ihrer Erziehung, die Einbettung in unsere kulturelle und soziale Umwelt, und alles dieses ist wie ein Geflecht, das uns umhüllt und trägt.

Aber die Frage bleibt: Wer sind wir selbst? Was für eine lebendige Gestalt ist in diesen Kokon eingesponnen, der aus dem Gemächte und Gewirke von Menschen stammt? Die Biologie, die Psychologie, die Soziologie, sie alle erklären viel, aber niemals das Entscheidende: wer wir als Personen sind. Den Familiennamen erklären sie, aber nicht unsere Individualität. Dies, warum wir so heißen, unvertauschbar, das zu entdekken ist völlig identisch damit, Gott zu finden, und es hat zu tun mit der Art, wie Jesus von Nazaret auf Menschen zuging. Er sah sie alle in der Einzahl, jeder war ihm etwas so Kostbares, daß, wenn er ihn sah oder berührte oder ansprach, es wie ein Schimmer vom Himmel auf ihn herniederkam und er spürte, wie der Kokon sich löste und etwas in ihm reifte, das den Mut gewann, zu sein, nur er, ausschließlich. Er hörte auf, von seinen Eltern als Mama und Papa zu leben, er entdeckte eine Macht über sich, neben sich und in sich selbst, die ihn trug und wollte, sternenweit und himmelhoch. Dies muß es heißen, aus Geist geboren werden, jungfräulich zu sein. So muß man sprechen von Jesus von Nazaret, daß er dies bewirkte: zu entdecken, daß wir unableitbar sind. Für keinen Menschen, der dies durchgemacht hat, wird es in Zukunft mehr Geltung haben, daß er lebt, weil er zwei Eltern hatte; er lebt unmittelbar im Gegenüber des Angesichts Gottes.

Die Person, die das vermittelt, muß selber so gütig und so warm gewesen sein, daß sie alle Lebenskräfte regte und wachmachte. Sie muß so durchsichtig gewesen sein, daß sie keinen Schatten warf auf Menschen, und sie muß so tragend und fest gewesen sein, daß man wagte, unbegangene Wege neu zu beschreiten.

Es ist unumgänglich, die ganze Geschichte in jedem Detail wörtlich vom eigenen Leben her nachzugestalten. Wie denn, da sollten wir plötzlich als Erwachsene, als Vierzigjährige, als Fünfzigjährige, heraustreten aus den Geleisen des Gewohnten: Alle Menschen sagen, entsprechend der Psychologie, der Soziologie und der Biologie, was wir tun können, was wir tun müssen, was wir tun sollen, es gibt scheinbar gar keinen Spielraum, und da fängt nun plötzlich etwas an, in uns zu leben, das niemand so gesehen hat, wir selber auch nicht. Es beginnen in uns Träume neuer Möglichkeiten. Gegen die werden wir uns wehren, sie werden uns angst machen, wir werden uns ihrer schämen, ganz sicher, denn sie gelten uns für unvernünftig, für geradezu unmoralisch. Es sind am Ende unsere Gefühle für Gerechtigkeit, für Anstand und für Würde, die sich sträuben werden, dieses neu Geborene an unserer Seite zu akzeptieren oder zu adoptieren, jedenfalls als unser eigen zu betrachten. Die Gestalt der Madonna wird widerspiegeln, was wir in unserer Seele als verdrängtes Material, als nie beachtetes aufgehoben haben, es wird uns fast wie verächtlich oder gemein vorkommen, wie das genaue Gegenteil von dem, was zu sein ein ordentlicher Mensch verpflichtet wäre. Was tut man in diesem Dilemma, wenn man entdecken muß, mitten im Kern des Religiösen, des Gesellschaftlichen, des bürgerlich Abgesicherten, daß man alles getan hat, aber noch gar kein wirklicher Mensch geworden ist? Man hat alles *richtig* gemacht, aber man hat nie richtig *gelebt*. Man stimmte mit allem überein, was die Leute ringsum wollten, von klein an bis heute, aber so etwas wie eine Identität mit sich selber hat man nie erlebt. Wir werden uns den Kopf zermartern, herauszufinden, was wir dann tun sollten, und alles, was wir beschließen, läuft darauf hinaus, das bestürzende neu Entdeckte abzuweisen und wegzujagen, egal was daraus wird, nur keine Aufregung, kein Aufsehen, keinen Aufstand.

So liest man Legenden: Sie sagen, daß die Träume wahrer sind als unsere Vernunft, die Sprache des Herzens gütiger und weiser ist als das Dreinreden fester Kategorien und daß die Bilder in unserem Herzen reicher und offener, göttlicher sind als alles, was sich verordnen, vorschreiben und bestimmen läßt. Das Wunder des Jesus von Nazaret beginnt damit, daß Menschen aufhören, sich als Produkt von etwas zu betrachten, als das Ergebnis der Zeugung ihrer Eltern, als die Knetmasse ihrer Umgebung. Wir sind Geschöpfe Gottes, genommen aus Nichtigkeit und Staub, aber doch geprägt und gehalten von den Händen Gottes unmittelbar, und wir tragen die Wahrheit des Göttlichen in uns. Es gibt diese wunderbare Fähigkeit, seinen Engel zu sehen und seinem Ruf zu folgen.

Erzählen Geschichten wie diese dann nicht am Ende doch wirklich und historisch, wer Jesus von Nazaret war, wenn wir begreifen, wer er für uns ist? Ja, ganz gewiß *war* er so und so sein ganzer Anfang. Es war sein Wesen, dem inneren Bild des Engels Gottes zu folgen, gleichgültig, wohin er ihn führt. Er war der lebende Beweis dafür, daß Legenden wirklicher sind als Geschichtsschreibungen, denn nur die Kräfte des Inneren, nur der Mut des eigenen Herzens verändert die Welt und straft die scheinbar so Mächtigen Lügen. Es gibt diesen wunderbaren Traum der Freiheit. Man kann Menschen vergewaltigen, einschüchtern, dressieren wie Tiere, aber machen, daß sie aufhören, von ihrer Freiheit zu träumen, das kann man nicht. Und daß sie wagen, sie einzulösen, ist das Wunder des Jesus von Nazaret. Nur wenn wir schildern in der Sprache von Traum und Legende, von Engelbotschaft und jungfräulicher Geburt, berühren wir ein wenig von dem Goldglanz seines himmlischen Lebens auf Erden und haben den Mut, uns über die Erde zu erheben und den Himmel zu sehen, zu dem wir berufen sind.

Als einst der König in seinem Palaste saß – der Herr aber hatte ihm Ruhe verschafft vor all seinen Feinden ringsumher –, da sprach er zu dem Propheten Nathan: Sieh doch, ich wohne in einem Zedernhause, die Lade Gottes aber steht unter dem Zeltdach. Nathan antwortete dem König: Wohlan, alles, was du im Sinne hast, das tu; denn der Herr ist mit dir. Aber noch in derselben Nacht erging das Wort des Herrn an Nathan: Geh hin und sag zu meinem Knechte David: So spricht der Herr: Solltest du mir ein Haus bauen, daß ich darin wohne? . . . So spricht der Herr der Heerscharen: Ich habe dich von der Weide hinter den Schafen weggeholt, damit du Fürst werdest über mein Volk Israel. Ich bin überall mit dir gewesen, wohin du auch gezogen bist, und habe alle deine Feinde vor dir ausgerottet. Ich will dir einen Namen machen gleich dem Namen der Größten auf Erden, und ich will meinem Volke Israel eine Stätte bereiten und es daselbst einpflanzen, daß es ruhig wohnen bleibe und sich nicht mehr ängstige und daß Ruhelose es nicht mehr bedrücken wie vordem, seit der Zeit, da ich Richter über mein Volk Israel bestellt habe, und ich will ihm Ruhe schaffen vor all seinen Feinden. Dich aber will der Herr groß machen; denn der Herr wird dir ein Haus bauen. Wenn einst deine Zeit um ist und du dich zu deinen Vätern legst, dann will ich deinen Nachwuchs aufrichten, der von deinem Leibe kommen wird, und will sein Königtum befestigen. . . . Ich will ihm Vater sein, und er soll mir Sohn sein. . . . Dein Haus und dein Königtum sollen immerdar vor mir Bestand haben; dein Thron soll in Ewigkeit feststehen.

2 Sam 7,1–5. 8b–12. 14a. 16

Im sechsten Mond aber ward der Engel Gabriel von Gott her entsandt in eine Stadt Galiläas namens Nazaret zu einer Jungfrau, die angetraut war einem Mann namens Josef aus dem Haus Davids. Der Name der Jungfrau war Maria. Und er trat bei ihr ein und sprach: Sei gegrüßt, Hochbegnadete, der Herr ist mit dir. Sie aber erschrak sehr bei dem Wort und machte sich Gedanken, was dieser Gruß bedeute. Da sprach der Engel zu ihr:

Ängste dich nicht, Maria!
Denn Gnade hast du gefunden bei Gott.
Und da! Du wirst im Schoß empfangen
und einen Sohn gebären,
und du sollst seinen Namen Jesus rufen.
Er wird ein Großer sein
und Sohn des Höchsten gerufen werden:
Und geben wird ihm der Herr – Gott –
den Thron seines Vaters David.

Und König wird er sein über dem Haus Jakob
die Weltzeiten hin.
Und seines Königtums wird kein Ende sein.

Sprach Maria zum Engel: Wie soll das geschehen, da ich keinen Mann erkenne? Und der Engel hob an und sprach zu ihr:

Heiliger Geist wird über dich kommen,
und Kraft des Höchsten dich überschatten.
Darum wird auch, was nun gezeugt wird,
»heilig« gerufen werden: Sohn Gottes.

Und da! Elisabet, deine Verwandte – auch sie hat einen Sohn empfangen, in ihrem Alter. Und dies ist der sechste Mond für sie – die Unfruchtbare, wie sie gerufen wurde. Denn von seiten Gottes ist nichts unmöglich – kein Ding. Sprach Maria: Da! Ich bin die Magd des Herrn, geschehe mir nach deinem Wort! Und der Engel ging von ihr. LK 1,26–38

Wie ist es möglich, daß Gott Gestalt gewinnt in unserem menschlichen Leben? Fast immer sind wir geneigt, zu denken wie König David im Alten Testament, wir müßten selber den Raum durch eigenes Tun dafür bereitstellen und es gehe darum, einen Tempel zu bauen als Wohnsitz des Gottes. Stünde es so, wäre das Schicksal Gottes auf dieser Erde buchstäblich in unsere Hand gegeben, und wir vermöchten selber zu bestimmen, wo er zu finden sei und wo seine Macht wirksam werden könne.

Es tut gut, zu hören, wie Gott im Alten Testament David selbst daran erinnert, daß er, genau besehen, Kreatur und Werkzeug in den Händen Gottes ist. War es nicht letztlich dieses unsichtbare, schweigende, sich stets entziehende Geheimnis, das ihn hervorlockte hinter den Herden seines Vaters? Wer eigentlich baut am Göttlichen, wenn es nicht die unsichtbaren Hände Gottes selber sind, die Gestalt verleihen, Wahrheit formen, Schönheit erzeugen und das menschliche Antlitz bilden?

Es war der alte Glaube Israels, daß am Ende der Tage, wenn Gott Eingang finde in die menschliche Geschichte, der Engel, der den Namen trägt »Meine Kraft ist Gott« – Gabriel, erscheinen werde. Das Evangelium von der beginnenden Zeit des Heils und der Erlösung greift deshalb zurück auf diese Vorstellung: Aus den Sphären des Himmels wird dieser Engel gesandt in das unscheinbare Dorf Nazaret, und doch geht es darum, königliche Verheißung zu erfüllen, und doch soll es wahr werden, daß uns Menschen erlaubt wird, den Anbruch des Heils zu sehen.

Was ist es, wenn einem Menschen sein Engel erscheint?

Es gibt verschiedene Momente, in denen wir dieses Bild gebrauchen. Jemand wird gerettet aus plötzlicher Gefahr, und wir sagen: Er hatte einen guten Schutzengel. Jemand trifft einen anderen Menschen, der ihm entscheidend weiterhilft und ihn aus einer bedrohlichen Notlage herausholt, und der eine sagt zum anderen, er sei ein Engel für ihn. – Schon in diesen äußeren Zusammenhängen nennen wir Engel, was uns zur Seite steht, unser Wesen meint und unser Leben will. Noch ein Stück innerlicher müßten wir von Gott insgesamt so denken, daß er im Hintergrund unseres Daseins die Macht ist, die möchte, von Urzeittagen her, daß es uns gibt, daß er die Weisheit ist, der etwas fehlen würde im Lauf der Welt, wären wir nicht, daß er die künstlerische Kraft ist, die wollte, daß wir selber gerade die Gestalt gewönnen, in der wir leben. Engel, so müßte man denken, ist dieses Urbild im Himmel, im Hintergrund unseres Seins. Alles lebt in ihm, was wir an eigener Wahrheit, eigener Schönheit und eigenem Mut zum Leben in uns tragen. Ein Mensch, dem sein Engel erscheint, sieht vor sich und vermag wahrzunehmen, was mit seinem ganzen Leben gemeint ist, woraufhin er berufen wurde, welche Wahrheiten, so unentdeckt und verleugnet auch immer, in ihm schlummern und sich durchsetzen zur Wirklichkeit. Immer ist verbunden mit der Erscheinung dieses Engels unserer Wahrheit die neu heranreifende Gestalt eines Wesens, das wir in uns tragen und doch so noch nie zu leben vermocht haben.

Immer denken wir, das Wesentliche müsse durch unsere Hände gemacht werden, wenn etwas Entscheidendes in unserem Leben sich ereignen solle, müßten wir etwas *tun*. Wie aber, wenn jene alten Bilder stimmen würden? Nicht, was wir uns auszudenken und dann ins Handeln zu übersetzen beschließen, sondern was in uns reift unter den gnädigeren Augen Gottes, unter den Schwingen des Schutzes seiner Flügel, *das* ist unsere Wahrheit und *darin* lebt unsere Schönheit. Wenn es so wäre, bedeutete es, daß alles, was ist, alles Sein, einen überragenden Vorrang besitzt gegenüber allem, was wir machen können, gegenüber allem Tun. Und so ist es in der Tat. Von früh auf bis spät sind wir bemüht, uns wichtig zu nehmen, immer angehalten von dem Glauben, daß es auf uns ankomme und daß wir Wesentliches verpassen würden, täten wir dieses oder jenes nicht. So geht der Alltag dahin, so verrinnen die Tage, so entschwinden die Jahre. Aber wer eigentlich *sind* wir? Wieviel Schönheit wird überlagert durch all das, was wir glauben an Pflichten erledigen zu müssen! Wieviel von der Zauberkraft unseres Herzens geht zugrunde an all dem Gestampfe, Gerenne, Getrete und Gelaufe in unserem Leben, am Platzbehaupten, Hinterherlaufen, Sich-selber-vorweg-Sein! Wär' es nicht möglich, es reifte das, was wir sind, in unserer Tiefe, und wir könnten's gar nicht erklügeln, nicht beschließen, es wäre nur einfach da?

Man kann die Probe aufs Exempel machen mitten am Tage. Wie vieles eigentlich legen wir uns als Pflicht auf, weil wir nicht wahrhaft *sind* und also auch nicht *wahrhaftig* zu sein vermögen! Wir sagen ja dort, wo wir innerlich nein sagen müßten, und schon sind wir in der Klemme falscher Zusagen. Wir sagen nein da, wo wir ja sagen müßten, oft nur aus Angst, und schon müssen wir fliehen vor den Möglichkeiten, auf die wir eigentlich zugehen sollten. Und immer unwegsamer, langwieriger, verworrener werden die Wege unseres Lebens, immer mehr entfernen sie sich von uns selber. Wo aber finden wir die Räume der Stille, die Orte von Nazaret, an denen wir einfach *sind* und aufschauen dürfen zu der Gestalt unseres Engels, der uns aufruft, etwas Königliches in die Welt zu bringen, eine Gestalt, die den würdigen Namen trägt »Der Retter« – Jeschua aus dem Hause Davids.

Über dem Haupt eines jeden von uns liegen göttliche Verheißungen. Ein jeder von uns ist bestimmt, in diese Welt etwas Unvergleichliches zu tragen, es muß ihn geben, oder es würde Gott etwas fehlen. An so vielem, das in uns lebt, zweifeln wir immer wieder, halten es kaum für möglich, ja setzen unser ganzes Denken dagegen ein, um uns am Ende selber zu beweisen, wieviel dawiderspricht. Das beste Argument, das schönste, das resigniertestе und traurigste ist das der Base Elisabet, es sei alles zu spät, überaltert und vorbei, nichts sei zu hoffen, da alles schon buchstäblich vertan.

Es ist für die Botschaft in Nazaret so wichtig, daß Gott erwecken kann, woran wir niemals glaubten, daß das so viele Jahre ungelebte Leben eine Chance hat, dem Dasein zurückgegeben zu werden, daß es möglich ist, unausgedachte und nie zugelassene Träume des Lebens, verschüttet oft durch den Staub von Jahrzehnten, wieder aufzuerwecken, um ihnen Gestalt zu geben. Oft grade da, wo wir nicht *machen*, reift unser Sein, wo wir einfach nur *sind*, unseren Träumen lauschen, unserer Wahrheit folgen, der Spur unseres Engels ansichtig werden, und so viele Wunder liegen in uns. Es ist die Kunst, das eigene Herz zu öffnen, damit das Licht des Himmels hineinfallen kann. Aber so ist es: Die Zwischenräume zwischen den Speichen des Rades machen das Rad, der Hohlraum zwischen den Wänden macht das Haus, die Höhlung zwischen dem Ton bildet den Krug. Da, wo wir uns nicht eindrängen durch das eigene Tun, sondern uns offenhalten zum Himmel, beginnt dieses wahre Leben, das von Gott ist. Wir aber dürfen es wagen, zu glauben und zu hoffen, daß Schönheit und Wahrheit und Leben möglich sind vor Gott, jetzt und immer.

Es gibt Evangelien, wie dieses von der Verkündigung, die müßten von Frauen statt von Männern erläutert werden. Denn sie sprechen einzig von der Erlösung der Welt, indem sie die ältesten Bilder weiblicher Religion und Poesie aus den Anfangstagen der Menschheit versammeln. Die Welt, scheint dieses Evangelium zu sagen, kann nur erlöst werden, wenn das, was Männer sich vorsetzen, zu tun, zu machen und hervorzubringen, ein Ende findet. Wenn etwas rein zur Welt kommt aus der Welt der Frauen, hätte diese Welt eine Chance zu leben.

Die Künstler des Abendlandes haben in den Kirchen und Museen seit zweitausend Jahren immer wieder dieser Szene Ausdruck zu verleihen versucht, und sie wollten dem Geheimnis nachgehen, wie unser Herz so berührt werden könnte, daß es sich wandelt und vermenschlicht und die Wahrheit von Betlehem spürbar wird, der Anfang unserer Menschwerdung. Betrachtet man auf dem Goldglanzhintergrund die Szene der Madonna und des Engels, so sind es vor allem drei Bereiche, die in diesem Bild leben.

Es ist einmal der Glaube, daß diese Welt erlöst werden kann durch die Macht der Schönheit, einer Wahrheit, die durch und durch weiblich ist, aber grade darin wirksam und rein. Denn was wäre das Schöne außer dem Vermögen, den Stoff zu beseligen durch die Beseelung? Wenn der Geist aufstrahlt in der Verklärung des Leibes, wenn die Seele sichtbar wird im Glanz des Körpers, wenn die Reinheit des Herzens erstrahlt über das Sichtbare der Augen, beginnt die Schönheit die Welt zu verzaubern. Schönheit, so meinten die Alten, das ist der Lichtglanz der Sonne im morgendlichen Aufgang, wenn ihre Strahlen sich breiten über dem Haupt eines Menschen und werden wie Hände, die segnen. Schönheit, das ist die Sichel des Mondes in der Nacht, wenn sie im Rhythmus der Frau heranwächst zur vollendeten Schönheit silbernen Glanzes und ihre Strahlen sich breiten wie Hände aus Silber und Tau. Schönheit ist überall dort, wo Seele und Leib miteinander verschmelzen, wo eine Gestalt zur Reinheit ihres Ursprungs findet, wo das Wesen sichtbar wird für die Sinne. Denn diese Macht besitzt die Schönheit: unser Herz eins werden zu lassen und die Gegensätze zu überwinden, die zwischen Sinnlichkeit und Sittlichkeit, Natur und Kultur, Pflicht und Neigung immer wieder wie tiefe Gräben unser Leben zerschneiden. Schönheit ist die Macht, die Welt als Einheit zu erfahren, ungetrennt und ganz und so, daß es darinnen keinen Teil mehr gibt, der abgespalten sein, als Gefahr empfunden werden müßte, als etwas Untermenschliches von der Menschwerdung auszuschließen wäre. Schönheit ist die erste und reinste Poesie Gottes über alle Gestaltungen der Welt.

Darum lebt in dieser Szene der Verkündigung die Allmacht des Traumes, und auch sie besitzt die erlösende Kraft über diese Welt. Traum beginnt, wo ein Mensch einen anderen anzureden vermag mit den Worten des Engels: Begnadete du, der Herr ist mit dir. – Wo immer ein Mensch einen anderen so erfährt, beginnt der Traum einen Menschen zu vermenschlichen und zu verwirklichen. In den Träumen lebt die Zauberkraft, in der Engel erscheinen können. Ein jeder Mensch trägt in sich ein unverfälschtes Bild, nach dem Gott ihn formte und gemeint hat, und es redet zu ihm im Schweigen der Nächte, in der Versonnenheit des Tages, in der Sehnsucht der Liebe, in der Freude der Begegnung, in allem, was einen Menschen erhebt über die Macht der Erde, nach unten zu ziehen. Alles, was der Seele eines Menschen Flügel verleiht, alles, was ihn durchströmt mit dem Licht vom Himmel, schafft eine Sphäre, in der Engel erscheinen und Träume zu reden beginnen. Es ist eine Welt, an die wir wenig glauben, weil wir denken: Was sind schon Träume, und wieso soll diese Welt sich ändern, nur wenn wir dasitzen, versonnen und nach innen gekehrt? Und doch sind es diese Zeiten, in denen unsere Seele zu reden beginnt, diese Phasen des Lebens, in denen wir uns selber nicht mehr entlaufen, vermeiden und betäuben, sondern uns selber zuhören im Raum der Stille und im Gespräch der Liebe. In diesen Zonen ahnen wir die unterste Form, in der Gott uns sichtbar wird, ohne zu zerstören, in der majestätischen Gestalt eines Engels. Wenn er redet, endet die Furcht, und seine Worte werden immer sein: Wir brauchen uns nicht weiter mehr zu ängstigen, Begnadete sind wir, von Gott her Gesegnete und von ihm Beschirmte.

Im Umkreis dieser Erfahrung lebt ein drittes Element, dazu bestimmt, die ganze Welt zu verwandeln. Das ist die Haltung der Ehrfurcht und der reifenden Geduld. Nichts gibt es an einem Ort, an dem Engel erscheinen, zu planen und zu machen. Eine Ahnung wächst, daß die Welt ein sich vollziehendes ewiges Wunder gebiert und unser Leben selbst den wunderbarsten Teil darinnen einnimmt. Es ist der Respekt, mit dem wir einander zu begegnen vermögen, ungeplant, unbeabsichtigt, ungemacht, aber dafür frei und würdig und königlich. Es ist eine Fähigkeit, einander so zu grüßen, wie wenn es vom Himmel käme, und wir vermögen einander Worte zu sagen, die reifen lassen, Worte, die Felder eröffnen, in denen Wunder gedeihen können, Erfahrungen sich zu vermittlen vermögen, in denen wir den Mut finden, die in uns selber wachsende Gestalt auszutragen.

Niemals ereignet sich das Wesentliche in unserem Leben, indem wir's uns vorsetzen und abrufbereit anfertigen. Stets begibt sich das Göttliche in unserem Leben, indem wir den Mut haben zu den Stunden des Betrachtens, des Träumens und der Geduld. Aus diesen Elementen, aus dem Medium der Schönheit, der Träume und der Ehrfurcht lebt alles, was schön ist auf dieser

Erde, leben die Bilder der Künstler von der Madonna und dem Engel und ist die Hoffnung des Christentums noch nicht erstorben, es wäre möglich, uns Menschen zu vermenschlichen.

Die Frage wird sein, ob die Männer die Botschaft der Frauen auf Erden zu hören vermögen, denn ihre Logik ist anders. Um sie zu beschreiben, genügt nicht die Stilgattung der Predigt; fast müßte man zu den Stilmitteln der Satire und des Kabaretts greifen, so anders ist die Wirklichkeit, die vernünftige, planbare, machbare, richtige Wirklichkeit.

Es gibt junge Leute – es müssen junge Leute sein, ganz sicher sind es nicht Erwachsene –, die im Fernsehen die Bilder von Äthiopien oder von Kalkutta oder Bombay sehen und ganz einfach denken, wie unvernünftige Menschen tun: Da müßte man helfen; alles, was möglich wäre in diesen Vorweihnachtstagen müßte geschehen, um da zu helfen. Ganz falsch. Man kann ja nur helfen, wenn man Geld hat, und das geht nur, wenn die Volkswirtschaft richtig stimmt, und das kann sie ja nur, wenn die Binnennachfrage vermehrt wird. Also ist es nötig, daß nicht nur produziert wird, sondern vor allem Abnehmer gefunden werden. Erst wenn wir richtig gute Konsumenten sind, vermehren wir ja das Volkseinkommen als ganzes, und erst, wenn das ist, können wir ja überhaupt helfen. Wir sind uns einig, daß wir nur produzieren können, wenn wir gewisse Rohstoffe aus diesen Ländern bekommen, und genau dazu haben wir das Recht, weil wir die Möglichkeiten haben, überhaupt Bauxit, Uran, Schwermetalle abzubauen. Und wenn unsere Waren dann fertig sind und wir sie denen verkaufen, entsteht ja überhaupt erst die Spanne von Gewinn, die möglich macht, daß wir den Leuten helfen. – So ist die Logik der Männer. Sie wird immer weitergehen. Sie wird Tote, Verhungerte, jede Form von Elend akzeptieren, denn – ich frage Sie – warum auch soll es uns so elend gehen wie den anderen? Wir müssen reich sein, damit es den anderen besser geht. So ist die wirkliche Logik, die vernünftige.

Dann gibt es Kinder, die gelesen haben, daß die Wälder sterben, und sich fragen, warum man zwei Millionen Bäume für die Weihnachtstage abholzen muß. Wieder so ein kindlicher Gedanke, ein unsinniger Gedanke. Die deutsche Tanne wächst ja überhaupt nur, weil sie in der Volkswirtschaft, beschäftigt mit dem Zweig der Holzgewinnung, Geld bringt. Sämtliche Tannen würden gar nicht existieren, wenn sie nicht irgendwann rentabel würden und Geld brächten. Also muß man die Tannen schlagen, damit sie Geld bringen und es sich lohnt, daß es Tannen gibt. Also muß man viele Tannen schlagen, damit viele Tannen wachsen dürfen. Erst wenn man das begriffen hat, ist man ein Waldfreund. Man darf nicht an die Tiere denken, die sich grade in den Bäumen eingenistet haben, an das ganze

Ökosystem, das grade versucht hat, an den Jungtannen sich festzumachen, nein, wir sind erst wirkliche Waldfreunde, wenn wir es fertigbringen, auf diese kindlichen Gedanken keine Rücksicht mehr zu nehmen.

Dann gibt es wieder Träumer und Idealisten, die sich sagen: Wir wollen endlich damit aufhören, andere Menschen zu töten. Auch Unsinn, lauter Kindereien. Denn stellt euch vor, wir würden irgendein Elendsviertel flachlegen und würden mitten in die Armengegenden ein richtiges Haus setzen, eine gute, kostbare Villa, und zeigen, was Ordnung ist, Anstand und Menschlichkeit. So etwas kann man ja nicht aufbauen, ohne es auch zu schützen mit einem Zaun und bewaffneten Soldaten und Warnschildern des Inhalts: Wenn du diese Grenze übertrittst, droht dir, daß du abgeschafft wirst. Wenn wir im Wohlstand leben wollen, müssen wir uns schützen. Wer sich nicht schützt, lädt ja die Diebe, die Mörder, die Angreifer gradezu ins eigene Haus ein. Wer friedfertig ist, muß den Krieg lernen. Wer ein wirklicher Menschenfreund ist, muß lernen, wie man tötet. So die Logik der Männer. Sie wird versuchen, die Welt mit der männlichen Vernunft zu erlösen; mit den Gegenprinzipien von Schönheit, Traum und Ehrfurcht: mit Geld, Ausbeutung, Macht. Dazwischen müssen wir wählen, zwischen dem, was leben läßt, und dem, was tötet.

Man rühmt es als ein großes Wunder, daß Maria dem Engel sagte: Mir geschehe nach deinem Wort. Damit habe die Erlösung angefangen. Mir will manchmal scheinen, das noch größere Wunder wird zuwenig entdeckt: daß es Männer gäbe, die hätten ähnliche Träume, und auch ihnen könnten Engel erscheinen, das Heilige zu schonen und zu schützen. Denn wie soll das Menschliche leben auf Erden, ohne daß die Logik der Könige, der Herrscher, der Mächtigen der Erde sich wandelt? Auch ihnen gelten alte Verheißungen, aber ob wir es wagen, sie zu leben, bleibt die Frage seit dem Weihnachtsmorgen.

Maria aber stand auf in diesen Tagen, machte sich bereitwillig auf den Weg ins Gebirge, nach einer Stadt in Juda. Sie trat in das Haus des Zacharias und bot Elisabet den Friedensgruß. Und es geschah: Als Elisabet den Gruß Marias hörte, hüpfte das Kind in ihrem Leib, und Elisabet wurde voll heiligen Geistes. Und sie rief mit gewaltigem Schrei und sprach:

Du Gepriesene unter den Frauen!

Gepriesen auch die Frucht deines Leibes!

Und von woher geschieht mir, daß die Mutter meines Herrn zu mir kommt? Denn da! Als laut ward dein Gruß in meinen Ohren, hüpfte jubelnd das Kind in meinen Leib. Ja, selig ist, die geglaubt hat, daß zur Vollendung komme, das ihr vom Herrn Gesagte! Lk 1,39–45

Sie können selber das Experiment machen: Man fordert jemanden auf, eine Geschichte zu schreiben, wie er sich vorstellen könnte, aus einem anderen Leben in diese Welt gekommen zu sein. Eine phantastische Geschichte, die zunächst frei erfunden scheint, dann aber, liest man sie genauer, Aufschluß gibt über das gesamte Lebensgefühl, über den Charakter, über die Lebenseinstellung eines Menschen, weit genauer, als er es selber im Bewußtsein sagen könnte; so etwas wie eine Geburtslegende oder ein Geburtsmythos eines Menschen ist entstanden. Geschichten dieser Art muß man zu begreifen suchen als Wesensportrait der Menschen, von denen sie berichten.

Ganz so ist es, wenn Lukas im heutigen Evangelium eine Legende erzählt, wie die Mutter Jesu sich aufgemacht habe, um die Mutter Johannes' des Täufers aufzusuchen. Das scheinbar Phantastische ordnet zwei Menschen einander zu, die wesenhaft miteinander verflochten sind. Man kann darin ein Stück frühkirchlicher Theologie sehen, als habe sich Johannes der Täufer selber mit seinem Wirken als Vorbereiter auf die Ankunft Jesu gesehen. Die frühe Kirche hat versucht, die Gruppe der Johannes-Jünger in die eigenen Kreise aufzunehmen und Brücken zu schlagen zwischen zwei Glaubensrichtungen, die sich damals noch nebeneinander zu entwickeln schienen. Über alle Geschichte hinaus aber gehören Johannes der Täufer und Jesus innerlich zueinander, und es ist eine Erfahrung der Seele, wenn diese wunderbare Legende erzählt, es habe Johannes voll Freude die Ankunft Jesu begrüßt, gewissermaßen noch eh' er zur Welt kam. Im Grunde sind Johannes der Täufer und Jesus Verkörperungen von zwei ganz verschiedenen Weisen, auf das Problem unseres Menschseins zu antworten. Beide sind sich darüber einig, daß so, wie wir leben, es kein menschliches Leben ist, daß alles sich ändern muß, um Gott ein Stück weit näherzubringen. Nur, wie soll es sich ändern?

Johannes, der größte von Menschen Geborene, wie selbst Jesus ihn nennt, hat ein Äußerstes versucht, mit den Mitteln des guten Willens und mit dem Appell an menschliche Einsicht Ordnung in das Chaos zu bringen. Fast immer, wenn wir anfangen, etwas zu begreifen, und guten Willen haben, werden wir's zunächst nach der Weise Johannes' des Täufers probieren. Wir werden sagen, wie wir uns vorstellen, daß dies und das zu sein hat, wir werden Anweisungen geben, Mahnungen erteilen, notfalls Vorwürfe machen, schließlich anfangen zu drohen, am Ende womöglich gar Verwünschungen auszusprechen. Dieses ganze Repertoire der Zensur, der Korrektur hat Johannes versucht. Nur, was ist das Ergebnis all dieser Bemühungen?

Es war der Glaube des Johannes, daß jeder einzelne genommen werden müßte, um eingetaucht zu werden in den Jordan, kraß gesagt, daß, wenn man jedem einzelnen gründlich genug den Kopf wäscht, es am Ende schon in irgendeiner Form die rechte Richtung bekommen wird. Aber ist das so möglich? Die Anfangsseiten der Bibel haben in gewissem Sinne viel mehr recht, wenn sie davon erzählen, daß Gott bei dem Versuch, die Welt vom Auswurf der menschlichen Sünden zu reinigen, keine Grenzen mehr gesehen habe und eine riesige Sündflut über die Menschheit habe verhängen müssen. An der Oberfläche vielleicht mag es so aussehen, als wenn es genügte, einzelne zu taufen, aber dieser Ansatz, zum Prinzip erhoben, müßte die ganze Menschheit hinwegfluten in einem einzigen Meer des Leids und der Tränen. Von außen betrachtet, sind die Einteilungen famos: Es gibt Gut und Böse, Faul und Fleißig, Korrekt und Minderwertig, Anerkennenswert und Tadelnswert, und so ordnen wir scheinbar die Verhaltensweisen der Menschen, ihre Haltungen, schließlich ihre Personen. Nach diesem Maßstab sind Menschen scheinbar um Hunderte von Kilometern voneinander entfernt wie die Gipfel der Alpenberge. Aber schaut man ein wenig durch die Nebeldecke, dann sieht man, wie die Berge in den Tälern sich berühren, und noch ein Stück tiefer beginnt man zu begreifen, daß das ganze Massiv der Alpen eine einzige zusammenhängende Gebirgskette ist, eine riesige Erdauffaltung, hervorgepreßt durch gigantische Kräfte im oberen Erdmantel. Nichts läßt sich trennen, wenn man nur tief genug schaut. Im Untergrund hängen wir Menschen allesamt zusammen, und es ist nicht möglich, zu scheiden nach den Einteilungen der Moral, der sozialen Schichtungen, der tradierten Normen, kurz, der ewig viel zu kurzen, allzu praktischen Begrenzungen und Abwertungen. Zwar reden wir im Alltag gern und ständig nach der Weise Johannes' des Täufers miteinander; wir sagen unseren Kindern: Das mußt du tun; so macht man das nicht, es geht ganz anders – und doch spüren wir genau, daß, wenn wir es zu weit treiben mit diesem Stil, wir Leben nicht fördern, sondern verbiegen, ersticken, schließlich töten. Als Erwachsene reden wir so miteinander und begreifen doch genau, daß, wenn wir ernsthaft so miteinander sprechen wollen, die Gemeinschaft zerstört wird, Einheit zerbricht. Es ist nicht möglich, nach der Weise der Oberfläche die Probleme des menschlichen Herzens in der Tiefe zu lösen.

Will man die Worte Johannes' des Täufers richtig verstehen, darf man nicht hören, was er sagte, sondern was er sagen wollte; was er wirklich meinte, nicht woran er subjektiv dachte. Er, der den Namen Johanan – »Gott ist barmherzig« – trug, kann im letzten nicht gemeint haben, wofür er eintrat und womit er auftrat: man müsse den Atemwind Gottes mitten ins Feuer lenken, damit endlich geschmolzen würde Abfall und Edelmetall. Johannes der Täufer selber bedarf des Erlösers, der Ankunft des Mannes, der den Namen trägt: der Retter.

In Jesus lebte ein anderes Prinzip. Er verkörperte es und er wollte, daß wir es begreifen: Es gibt eine einzige Menschenwelt, die in allem miteinander verflochten ist. Gott läßt es regnen über Hoch und Niedrig, über Rein und Unrein, über »Gute« und »Böse«. Jesus wollte nicht die Sprache der Vorschriften, der Anweisungen, der Redensarten. Jesus versuchte Bilder zu formen, die wie ein Angebot waren, sich darin selber wiederzufinden. Vielleicht gibt es nichts Schöneres zu lernen unter uns Menschen, als daß wir versuchen, einander so tief zu verstehen, daß die Wesensart des anderen sich wiedergeben läßt in dichterischen Bildern, in traumnahen Bildsequenzen. Und vermögen wir die Erlebnisweise des anderen *so* auszusprechen, dann werden wir mitunter sogar selber erleben, daß unser Gegenüber sagt, grad dieses, was wir bildhaft sagen, habe er womöglich in den letzten Tagen noch geträumt. Dann schließt sich der Kreis zwischen Mythos und Erfahrung, zwischen Legende und Wirklichkeit, zwischen Traum und Tag. Es trägt jeder Mensch in sich ein wunderbares Lied, einen nie gehörten Gesang, von dem Jesus wollte, daß er hörbar werde. Schluß mit den Menschen, die nach dem Vorbild Johannes' des Täufers buchstäblich mit der Axt in der Hand an die Wurzel der Bäume gehen. Die Menschen, jeder einzelne in seiner Ohnmacht, seiner Ausweglosigkeit, seinem Bemühen, Wege zu finden, vielleicht abseits vom Gang der Herde, bedarf der Hände, die sich begütigend um ihn legen und über ihn breiten. Und immer war Jesus das hundertste Schaf wichtiger als die neunundneunzig anderen.

Einer der ungeheuerlichsten Sätze des Neuen Testamentes, mit dem Jesus seine Mission gegen alle Anfeindungen und Vorwürfe der immer

Richtigen, immer Korrekten, immer klar Wissenden zu begründen suchte, lautete: Ich bin gekommen zu den Kranken, die des Arztes bedürfen. Ich bin gesandt zu den verlorenen Kindern Abrahams. Ungeheuerliche Worte sind dies, weil, bei Licht betrachtet, wir alle brauchen, daß Gott uns so sieht. Und fähig sind wir, einander so zu sehen, viel mehr als Leidende denn als Täter, viel mehr als Opfer denn als Urheber, in jedem Fall als Menschen, die des Verstehens bedürfen, nicht der Anklage, die viel mehr an Mut benötigen, um sich selber zu wagen, und die am wenigsten brauchen können, daß jemand neben ihnen steht und erläutert, *wie* man es machen muß.

Allein die Kraft der Sonne richtet, wenn der Schnee verschwindet, die Blumen und die Pflanzen auf ins Licht. Kein Zaun, kein Spalier, kein künstliches Verfahren vermag dies zu erreichen, einzig die Macht der Wärme und der Liebe unter uns Menschen. Weiß Gott, diese wunderbare Erzählung vom Besuch Mariens in Enkaren bei ihrer Base Elisabet hat recht: Das Ziel aller Religion des guten Willens und der Moral ist eine Religion der Erlösung. Auch sie braucht – wie in Erinnerung – noch die Formulierung des Rechts, damit sie nicht abgleite in Faulheit und Bequemlichkeit. Es wäre keine Vergebung, wo nicht die Schuld formulierbar wäre, aber wir Menschen, verstrickt in hundert Zusammenhänge, brauchen einzig die Kraft des Verstehens, des Begleitens, der Geduld, des Aufeinander-Zu- und Eingehens in einer Liebe, die nie endet. Denn sie ist von Gott. In ihr allein sind wir ihm nahe. Durch ihre Kraft allein bereitet sich die Ankunft eines neuen Menschen vor, der in uns lebt und wartet, zum Licht zugelassen zu werden.

Zur Weihnacht

Mit diesem Weihnachtstag beginnt das Wunder menschlicher Vergöttlichung. Seit diesem Tag sehen wir den Menschen mit anderen Augen, und es ist die Frage, wie man mit den Augen eines Engels sieht, oder wenigstens, wie man der Botschaft eines Engels Glauben schenkt, um in einem Stall die göttliche Geburt unseres Erlösers wahrzunehmen. Inmitten der Niedrigkeit, dort, wo man es nicht vermutet, abseits vom Goldglanz der Paläste, außerhalb der Thronräume der Mächtigen, in der kleinsten der Fürstenstädte Judas, wie es der Prophet verheißen hat, kommt unser Erlöser zur Welt.

Die christliche Legende formt sich aus allen wesentlichen Elementen, und sie hat recht. Mitten in der Nacht, sagt sie, in Sternendunkel und in Finsternis kommt der Herr in unsere Welt. So muß es sein. Denn anders könnte er niemals verstehen, wie er es später in seiner ganzen Botschaft zu erkennen gibt: wie sehr uns Nacht und Dunkelheit und Aussichtslosigkeit verfolgen können. Später wird er seinen Vater um Vergebung bitten für all das, was wir tun wie in Umnachtung unseres Geistes, unbewußt und immer wie verzweifelt, oft das Beste wollend und dennoch außerstande, klar zu sehen. Vergib ihnen, denn sie wissen nicht, was sie tun, wird er selber sagen in der Stunde, da die Welt sich noch einmal verfinstert. Verständnis haben wird er für all die Stunden, da wir keine Aussicht haben und keinen Ausweg sehen, für all die Augenblicke, wo wir uns selber nicht mehr kennen und im eigenen Herzen uns nicht mehr zurechtfinden. Wo wir nichts Menschliches mehr fühlen und begreifen, da wird er sagen, daß mitten in der Nacht, im Unbegreifbaren Gott menschliche Gestalt gewinnt und an seiner Armseligkeit nichts zu verleugnen, nichts zu verachten und nichts zurückzuweisen ist.

Kalt war es, sagt die Weihnachtslegende und hat recht damit, denn anders würde unser Erlöser für unsere Herzenskälte nicht Verständnis haben, wie wir es brauchen, um gegen die Einsamkeit, um gegen den schneidenden Wind, um gegen die Beraubung wärmender Güte, um gegen das Erfrieren jedes zärtlichen Wortes dennoch das Vertrauen zu setzen, die Milde und die Güte. Das sanfte Gesetz des Unscheinbaren wird stärker sein als die schneidenden Befehle, die klirrenden Gewalttaten, die Herzenserfrierungen der Angst. Es hätten, sagt die Legende mit Bezug auf einige Prophetenworte, die Tiere mit der Wärme ihres Atems an der Krippe unserem Erlöser ein erstes Zeichen kreatürlichen Mitleids und geschöpflicher Barmherzigkeit gegönnt, wie um zu sagen, daß alles, schon weil es lebt, dazu bestimmt ist, gut zu sein, nicht zu zerstören, sondern schon mit seiner Leibeswärme gut zu sein. Grade die animalische Sprache, die sozusagen unverstellte, tierische, instinktive Vernunft ist viel richtiger als das so Ausgeklügelte, Ausgedachte. Und auch dieses Bild brauchen wir für unser Leben, kommen wir uns doch selber oft genug vor wie Esel, die man bepackt und schindet und für ihre Dummheit mit Sklaverei und nicht endender Mühsal durch das Leben treibt. – Gehören diese geduldigen Esel des Daseins nicht als erste an die Krippe? Und gibt es in unserem eigenen Leben nicht genug, wofür wir uns selber beschimpfen möchten wegen unserer ochsengleichen Langsamkeit – die Fehler, die wir begehen, nicht aus üblem Willen, aber aus Kurzschlüssigkeit, aus minderer Einsicht, aus Versagen, dessen Lehre wir erst viel zu spät imstande sind zu ziehen? Gehört weiß Gott nicht unsere Ochs- und Eselei als erstes an die Krippe, um uns zu sagen, daß wir Menschen sind und sein dürfen, inklusive all dessen, was der Menschen Hochmut oft genug als tierisch abdrängen und mit Füßen treten möchte?

Die Legende sagt, daß für Gott kein anderer Weg in unser Leben war als in der Gestalt eines Kindes, um uns den Mut zu machen, gerade das Unfertige, das noch nicht Ausgestaltete, noch Unerwachsene als das schönste Gleichnis Gottes wahrzunehmen. In einem jeden Menschenherzen wartet ein Kind, das noch nie leben durfte, darauf, angenommen zu werden. Auf ihm ruht alle Verheißung – unendlich mehr als auf der angsterzwungenen Erwachsenengestalt. Ein Kind muß man liebhaben, einfach weil es da ist. Es kann gar nichts, besitzt gar nichts, hat gar nichts. Auf sein Wimmern, sein Schreien, sein Lächeln antworten wir im Reflex, den die Natur einem jeden vermittelt hat. So sicher führt die Sprache der Kreatürlichkeit uns zur Güte, wenn wir sie verstehen. Keine Menschenarmut mehr sollte seit dieser Weihnachtsnacht außerhalb des Menschlichen stehen, vielmehr daß über jedes Menschen Haupt wir einen Stern aufgehen sähen, leuchtend in der Nacht, und nur der Augen bedürften wir, die fähig sind, inmitten menschlichen Leids, inmitten menschlichen Elends die göttliche Gestalt, ihren Leib, ihr Wachstum, ihre reifende Vollendung gewinnen zu sehen. Der Engel Augen bedürfen wir. Da werden die Skeptiker fragen, ob nicht der Traum der Hirten in der Nacht verdächtig sei. Zu tröstlich ist ihnen vielleicht die Botschaft dieser Weihnachtsnacht. Wie beweist man, daß ein Engel redet, wenn er sich zurückzieht in den Himmel? Wie beweist man, daß man Engel hören und mit Engelaugen sehen kann? Die Skeptiker finden in der äußeren Wirklichkeit unendlich viele und schwer zu widerlegende Beweise, wie gemein, wie häßlich, wie armselig, wie vertan das Menschenleben ist. Recht haben sie, bis auf den Punkt, daß sie nur am Tage richtig sehen, wie Erwachsene schauen, recht haben, in der Sprache ihrer Vernunft sich großtun mögen mit dem Skeptizismus und der schneidenden Kritik. Die dunklen Augen sehen wirklicher, das träumende Herz sieht wahrer, denn nur mit einem Herzen der Sehnsucht wird man fähig sein, einen Engel reden zu hören.

Wie denn, wenn grade die Sterneneinsamkeit, die Trennung von Gott um Lichtjahre der Entfernung uns diesem Weihnachtsmorgen nur um so näher brächte? Wie denn, wenn es stimmen würde, daß grad im tiefsten Elend, in der dunkelsten Nacht und in der kältesten Stunde die Wärme und das Licht unseres Gottes nur um so klarer scheinen? Wie vertrauen wir einem Engel, und wie gehen wir hin nach Betlehem? Es heißt im Evangelium, die Heerschar der Gottesboten habe sich zurückgezogen in die Sphären des Himmels, aber einfache Hirten seien zu Boten an ihrer Stelle geworden, und ihre Augen hätten in einem Viehtrog das Göttliche wahrnehmen können. Dies ist die Botschaft, die sie durch Jahrtausende an uns zu richten haben: In jedem Menschen wartet Gott, von neuem die Augen aufzuschlagen, und wird es tun, wenn Augen ihn anschauen, die das Göttliche in ihm wahrzunehmen imstande sind. Und nichts am Menschen verdient, ungelebt und ausgesperrt zu bleiben, daß unter den Menschen kein Unterschied mehr sei und Trennung nicht mehr bestehe zwischen Gott und Mensch und grenzenlos die Güte sei gegenüber aller Kreatur, daß die Zonen des Liebenswerten am Menschen nicht haltmachen, sondern alles umgreifen, das ärmste Tier, das Tierisch-Ärmste auch am Menschen; in allem lebt von diesem Tag an Göttliches und spricht zu uns als nie vergehendes Wort Gottes an uns.

An keinem Tag des Jahres sehnen wir uns so sehr nach Frieden und Geborgenheit wie am Heiligen Abend. Denn zu keiner Zeit des Jahres gehen unsere Erinnerungen so weit zurück bis in die Zeit, wo wir selber als Kinder Frieden und Geborgenheit erfahren oder doch mindestens erhofft haben. Deshalb bemühen wir uns nirgendwann sonst im Jahr so sehr wie in den Tagen der Vorweihnacht, Menschen, mit denen wir uns verbunden fühlen, zu sagen, daß wir sie lieben, und sie auf das herzlichste zu bitten, daß sie uns lieben möchten. Denn wir brauchen das Gefühl des Friedens und der Geborgenheit, und wir finden es auf der Welt nirgendwo sonst als im Herzen anderer Menschen. Große Mühe geben wir uns deswegen, liebenswert zu sein. Und doch ist es paradox: Je kostbarer wir unsere Geschenke einrichten, je verzweifelter wir uns oft anstrengen, desto mehr rücken wir von der einfachen Wahrheit dieses Tages ab, denn sie besteht darin, uns als Kinder leben zu lassen und uns die Chance zurückzugeben, Kinder zu werden. Unsere Erlösung beginnt damit, daß Gott auf die Welt kommt in der Gestalt eines Kindes. Und einem jeden, der es in seinem Herzen aufnimmt, wird es später die Möglichkeit verleihen, selber ein Kind Gottes zu werden.

Worin liegt dieses Wunder unserer Befreiung am Weihnachtstage, und durch welches Wunder kann es geschehen, daß Gott selber unser Herz als seine Krippe erwählt, um darin seiner wahren Gestalt und unserer Menschlichkeit entgegenzureifen?

Im Grunde sind es nur zwei Dinge, die wir am Weihnachtstag zu lernen brauchen, allerdings auch zu lernen haben. Das erste ist die Heilung der Ehrfurcht. Wir nennen die Geburt Jesu in Betlehem ein göttliches Wunder, und das war sie in der Tat. Aber in unserem eigenen Leben kann dieses Wunder sich nur wiederholen, wenn wir die gesamte Haltung aller Beteiligten in Betlehem uns selbst zu eigen machen. Das Wunder der jungfräulichen Geburt bestimmt seitdem, wenn von Erlösung die Rede ist, unser Verhalten zueinander.

Wessen Kind ist ein Mensch, wenn er auf die Welt kommt? Natürlicherweise, wird man sagen, ist er das Kind seiner Eltern. Aber das stimmte nicht in Betlehem, und es stimmt seither überhaupt nirgendwo. Denn wo immer Eltern zu ihrem Sohn oder ihrer Tochter sagen würden: Du bist unser Kind, würden sie etwas vom Glanz Gottes auf dieser Welt durch den Schatten, den sie selber darauf werfen, mindern. Eltern sind bestellt, das Wunder Gottes zu begleiten, das durch sie hindurchgeht und es ermöglicht. Aber es verleiht keinen Titel auf Eigentum, Besitz und Rechtsanspruch. – Die Eltern Jesu hätten viel Grund gehabt, Anspruch auf die Liebe ihres Sohnes zu verlangen. Mehr als für gewöhnlich haben sie dieses Kindes wegen durchgemacht. Die Liste wäre lang: Angst und Not, Flucht und Verfolgung, Spott und Hohn, Anfeindung und Traurigkeit. Sieben Schwerter, die durchbohren, kaum daß er zur Welt gekommen ist, dürften genug sein, damit Eltern sagen können: Du bist unser Sohn, und wir haben ein Recht auf deine Dankbarkeit.

Das Wunder der Weihnacht ist, daß wir zum erstenmal erfahren: ein Kind ist keines Menschen Eigentum, es gehört ganz allein Gott. Und nehmen wir auf, was Jesus später uns lehren wird, so müßte es vom ersten Tag an, da es existiert, zu seiner Mutter und zu seinem Vater sagen: Wenn immer ihr sagt »mein Kind«, hindert ihr mich, ein Kind zu werden, und ihr zwingt mich gar zu früh, ein Erwachsener zu sein. Ihr beschneidet dann den Raum, in dem das, was leben will, leben könnte, und ihr erstickt das göttliche Wunder durch menschliche Klügelei.

Es ist etwas Wunderbares an der Art, wie die Frau, die wir die Mutter Gottes nennen, mit ihrem Sohn in Betlehem umgeht. Sie trägt in ihrem Herzen die Vision eines Engels, der ihr das Wesen des Kindes, das sie zur Welt bringt, kündete. Aber in dem Moment, wo sie es zur Welt gebracht hat, steht sie staunend davor wie eine Unwissende. Sie selber erschrickt, als die Hirten von Betlehem *ihre* Erscheinung des Engels ihr erzählen. Sie antwortet nicht, kommentiert nicht und nimmt es in ihr Herz auf, um es zu erwägen. Das Gotteskind lebt auf dieser Welt, weil niemand behauptete: wir sind seine Eltern, weil jene, die es hätten behaupten können, ihn freigaben und ihn begleiteten auf dem wunderbaren Weg, den einzig Gott für ihn bestimmt hatte, einen Weg ständigen Lernens mit ihm, einen Weg ständigen Hörens auf ihn, einen Weg des Sich-Abgewöhnens, selber zu wissen, was für dieses Kind richtig sei. So wuchs Jesus heran, und er wird später, kaum erwachsen, seinen Eltern, sogar diesen wunderbaren Eltern sagen: Habt ihr nicht gewußt, daß ich einzig in dem sein muß, was meines Vaters ist? – Uns aber wird er sagen: Wenn ihr nicht selber werdet wie Kinder, so voll Vertrauen, so voll Mut, so voll Kraft, die in euch leben könnte, ihr werdet nie begreifen, wie nahe Gott eurem Herzen ist.

Dies ist das erste, was wir lernen können aus der Weihnachtsbotschaft: die absolute Ehrfurcht vor dem Leben eines jeden Menschen, vor der unaussprechlichen Schönheit seines Wesens und vor der unvorstellbaren Berufung, die in ihm leben möchte.

Und ein zweites gehört unmittelbar dazu: es ist die Entdeckung der Dankbarkeit für die Existenz des anderen, in dem Gott sich ausspricht und zur Erscheinung kommt. So mochte Christus später durch sein Beispiel und sein Wort uns ans Herz legen, wir sollten im anderen die Spur Gottes wiederentdecken und die Freude darüber lernen, daß es den anderen gibt.

Wann immer wir einen anderen Menschen so lieben, daß wir darüber Gott dankbar werden, daß er ihn erschuf, tauchen wir wieder ein in das Wunder der Menschwerdung, in das Wunder unserer Erlösung. Denn in der Haltung dieser Dankbarkeit werden wir das Kind, das unverfälschte Wesen in dem anderen wiederfinden. Wir werden uns weigern, den anderen unter bestimmten Bedingungen zu akzeptieren und nach Maßgabe bestimmter Forderungen abzulehnen; vielmehr, wir werden spüren und wissen, wie sehr wir mit ihm verbunden sind und wie sehr sein eigenes Wesen unser Herz berührt. Und wo immer dies so ist, daß Menschen miteinander verschmelzen in der Liebe, wird Christus sagen, nimmt Gott aufs neue Wohnung auf dieser Welt, unter uns. Man wird in der Liebe aufhören, voneinander zu fordern, was nur Erwachsene verlangen: Tüchtigkeit, Perfektion, Fertigkeit in allem, wie man's machen muß, Reichtum, Macht, Leistung, Ehre oder mindestens Ehrgeiz, schließlich Habgier, Gemeinheit und Zerstörung. Wenn Weihnachten stimmt, werden wir versuchen, einander leben zu lassen, und die Herbergssuche wird ein Ende haben.

Denn eines jeden Menschen Herz ist fähig, zur Krippe für die Seele eines anderen zu werden, darin er Fleisch werden, Gestalt annehmen und leben kann. – Man wird, wenn man einen Freund hat, der gehbehindert ist, und ihn bittet, er möge mit einem am gleichen Tisch essen, nicht von ihm verlangen, daß er tanzt. Und wenn man einen Freund hat, der stumm ist, wird man nicht von ihm fordern, daß er eine Rede hält. Wenn er traurig ist, wird man nicht verlangen, daß er lacht, wenn er lacht, nicht verlangen, daß er weint. Man wird zurückkehren zum Wunder der Weihnacht: hinzuhören auf das Unableitbare. Und Kindsein wird heißen, daß man sich den Torheiten des eigenen Gefühls wird überlassen dürfen, daß man die Poesie der Liebe nicht mehr wird leugnen müssen, daß man das Wunder dessen, was nur Gott fügt, nicht mehr verbieten muß, daß man die universelle Fähigkeit des menschlichen Herzens, alles zu verstehen, nicht mehr zurückdirigieren muß auf die vordergründige Scheinlogik des Begreifbaren. Und überall da, wo Erwachsene sich abgewöhnen, Ritter auf Stelzen zu sein und Menschen, die sich und andere ständig überfordern, wo irgend das Wunder wieder geschieht, daß ein Erwachsener ein Kind wird, kommt das Kind von Betlehem noch einmal auf die Erde, schlägt seine Augen auf und redet Worte der Güte, die uns leben lassen. Seit dieser Zeit hat das Träumen von der Botschaft der Engel begonnen, die Vision von Sternen, die durch Dunkelheit und Nacht geleiten, und wächst die Fähigkeit, inmitten der Armut die verborgene Größe Gottes niemals aus den Augen zu verlieren. Im Unfertigen gestaltet Gott sich selber, um das Große, das Großtuende und Fertige zu beschämen. Wir dürfen leben, wie wir sind, mit dem ganzen Vertrauen, mit der ganzen Leidenschaft einer Sehnsucht nach Frieden und Geborgenheit, die es gibt in Gott, wenn er Gestalt gewinnt in der Schwester, in dem Bruder des gleichen Glaubens und der gleichen Hoffnung.

Die Weihnacht ist ein Geheimnis, das einzig die Liebe wahrzunehmen lehrt als Wahrheit über jedes Menschenleben. Wie hell müssen die Augen eines Menschen leuchten vor Glück, ehe sie in der Dunkelheit der Nacht den Widerschein des Himmels über sich strahlen sehen wie die Hirten auf den Fluren Betlehems. Es ist aber allein die Liebe, die die Augen eines Menschen strahlend macht. Und wie erfüllt von Freude muß das Herz eines Menschen sein, eh' es selber so einschwingt in Harmonie und Wohlklang, daß es im Wehen des Winterwindes die ganze Welt vernimmt wie den Gesang von Engeln. Es ist aber allein die Liebe, die das Herz eines Menschen singen macht. Wieviel Glück muß in der Seele eines Menschen wohnen, ehe ihm danach wird, die ganze Welt zu segnen und als Segen zu erfahren, als eine Stätte des Friedens und der Einvernahme des Herzens. Nur die Liebe lehrt uns, das Leben als Geschenk zu nehmen und uns selber zu betrachten als etwas von Gott Gesegnetes. Diese wunderbare Fähigkeit besitzen wir, einander so ins Herz zu schließen, daß wir noch einmal, wie von vorn, zur Welt geboren werden, so daß alles, was wesensursprünglich in uns liegt, zum Leben zugelassen ist.

Wenn wir an diesem Abend einander Gaben als Geschenk verehren, dann eigentlich, um uns wechselseitig zu sagen, daß wir uns so fühlten und betrachteten wie ein Geschenk des Himmels, das wir voller Dankbarkeit empfangen. Kein Mensch kommt auf die Welt ohne die Frage, ohne das fast unstillbare Bedürfnis, in der Liebe eines anderen zu hören und zu wissen, daß er mit seinem Dasein etwas Erwünschtes, geradezu Notwendiges ist. Nur dann wird er sich selbst wagen und mutig in sein Leben treten. Ebendeswegen betrachten wir das Geheimnis der Heiligen Nacht als den Anfang unserer Erlösung, denn seit den Tagen Adams und Evas ist es keinem Menschen mehr selbstverständlich, erwünscht, gemocht, geliebt zu sein, er selbst mit seinem kleinen, armen Leben ein Geschenk an diese Welt, eine Art, in der Gott seinen Segen ausdrückt an alle anderen. Seit den Tagen Adams und Evas ringt ein jeder Mensch auf seine Weise um die Berechtigung dafür, daß es so etwas wie ihn geben darf. Und wo nicht einmal mehr dies feststeht, daß es ihn geben muß und soll, und je mehr von Müssen und Sollen die Rede ist, wächst das Gefühl, überhaupt das ganze Leben wie eine Last, wie eine Pflicht, wie einen Fluch auf sich nehmen zu müssen. Es wird das Kind von Betlehem eines Tages sagen, es wolle die Menschen lehren, daß ihr Leben leicht sei, es habe eine Bürde zu vergeben, die sei süß zu tragen und sanft, aber wie aufgehoben in der Liebe muß ein Mensch sich fühlen und wie erhoben zum Himmel, um all der Erdenschwerkraft enthoben zu sein im reinen Licht der Gnade. Wie eine Flucht ohne Ende stürzen wir sonst in dieses Dasein, ohne Lust, ohne Freude, ohne

Hoffnung, ohne Aussicht, immer ankämpfend gegen die länger werdenden Schatten der Verzweiflung, der wachsenden Dunkelheit. Wir können machen, was wir wollen, wir werden aus diesem Klima der Gnadenlosigkeit durch uns selber nie herauskommen. Wir mögen so tüchtig sein, so erfolgreich werden, wie wir wollen, es wird alles nur immer rascher und immer tödlicher sein.

Hört man genau zu, was Menschen antworten, wenn man sie fragt: Warum lebst du?, dann werden, nachdem die oberflächlichen Antworten von Vergnügung und Amüsement beiseite geräumt sind, fast immer Antworten übrigbleiben, daß man lebt aus Angst vor dem Tod und aus Verantwortung für die Schwäche anderer. So ist es ein verfluchtes Dasein, geboren ins Unglück und Unglück gebärend. Daß dieser Kreislauf ein Ende hätte, dafür steht das Geheimnis der Heiligen Nacht. Es ist der Augenblick, wo die Tage am kürzesten und die Nächte am längsten sind und wo das Licht zu sterben droht. Es ist grad der richtige Augenblick, einem jeden Menschen und der Menschheit im ganzen zu sagen, woraus sie wirklich existieren kann, abseits der Kälte, jenseits der Einsamkeit. Das Licht kann nicht sterben, solange wir selber Sehnsucht tragen nach der Liebe, und selbst das Leid ist immer noch wie eine Erinnerung an diese Wahrheit unseres Herzens. Seit dieser längsten Nacht ist dieses heilige Geheimnis im Wachsen begriffen, quer durch die Geschichte, und es vermehrt sich mit dem Leben eines jeden, der ein Stück Wärme um sich her verbreitet, ein bißchen mehr die Augen hell, das Herz weit und die Seele singend macht.

Genau besehen, lehrt uns das Geheimnis dieses Abends, fortan in jedem Menschen ein Wesensabbild Gottes zu sehen und einander zu begegnen mit der gleichen Ehrfurcht, mit der in der Ostkirche am Eingang zum Heiligtum die Gläubigen eine Ikone, ein heiliges Bild, küssen und berühren, wie um allen Staub von ihm zu nehmen und die Reinheit seines Goldglanzhintergrundes gegen allen Ruß und Schmutz mit der Zärtlichkeit der Hände und des Mundes hell und sichtbar zu machen. Jeder Mensch, ob hoch oder niedrig, ob reich oder arm, ob vom Schicksal beglückt oder in die Ecke verstoßen, ist in sich selbst in seinem Wesen und seinem Werdegang, in der Schönheit seiner Person ein solches heiliges Bild der Gottheit. Schaut man in seine Augen, so sieht man in die Augen Gottes; im Atem seiner Worte spürt man etwas vom Atemwind Gottes, der weht, wo er will, überall auf der Welt. Und nur ein einziger Auftrag, besser: eine neu geschenkte Fähigkeit geht aus diesem Geheimnis hervor: Es sollte und darf kein Kind mehr geben, das auf diese Welt kommt, ohne daß es Menschen findet, die ihm den Weg zum Himmel zeigen, über seinem Haupt den Stern ihm weisen als Bild seiner Hoffnung, seiner Bestimmung und seines Ziels.

Die Bibel sagt, es seien Hirten gewesen, die vom Gesang der Engel und vom Lichtglanz des Himmels so erfüllt waren, daß sie hinübergingen nach Betlehem – wörtlich: zum Haus des Brotes, betlehem –, um in der Armseligkeit einer Krippe ein Kind anzubeten und der Frau, die es geboren hatte, ihr Geheimnis mitzuteilen. Es sind, entsprechend diesem Evangelium, andere, Hirten, die der Madonna sagen, wie schön sie ist und welch ein Wunder sie vollbracht hat. Sollte man denken, daß wir alle diese Bestimmung besäßen und befolgen könnten? Was uns erstickt, ist unsere aufgespaltene Existenz. Wir gehören einer Kultur zu, deren – wenn schon nicht geschriebene, dann mindestens heilige – Gesetze wir befolgen. Wir glauben frei zu sein, aber wir werden reglementiert, bis in die Details hinein: wie man sich anzieht, kleidet, spricht, auftritt, wirken muß – alles festgelegt nach Konvention, nach Tradition, nach Institution. Oder wir fallen zurück und sind dann nur noch ein Stück Natur, ausgeliefert der Krankheit und dem Tod.

Hirten sind Menschen im Übergang zwischen der Freiheit und der Ordnung, zwischen Traum und Tag, zwischen Nacht und Wirklichkeit. Wäre es denkbar, daß wir selbst aus unseren Träumen so zu leben vermöchten, daß wir uns damit in die Tageshelle wagen? Auf jedem Schritt, der vom Hirtenfeld nach Betlehem führt, werden Leute stehen, die sagen, daß wir uns irren, daß die Wirklichkeit anders ist, daß wir nicht Illusionen folgen sollten, daß wir keine Beweise in Händen haben und daß wir uns nur lächerlich machen. Was zu sehen ist, was die Photos zeigen, was man eindeutig bestimmen kann, ist ein schreiendes Kind in einer Krippe, macht euch nichts vor. Oder machen sich nicht vielmehr diejenigen etwas vor, die immer nur wissen, was man macht – Menschen ohne Träume, ohne Visionen, ohne Gesang, ohne Engel, ohne tanzende Nächte, in denen die Sterne flirren vor Glück? Es gibt Formen der Armut, die uns lehren, reich zu werden. Es gibt einen Augenschein, der so armselig ist, daß wir lernen, das Unsichtbare für wahrer zu nehmen. Und so beginnt das Geheimnis der Heiligen Nacht. Jede Enge unseres Herzens bringt die Gefahr, andere Menschen einzuengen. Jeder Traum unseres Wesens, den wir nicht zu leben wagen, wird Träume im Herzen der anderen zerstören. Jede Hoffnung, die wir selber verweigern, wird andere Menschen der Hoffnung berauben.

Man sagt von der Heiligen Nacht, Gott habe sich geschenkt als sein Wort, eingegangen in die Greifbarkeit eines menschlichen Lebens. Aber nun wir: Wie läßt sich unser Herz ergreifen von Worten, die die Liebe so ausdrücken, daß sie das Wesen eines anderen gültig beschreiben? Wie lehren wir die Kinder eine Sprache sprechen, die sich traut, Gefühle auszudrücken und zu erzeugen? Wie geben wir ihnen Augen, die in Symbolen diese irdische Welt zur Brücke ins Unendliche erheben, die Wände durchsichtig, der Sinngehalt schimmernd, eine Schöpfung voller Verweisungen, voller Gleichnisse, voller Poesie? Und wie lehren wir den Wagemut, den eigenen Gesang in unserem Herzen voller Glück und Dankbarkeit so mitzuteilen, daß er zu einer sich ausbreitenden Harmonie wird? Im Herzen eines jeden Menschen gibt es ungehörte, unerhörte Lieder. Vielleicht sollte man gar nicht sagen, daß Engel gesungen haben auf den Fluren von Betlehem, sondern daß es Menschen geben kann und seit der heiligen Weihnacht gibt, in sich so getragen, so erfüllt vom Reichtum Gottes, daß es ist wie eine unhörbare Musik, die diese Welt durchzieht und einen jeden Menschen ruft in seine Sehnsucht, in seine Weite, auf dem Weg zum Himmel, dem Weg der Sterne. Und unsere unendlich schöne, unendlich große, ewige Seele, dieser goldene Schmetterling von Licht, wartet auf das Blühen des Lichtes der Liebe in unserem Herzen. Diese Erde wird nie Heimat sein, aber sie ist uns um so vertrauter, als sie uns wird zum Weg hinüber ans Gestade der Ewigkeit. Und wir können einander begleiten in wachsender Vermenschlichung, im Ringen sich vollziehender Reifung, in einer nicht endenden Poesie des Herzens. Seit dieser Nacht ist jeder Mensch eine lebende Ikone, ein lebendiges Heiligtum, wartend darauf, berührt zu werden, angesprochen zu werden mit den Gebärden und Zeichen der Liebe Gottes. Denn eine andere Krippe hat Gott sich nicht erwählt als unser Herz.

Es geschah in jenen Tagen: Eine Verfügung ging von Kaiser Augustus aus, die ganze bewohnte Welt sei aufzuschreiben. Diese Aufschreibung geschah erstmals, als Quirinius Statthalter von Syrien war. Und alle machten sich auf, um sich aufschreiben zu lassen, ein jeder in seine Vaterstadt.

Auch Josef stieg von Galiläa, aus der Stadt Nazaret, nach Judäa hinauf zur Stadt Davids, die Betlehem heißt – er war ja aus Davids Haus und Vaterstamm –, um sich aufschreiben zu lassen mit Maria, der ihm Anverlobten. Die war schwanger. Da geschah es: Während ihres Dortseins erfüllten sich die Tage ihres Gebärens. Und sie gebar ihren Sohn, den Erstgeborenen, und sie wickelte ihn und legte ihn in einen Futtertrog, weil in der Einkehr kein Platz für sie war. LK 2,1–7

Wo liegt Betlehem, und wo ist der Ort, an dem Gott geboren werden kann? Betlehem ist nicht die Stadt zwanzig Kilometer im Süden von Jerusalem, denn das Evangelium von der Geburt Jesu erzählt nicht den Anfang des Lebens Jesu, es erzählt in Wahrheit den Anfang unseres vermenschlichten Lebens, die Geschichte unserer Menschwerdung. Darum liegt Betlehem überall dort, wo Menschen zu leiden vermögen an der Unmenschlichkeit und Hunger und Durst tragen nach der Gerechtigkeit Gottes. Nur ihrem Herzen ist Gott so nahe, daß er dort leben könnte. Zweitausend Jahre christlicher Legende hat in ihren Bildern aus dem Reichtum der eigenen Erfahrung nur die Bedingungen zu verdichten vermocht, die dieses Wunder der Menschlichkeit und der Güte unseres Gottes zu beschreiben vermögen.

Nacht war es in der Stunde von Betlehem. Wissen Sie, was das ist: Nacht? Wenn Menschen sehen und keine Aussicht haben und ihre Träume tot sind und die Leere sich endlos breitet und die Welt ein gähnendes Loch ist und die Hände nach Halt suchen und ihn nicht finden und jeder Morgen nicht mit einem Sonnenaufgang, sondern einer Sonnenfinsternis beginnt? Diesen Menschen der Nacht ist Jesus erschienen als Licht, das leuchtet im Dunkeln. Über denen, die Gott nie kannten, wird es aufstrahlen hell und groß. Das ist erfüllt seit dieser Nacht.

Kalt war es in dieser Stunde, sagt die Legende. Und wissen Sie, wie es ist, wenn das Herz von Menschen erfriert im Schneetreiben der Worte und die Füße stocken im Firnis der Oberflächlichkeit und die Finger zittern, blaugefroren an den Gletschermassen vereister Gefühle? Diesen Menschen der Kälte wird Christus sagen: Ich bin gekommen, Feuer auf die Erde zu werfen, und was will ich jetzt anderes, als daß es brennt!

Einsam und ausgestoßen sei es gewesen in der Stunde von Betlehem. Und wissen Sie, wie es ist, wenn Menschen auf die Welt kommen an einem Ort, wo es ein Zuhause nicht gibt, nur ein endloses Suchen und Sich-Sehnen draußen vor den Türen der Menschen, Kinder nicht von Eltern, sondern Abkömmlinge der Mutter Eva, der Verbannten, der Ausgestoßenen, immer brennenden Boden unter den Füßen, immer nur laufend vor Angst, fliehend, ausgesetzt und heimatlos, ohne Recht, ohne Bleibe, ohne Stätte? Den Menschen der Einsamkeit wird Christus sagen: Die Vögel haben ihre Nester und die Füchse ihre Baue, aber des Menschen Sohn hat keinen Ort, wohin er sein Haupt legen könnte. Ihr aber, kommt zu mir, ihr Beladenen, ihr Mühseligen, Geplagten, ich will euch frei machen und euch mitnehmen in das Haus meines Vaters.

Alle die Frierenden, die Umdüsterten, die Ausgesetzten und die Heimatlosen werden die Nacht von Betlehem verstehen, denn so wird das Kind sagen: Ihr, die ihr weint, selig seid ihr. Ihr, die ihr trauert, glücklich seid ihr. Ihr, die ihr noch leiden könnt, nahe seid ihr dem Reich Gottes.

Das Betlehem der Landkarte liegt zwanzig Kilometer im Süden von Jerusalem, aber das wirkliche Jerusalem liegt dicht an dicht mit Betlehem in unserem eigenen Herzen. In Jerusalem bewohnen andere Leute die Häuser und die Straßen. Dort trifft man die Satten, die Fertigen, die Schlafenden, die Eingerichteten, die Mächtigen, die Volkszähler, die Regenten, die Herrscher, die Kriegstreiber, die Gegengewaltigen, die Kindestöter. Sie bewohnen die Stadt der Mörder, wird das Markusevangelium sagen. Dort erwartet man nichts, denn man fürchtet die Veränderungen. Dort klammert man sich an das, was man hat, Gedanken, Ideen, die man gelernt hat, das Vermögen, das man erworben hat, die Bastionen und Positionen, bis zu denen man es gebracht hat, man hat Angst, daß sich nur irgend etwas wandeln oder ändern könnte. Und die Mauern von Jerusalem sind stark. Drum beginnt die Weihnacht mit einem Aufruf, wie er in den Psalmen steht: Wächter der Nacht, stoß in das Schophar-Horn, denn der Messias ist da. Reiß die verfeierlicht Feisten aus ihren Gemächern. Übergib die betulich Wichtigen ihrer verdienten Lächerlichkeit, denn die Trennwände zählen nicht mehr, die Menschen von Menschen trennen, Hoch und Niedrig, Mächtig und Ohnmächtig, denn es gibt keinen Punkt der Demütigung mehr, bis zu dem sich Gott nicht gebeugt hätte.

O ja, arm war es in Betlehem. Und wissen Sie, was Armut ist, wenn die Seele eines Menschen so hohl ist wie der Mund eines Verhungernden und so leer wie die Hand eines Bettlers am Wege, und sehen Sie vor sich die Bilder der Armut von Frauen, deren Kraft nicht mehr ausreicht, die Fliegen aus den Augen ihrer verhungernden Kinder zu verjagen, wenn Armut bedeutet, die Zeitungen an den Straßenrändern aufzusammeln, um einen Ort zu finden, wohin man des Nachts sein Haupt legen könnte, ärmer als die Tiere? Diesen Menschen der Armut wird Christus sagen: Ihr seid Gott nahe. Und wehe euch, ihr Reichen!

Was kann geschehen, uns zu erlösen, mit dem Blick auf das Kind von Betlehem? Eigentlich nur dies: daß wir die Überheblichkeiten aufgeben, die Wahngebilde der Normalität beseitigen und daß wir den Mut bekommen, an die Leidenschaft des Herzens, an die Unendlichkeit der Liebe, an die Wahrheit des Mitleids bedingungslos zu glauben. Dann wissen wir, daß wir allesamt Kinder sind. Niemanden von uns hat man wirklich leben lassen, als er ein Kind war, und einen jeden hat man gezwungen auf seine Weise, möglichst schnell fertig zu sein, so daß viele sich an ihre Kindheit überhaupt nicht mehr erinnern können oder wollen, und andere fliehen sie, eiliger, als Lot dem brennenden Sodom zu entfliehen trachtete.

Aber wie nun, wenn in all der erzwungenen Überheblichkeit, dem Perfektionsdrang, dem ständigen Dastehenmüssen mit fertigen Resultaten, vorweisbaren Auskünften, fraglosen Gewißheiten, wahnhaften Terrorprogrammen es gestattet würde, ein Kind zu sein, ein wahrer Mensch, nicht anders, als wir zur Welt geboren wurden? Eine Kunst gilt es zu üben und zu lernen seit dieser Nacht von Betlehem: Es ist möglich, in einem jeden Menschen das Kind wiederzuentdecken, das er war, bevor man es beinahe tötete.

Und die Bilder stimmen. Es mag der Atemwind der Phrasen aus den Mündern der Menschen kälter sein als die Atemwärme aus den Mäulern der Tiere an der Krippe, wir aber können eine Menschlichkeit üben, die Phantasie, Traumnähe, Schöpferkraft und Kreativität genug besitzt, das bisher nie Gesehene wahrzunehmen, das so noch nie für möglich Gehaltene wiederzuentdecken. Und dann steht hinter der Wiege eines jeden und hinter der Gestalt eines jeden Menschen ein verborgener Engel Gottes, das reine Bild seines Wesens, zu dem er berufen ist, Weggeleiter zum Himmel. Die deutsche Sprache hat den Zynismus in die Redewendung aufgenommen: Man kann Menschen so fertigmachen, daß sie »die Engel singen hören«. So bis an den Rand des Todes kann man Menschen treiben. Aber man kann vom Rand der Unmenschlichkeit zurückkehren in die tiefere Wahrheit eines bedingungslosen Mitgefühls. Es ist möglich, daß aus der Kälte der Nacht sich die Hellsichtigkeit und Wärme des Tages erhebt. Es ist möglich, daß aus der Einsamkeit die Einfühlsamkeit einer suchenden Nähe wird. Es ist möglich, daß aus der Ausgesetztheit eine besondere Empfindsamkeit der Seele erwächst und eine Fähigkeit, dem anderen Heimat zu werden und Haus.

Und dann stimmt es: Die Stirn eines jeden Menschen, der unserer Liebe nahe ist, ist wie der Himmel selber geschmückt mit dem Heer der Sterne, und unsere so armen Hände vermögen es in der Liebe, dieser Stirn eine Königskrone auf das Haupt zu legen, geziert mit den Edelsteinen von Sonne und Mond und allen Kostbarkeiten der Erde, der Meere und des Himmels, des Bodens, um zu leben, der Sehnsucht, die uns trägt, und der Verheißung, die sich vorbereitet. Über diese Fähigkeit verfügen wir: über dem Haupt eines Menschen, der uns nahesteht, einen Stern leuchten zu sehen im Raum der Unendlichkeit, aus der er gekommen ist und zu der er zurück will. In einem jeden Menschen wartet das Gottesantlitz auf seine Befreiung. Ob es uns gelingt nach der Stunde von Betlehem? Kleines Jesuskind, hörst du das Trappeln der Pferde, das Stampfen der Hufe, das Schreien der Frauen in den Gassen von Betlehem? Flieh, kleines Jesuskind, flieh weit, in ein Land, dessen Sprache du nicht kennst. Verbirg dich vor den Menschen, versteck dich in den Wäldern, birg dich im Gebirge, denn die Häscher warten auf jedes Wort, das du sagen könntest. Sie haben Angst vor jeder Klarstellung, die sie überführt. Sie zittern vor dem Atemwind der Freiheit. Es gilt ja nicht die Formel: Friede den Hütten und Krieg den Palästen. Es gilt nicht den Sturmwind zu rufen; er vermag nichts gegen das Eis. Aber du, Kind von Betlehem, wirst das Furchtbarste bringen für die eingerichtete Angst der Unmenschlichkeit. Du wirst kommen mit der Kraft des Südwindes. Du wirst die Menschen lehren zu beten für die, die sie verfolgen, und du wirst sogar am Kreuz noch deinen Vater anflehen um Vergebung für deine Henker, weil sie nicht wüßten, was sie taten.

Wissen wir nicht, was wir tun? Meine lieben Schwestern und Brüder, wem im Glanz des Sterns von Betlehem in dieser Nacht der Kälte, der Einsamkeit, der Ausgesetztheit und der Armut nicht die Augen aufgehen, immer noch nicht die Augen aufgehen, dem, muß man fürchten, werden sie blind bleiben. Und keine Hand Gottes kann sie mehr öffnen, denn mehr vermochte Gott nicht zu tun: ein Licht zu sein im Dunkel. Wir wissen, was wir tun, ohne Entschuldigung.

Es ist möglich, daß wir noch sagen: Aber wir sind zu klein, wir sind Kinder, wir kommen nicht auf gegen eine ganze Welt. Dann wird Gott uns sagen: Aber schau, wie ich wirke. Der Raum des Weltalls ist so leer, daß kein Hochdruckvakuum auf Erden eine ähnliche Leere erzeugen könnte. Aber aus der Feinheit am Rande des Nichts formt sich der Staub der Sonnen. Sie entladen sich wie zerberstende Glutöfen zweimal, dreimal in den Kosmos hinein, dann formen sie Sonnen, umgeben von Planeten, fähig, Leben zu tragen. Müssen wir wissen, was wir machen können? Seit dieser

Nacht genügt es, zu glauben, daß Gott wirkt auf jungfräulichem Boden, wenn wir ihm nur seine Güte glauben und unser Herz bereithalten als den Ort, an dem er wachsen kann, denn Betlehem ist unser Herz oder es hätte nie ein Betlehem für uns gegeben.

Und es geschah: Als die Engel von ihnen zum Himmel weggegangen, sagten die Hirten zueinander: Gehen wir nach Betlehem hinüber und sehen dieses Wort, das Geschehnis, das der Herr uns kundgetan. Und sie gingen eilends: fanden Maria und Josef und das Neugeborene, wie es im Futtertrog lag. Als sie es sahen, gaben sie das Wort kund, das ihnen über dieses Kind gesagt worden war. Und alle, die es hörten, staunten über das, was von den Hirten zu ihnen gesagt wurde. Maria aber hielt all diese Worte verwahrt und fügte sie in ihrem Herzen zusammen. Und die Hirten kehrten zurück, Gott verherrlichend und lobend ob allem, was sie gehört und gesehen hatten – wie es zu ihnen gesagt worden war. LK 2,15–20

Die Kirche liebt es, am Weihnachtsfest das Evangelium in bestimmte Teile aufzugliedern, um die verschiedenen Teile einer einzigen Bewegung möglichst sichtbar werden zu lassen.

An diesem Weihnachtsmorgen fordert sie uns auf, den Weg der Hirten von den Feldern mitzugehen hinüber nach Betlehem. Denn nicht eigentlich eine räumliche Bewegung, ein Gang des Körpers ist dies, sondern zutiefst eine Bewegung der Seele. Um es paradox zu sagen: Nichts hätten die Hirten gesehen ohne die Erscheinung des Engels. Ein Kind, das in einer Krippe liegt, ist kein Zeichen ohne die Traumbotschaft, ohne die Vision von einer Welt, wie sie sein müßte.

Ein jeder Mensch trägt in sich die Hoffnung oder doch mindestens die Erwartungen, daß sich die Gestalt des Menschen einmal unverfälscht und rein zu erkennen gäbe. Es müßte irgendwann auf dieser Welt einmal sein, daß man Menschenkinder so leben ließe, wie sie von Gott gemeint sind. Friede würde sein, wenn einmal ein Kind zur Welt käme, in dem das Werk Gottes leben darf und nicht von außen her zugedeckt und weggezogen wird. Man braucht das Bild des göttlichen Schutzes und der göttlichen Verklärung, um zu wissen, daß auf einem jeden Menschenkind, das in die Welt kommt, der unendliche Glanz seines Schöpfers leuchtet. Was wir seit dem Weihnachtstage von Christus glauben, lernen wir zu sehen immer, von einem jeden Menschen. Das Wunder der Weihnacht wiederholt sich, soll sich wiederholen in der Einstellung und Haltung, die wir einem jeden gegenüber bewahren möchten, müßten. Und da gilt, daß kein Mensch auf die Welt kommt, ohne daß ihm verheißen wäre ein Reich des Friedens und ohne daß er selber dazu bestimmt wäre, der Sohn des ewigen Königs zu sein, ein Kind Gottes auch er. Und hineingehen sollte er in eine Welt, die ihn aufnimmt, bereitwillig, ohne zu fragen, ohne Bedingungen zu stellen, ohne zu sagen: Wir brauchen dich, wenn du dich nach uns richtest und dich unseren Erwartungen fügst. Über einem jeden Menschen, um ihm gerecht zu werden, brauchten wir die Vision der Engel und Ohren, die fähig wären, ihren Gesang zu vernehmen.

Aber die noch größere Schwierigkeit besteht darin, von der Vision weg hinüberzugehen in die Wirklichkeit, nach Betlehem, aus dem Traum der Nacht die Erkenntnis des Tages werden zu lassen. Daß uns dies vergönnt sei, ist das zweite, wichtige Wunder des Weihnachtsfestes. Denn wohl ist es viel wert, daß uns die Dunstschleier des Vordergrundes geöffnet werden auf das geheime Wirken Gottes inmitten unserer Menschenwelt hin. Aber genauso groß ist es, den Traum wiederzuerkennen in der oft so kleinen äußeren Erscheinung. Wie denn, sollten die Hirten, mit dem Bild der Engel vor Augen, ihre eigene Vision wiedererkennen in der Armseligkeit von Stall und Krippe? Gott tritt in diese Welt, der Erwartete ist da, und es gilt zu sehen, was man nur mit dem inneren Auge wahrnehmen kann, inmitten der Winzigkeit, inmitten der Armut; nirgendwo sonst, wenn nicht da, beginnt und lebt auf dieser Erde unser Heil. Ohne die Demut, sich zu beugen vor dem als gering Erscheinenden, weil gerade dieses das Gottesantlitz trägt, ohne die Bereitschaft zur Geduld, das Kleine reifen zu lassen und die Anfänge kostbar zu finden, wird es für die Gestalt unseres Erlösers auf dieser Welt keine Chance geben. Ohne den Mut, die Visionen festzumachen in dem, woran die Sinne scheitern, werden wir zum Glauben nicht kommen. Verheißen ist uns ja nicht ein Reich nur der Träume, des Ausblicks und des Wartens auf ein kommendes, anderes Reich, berufen sind wir, aus der Vision zurückzukehren in diese unsere Welt, die sich gar nicht geändert hat, und an jeder Stelle aufzugreifen und wie Funken zu sammeln, was vom Sternenlicht der Engelnacht aufglüht, sichtbar wird, daß wir's hüten, daß wir's in Verbindung bringen und deuten – sogar den Betroffenen.

Man sollte denken, daß Maria und Josef, selber durch Engelerscheinung und Traum belehrt, wohl wüßten, welch einem Kind sie das Leben schenken, aber es heißt in diesem Text: Alle, die die Hirten hörten, staunten über ihre Worte – wie wenn man im Verlauf des Lebens Schritt für Schritt immer dazulernen müßte, die gleiche Vision ständig erneuern müßte. Auch dies gehört zum Glauben, daß uns von den Visionen anderer her gesagt werden muß, was in uns selber vorgeht und unser eigenes Leben betrifft auf dem Weg zu Gott. Welch eine wunderbare Aussage über die Mutter des Herrn! Wenn man die Aufgabe hat, ein Kind Gottes, ein Kind für Gott großzuziehen, möchte man denken, man befrachte sich mit Verantwortung, man müsse alles richtig machen, keinerlei Schuld dürfe einem unterlaufen. Die Mutter Gottes aber *weiß* nie, was eigentlich das Wesen ihres Kindes ist;

sie lernt es im Verlauf der Jahre immer tiefer zu verstehen. Sie stellt sich nicht hin und erklärt: So mußt du sein – sie geht mit, und Schritt für Schritt mit dem Reifen des Göttlichen reift auch ihr Herz. All diese Geschehnisse bewahrte sie, sagt das Evangelium. Es ist wie eine Aufforderung an uns, zu sehen und zu hören auf das, was an Göttlichem in einem jeden Menschenleben wohnt, sich meldet und nur darauf wartet, zugelassen zu werden. Und wo irgend wir einem Menschen begegnen, für dessen Existenz wir Gott von Grund auf danken, werden wir ein Stück weiter auf dem Wege sein nach Betlehem.

Es ist eine sehr weise und sensible Einrichtung und Gewohnheit der Kirche, in den Morgenstunden zwischen Traum und Tag eine eigene Meßfeier zu begehen, man kann nicht sagen, zu Ehren der Hirten, obwohl diese Messe den Namen »Hirtenamt« trägt, man muß besser sagen, zur Begleitung der Hirten, denn darum geht es wirklich: an ihrer Seite mitzugehen von den Fluren zu Betlehem hinüber zum Ort der Erfüllung nächtlicher Botschaften und himmlischer Gesichte. Es geht darum, sie zu behüten auf diesem gefährlichen Weg, der hinüberweist von der Schau des Herzens zu dem Betrachten mit irdischen Augen, von der Vision der Träume zum Feststellen der äußeren Fakten.

An jeder Stelle auf diesem Weg vom Hirtenfeld zum Stall von Betlehem werden die Menschen des gesunden Verstandes stehen und den Hirten erklären, was sie in Wirklichkeit sind: Phantasten und Geisterseher, die kein Recht haben, die Menschheit mit ihren trügerischen Botschaften und womöglich sogar betrügerischen Erzählungen in die Irre zu locken und in Verwirrung zu stürzen.

Was denn hätten sie gesehen, diese Hirten?

Da sei verheißen der Herrscher der Völker. Darauf braucht man nicht zu warten in diesen Jahren, den Herrscher der Völker *hat* man verkündet, ungefähr zehn Jahre vorher, und ein jeder im Römischen Reich weiß, woran er sich da halten kann und was es anzubeten gilt auf dieser Welt. Ein richtiger Herrscher hat Geld und Soldaten, so schon der Vorgänger des Kaisers Augustus, Cäsar. Er überfiel ein halbes Jahrhundert vorher das westliche Europa, konsequent und grausam, tötete, bloß um sich innenpolitisch in Rom durchzusetzen, etwa eine Million Gallier und Germanen. Die Sprache der Gallier und Kelten redet man heute nicht mehr, und ihre Märchen und Träume erzählt man sich nur noch in den Spätformen in Südengland und Nordfrankreich, aber die Sprache des Cäsar lernt jeder und liest sie im Original, der Lateinisch lernen will; sie ist klar und übersichtlich, von beispielhafter grammatikalischer Logik, ein Meisterwerk der Schlachtkunst und -berichterstattung, der »Gallische Krieg«. Das Werk des Cäsar hat man grade verbessert in den Tagen, da diese Geschichte in Betlehem spielt. Kaiser Augustus ist ein vernünftiger Mann, ein wirklicher Friedensfürst. Es herrscht – zum ersten Mal – zwischen den Staaten des Orients und des Westens weltumspannende Gesetzgebung, Einigkeit und – man muß es zugeben – Frieden. *So* wird er organisiert. Was also hätten die Hirten für einen Herrscher der Welt zu vermelden? Frieden auf Erden – der kommt, wenn es Menschen gibt, die anderen nach Maßgabe zentraler Gewalt vorschreiben, wie man miteinander lebt. Es ist besser, man richtet sich nach den Meldungen, die öffentlich ausgegeben werden, nach den

Mitteilungen, die wir heute noch in den Zeitungen lesen. *Das* ist die wirkliche Welt. Jedes Kind, das heute vierzehn Jahre alt ist, wird, wenn es Geschichte lernt, darüber belehrt werden, was die Wirklichkeit ist: blutig, gemein und roh. Wenn sie so aussieht, dann weiß man, man packt mit beiden Händen ins menschliche Leben, da hat man etwas in der Hand, etwas Wahres, Sicheres und Zuverlässiges. Aber Phantastereien und Träume – das geht nicht gut, das sollte man besser gleich abblasen, eh' es sich selber ans Messer, ans Kreuz liefert. Solche Geschichten gehen niemals gut aus, nicht in ihrer Vermessenheit, zu hoffen, und nicht in ihrem Wagemut, zu glauben.

Überhaupt schon Betlehem! Der Ort macht skeptisch. Jerusalem, das ist die Stadt der Könige. Da gibt es Mauern, Tempel, Priester, Herrscher, Traditionen, Ordnungen, mindestens *das* hätte Ordnung und Bestand. Aber Betlehem? Das war der Ort, in dem David zum König gesalbt wurde, gewiß, aber genauso ein Märchen, daß ein Priester und Prophet, Samuel, auf die Suche ging nach dem kommenden König des zerstreuten Volkes und hätte im Hause Isais unter den Söhnen gesucht und Gott hätte ihm gesagt: Die Menschen sehen auf die Schönheit des Äußeren, Gott aber sieht in das Herz von Menschen. Und Samuel hätte die stattlichen und großgewachsenen Söhne des Isai überschlagen müssen, um schließlich an einen kleinen verlausten Hirtenjungen zu geraten, diesen David.

Betlehem scheint der Ort zu sein, wo man das Unsichtbare so sieht, als wäre es das Eigentliche, wo es möglich ist, in kleinen Kindern eine große Zukunft zu erkennen und im Unscheinbaren das, was wirklich gelten wird. Solche Orte passen nicht in unsere Welt. Man lehrt uns nicht, die Träume für wahr zu nehmen und dem Herzen mehr zu glauben als dem Verstand. Man muß den Hirten nur zuhören, was sie da sehen wollen, ein Kind, in Windeln gewickelt in einer Krippe! O ja, das werden sie zu sehen bekommen, Armut und Elend, wo eigentlich nicht? Da könnten sie nach Süden, Norden, Osten oder Westen gehen, überall würden sie Kinder sehen, in Windeln gewickelt, schreiend und kotend und in Erbärmlichkeit jammernd. Was für eine Sorte Heil soll sich darauf gründen? Und trotzdem, beharrlich und geduldig gehen die Hirten vom Ort ihrer Visionen hinüber und wollen es sehen. Sie sind in diesem Augenblick die bedrohtesten aller Menschen. Denn verlieren sie ihre Träume beim Angesicht der Wirklichkeit, so ist alles verloren und widerlegt, und es wird ein Heil der Welt bis zum Ende der Tage nicht geben, es wird so bleiben und nie aufhören.

Wenn das Kind von Betlehem groß ist, wird es appellieren an unsere Fähigkeit, im Unscheinbaren das Große zu sehen. Es wird die Armen seligpreisen, weil es das Äußere nicht wahrnimmt, wohl aber die Sehnsucht und die Leidenschaft des Herzens, und menschliche Größe zu erkennen vermag, da wo im Sozialen vielleicht nichts weiter ist als Demütigung und Schande. Es wird mitten im Dunkel der Nächte der menschlichen Seele den Aufschein von Schimmer und Glanz und Engelsbotschaft und Königtum Gottes wiedererkennen und die nächtlichen Seelen davon überzeugen wollen, daß gerade sie, im Wissen um Verzweiflung, eine Hoffnung besitzen. Es wird anfangen, durch solche Worte der Liebe diese Welt umzukehren. Es wird die Säulen der Macht, Geld und Soldaten, in Frage stellen. Es wird daran appellieren, daß wir innerlicher miteinander verflochten sind als durch das Diktat der Herrschenden. Es gibt in uns ein Wissen um unser wahres Wesen. Das regiert uns, denn es ist von Gott. Und es gibt in uns ein starkes Gefühl für das, was stimmt; und danach zu leben wird von außen niemand ersticken.

Es ist in dieser Legende des Weihnachtsmorgens vielleicht am meisten erstaunlich, daß wir oft, um zu merken, wer wir sind und was wir bedeuten, grade der Traumbotschaft und der Visionen anderer bedürfen, um dessen innezuwerden. Wir lesen die Erzählung vom Gang der Hirten zur Krippe schon im Wissen um die Erscheinung des Engels vor der Jungfrau Maria, aber es gab eine Zeit, wo diese Texte von Betlehem in sich selber als vollgültige Weihnachtsbotschaft galten. Nur deshalb kann man verstehen, daß Maria und Joseph buchstäblich sich wundern über das, was die Hirten ihnen sagen. So deutlich muß man es nehmen, daß einfache Menschen kommen und der Madonna sagen müssen, wie schön sie ist im Augenblick ihrer Niederkunft. Es kann sein, daß wir das Entscheidende selber nicht wissen in dem Moment, wo wir's hervorbringen, und der Deutung anderer bedürfen. Worauf diese sich stützen können, wird nie beweisbar sein. Äußerlich gesehen, haben sie niemals etwas anderes mitzubringen als Ahnungen, Visionen und den Gesang der Harmonie von Engeln, eine himmlische Musik in ihrem Herzen.

Aber wem sollen wir nun glauben? Es wird keine dreißig Jahre sein nach diesen Ereignissen, da wird man der Madonna erklären, daß sie sich geirrt hat und diesen unbelehrten, primitiven, zwischen Natur und Kultur noch zur Hälfte im Barbarischen angesiedelten Hirten, diesen träumenden Phantasten, am allerbesten keinen Glauben geschenkt hätte. Im Gegenteil, sie selber sei ins Irre geleitet worden, als sie diesen Leuten Glauben schenkte. Der Heiland der Welt und der Sohn Gottes, er, den sie geboren hat in der Stunde von Betlehem, sei – das lasse sich zeigen nach den Schriften Gottes, wenn man sie richtig auslege – in Wirklichkeit ein Irrlehrer und Ketzer und ein Diener des Satans. Wenn er Wunder wirkt und Dämonen austreibt, das sehen die Leute in Jerusalem, die wirklichen Fachmänner, Schriftgelehrte und Theologen, ganz klar, geschieht es im Auftrag des Baalzebul, und es gilt ihn mundtot zu machen mit seiner anarchischen Botschaft der Liebe. Es wäre doch noch schöner, die Menschen wären unmittelbar bei Gott! Solche Träume hat der Mann! Es gilt Ordnung einzuführen, es gilt die Menschen zu leiten nach Gesetz und Norm; wofür hat man denn all die Bestimmungen und Gebote und Weisungen? Dieser Mann in Betlehem ist ein Aufrührer und wird beseitigt werden. Und der, die sich da die Madonna wähnt, wird man ihn zurückgeben, geschunden und gemartert und blutüberströmt, einen Fetzen Fleisch. Und das soll endgültig die Widerlegung aller Träume, aller Phantastereien und aller Hirtenbotschaften sein. Die Legende im Evangelium des Matthäus verlegt dies alles sogar noch um ein paar Jahrzehnte früher: gleich in die Tage der Weihnacht. In der Erzählung vom Kindermord zu Betlehem sagt sie, die Verfolgung sei zeitgleich fast schon mit der Geburt, und alles auf einmal, Erlösung und Widerstand, Hoffnung und Verzweiflung, Liebe und Brutalität.

Wir aber müssen wählen zwischen den Hirten und den Hoftheologen, zwischen Betlehem und Jerusalem, zwischen den Träumen und den Fakten, zwischen den Visionen und der sogenannten Wirklichkeit. Das heißt, die Frage ist, ob wir noch wählen *können*. Die Welt, in der wir leben, ist ein Gewebe hart gezurrter Bande, ein fast unentrinnbares Netzwerk, kein Mensch wüßte da so leicht, wie er da herauskommt ohne Schaden für sich selbst und andere. Aber auch dann, hängen wir nicht in diesem Netzwerk so eng, daß wir kaum noch Luft bekommen? Nennt sich das Leben, der erklärte Wahnsinn dessen, was wir geschichtliche Vernunft heißen? Müssen wir da nicht raus, um irgendwann einmal wieder frei zu atmen und etwas vom Himmel zu spüren? Vermutlich müssen wir wählen, etwas zu tun, was wir nie für möglich gehalten haben, die einfache Hoffnung der Armut und das Glück der Nächte und die Wahrheit der Träume für wirklich zu nehmen. Diese ganz andere Welt Gottes ist die eigentliche. Das sagen die Hirten, und wir sollten sie beschützen mit unseren Gebeten in dieser Messe, dem Hirtenamt.

Das Geheimnis der Heiligen Nacht faßt das Glaubensbekenntnis der Kirche in einem einzigen knappen Satz zusammen: Er hat Fleisch angenommen für uns aus der Jungfrau Maria.

In den zweitausend Jahren der kirchlichen Geschichte hat es wohl keine Deutung dieser wenigen Worte gegeben, die so wahr und menschlich so überzeugend sind wie das Werk, das der Musikmeister Franz Schubert als sein letztes hinterlassen hat. Im Jahre 1828 war Schubert 32 Jahre alt und vom Tode gezeichnet. Er war fromm genug, arm genug, unglücklich genug und einsam genug, um die Worte der Weihnachtsbotschaft durch sein Leben und durch seine Musik für die gesamte Menschheit und für alle Zeiten gültig auszulegen. Von seinem Vater verflucht, von den Damen der Wiener Gesellschaft verlacht, von den Kritikern verhöhnt, von den Freunden ebenso vergöttert wie mißverstanden, war Schubert durch ein leichtsinniges Liebesabenteuer von einer Krankheit heimgesucht, die in jenen Tagen tödlich war. Er lag auf dem Krankenbett, gepeinigt von rasenden Kopfschmerzen, furchtbaren Augenleiden, der ganze Körper eine einzige Wunde. Wie kann ein solcher Mensch, am Rande des Grabes schon, uns etwas zu sagen haben von der Erlösung der Menschheit? Mit zitternden Händen schrieb Schubert seinen Abschiedsgesang auf die Welt und das Leben: Missa in Es-Dur. Alles beginnt wie gewohnt mit der Vorherrschaft des Chors, aber dann grade bei diesen Worten des Credo »Et incarnatus est pro nobis ex Maria virgine – er hat Fleisch angenommen für uns aus der Jungfrau Maria« beginnt etwas Wunderbares, Neues. Das Cello erfindet die Melodie für eine Solostimme. Es ist das Wiegenlied Schuberts im 12/8-Takt, wenig später begleitet von einer Zweitstimme, so daß aus dem Einzelgesang ein Kanon wird, und noch etwas später darübergelegt im Sopran wie die Stimme eines Engels: »Er ist Mensch geworden für uns.« – Der Mann, der unzählige Gedichte großer Lyriker mit der Musik seines Herzens so beantwortete, daß daraus Lieder wurden, die unsterblich sind, wollte auf dem Sterbelager, daß der Gesang der Engel auf den Fluren von Betlehem zu einem unsterblichen Gedicht würde auf unser Leben. Wollte man, was nur Musik ist, in Worte fassen und wollte man, was sich in Noten fügt, nach gedanklichen Strophen ordnen, so müßte man die Botschaft Schuberts, seine Auslegung des Weihnachtsevangeliums, in drei Sätzen benennen.

Der erste Satz müßte lauten: Wage dein Leben. – Es ist eine paradoxe, fast groteske Botschaft von einem Mann, der nach dem einzigen Abenteuer seines noch jungen Lebens hinweggerafft wird durch eine Krankheit, die zu seiner Zeit nicht nur unheilbar war, sondern, entsprechend der Moral der Bürger Wiens, als ein gerechtes Gottesurteil galt, als die Zeichnung eines zu Recht Gestraften. – Wir sagen, daß Gott in dieser Nacht, da er menschliche Gestalt annahm, uns erlöst habe von der Macht der Sünde. Gewiß, daß unser Leben an Verirrungen, an Fehlern, an Schuld groß sein kann und daß es oft sehr klein ist durch Entmutigungen, Verzweiflungen und Gefühle der Ohnmacht. Aber schaut man hinter die Fassade unserer Taten, entdeckt man in dem, was verkehrt ist, für gewöhnlich die Gestalt von Kindern wieder, die man niemals geradeaus hat leben lassen. Kaum auf die Welt gekommen, hat man uns gelehrt, zwischen Gut und Böse zu unterscheiden, die Sünde zu meiden, das Böse zu fliehen, den Trieb zu beherrschen, und so sind wir geworden, was wir fast alle sind, selbst als Erwachsene im Grunde verschüchterte, von Menschenmeinung abhängige, zu klein geratene, geistig ohnmächtige Kinder. – Wenn uns die Botschaft der Weihnachtstage etwas zu sagen hat, so ist es dieses: daß wir wagen und riskieren sollten, unsere Wahrheit zu leben. Es lebt in dem Herzen eines jeden Menschen eine Musik, ein Gesang, die nur er zu spielen und zu singen vermag. Er *muß* es unternehmen, diese Musik zu finden und einer ganzen Menschheit weiterzugeben. Mehr noch als zur Vergebung unserer Schuld ist Gott bereit, uns zu begleiten, auf den krummen Wegen oft noch mehr als auf den geraden, in den Zeiten unseres Suchens gewiß viel mehr als in den Momenten, wo wir gefunden haben. Und so könnten wir beginnen, noch einmal, die Kinder zu sein, die wir niemals sein durften, das Leben beginnen, das wir als Wahrheit in uns tragen und das oft von soviel Not und Angst und Schmerz verschüttet ist. Einem jeden von uns wäre es möglich, den Gesang der Engel auf den Fluren von Betlehem zu hören als die Stimme der Sehnsucht, des Gebetes und des Vertrauens seines Herzens. Dieser Mann im Jahre 1828 in der Kaiserstadt Wien, um den niemand mehr einen Pfifferling gibt, hinterläßt in seiner Deutung der Worte der Menschwerdung unseres Gottes einen Appell an das Vertrauen, daß es keine Schuld gibt auf dieser Erde, die nicht vergeben werden könnte von Gott, und daß es einzig unser Kleinmut ist, der uns hindert, so weit und groß und menschlich zu sein, wie zu werden wir berufen sind.

Ein zweites liegt in dem, was die Musik Schuberts über das Weihnachtsevangelium uns sagen kann: Glaube an die Liebe. – Kaum daß wir erwachsen werden, lernen wir die einzige Macht in unserem Leben, die unzweifelhaft von Gott ist, mehr zu fürchten als zu leben, mehr als Schuld und Heimsuchung zu erfahren als wirklich zu riskieren, so daß der Schritt vom Kindesalter zum Erwachsenwerden fast stets erkauft wird mit einer Portion an Desillusionierungen, Zynismen und Gemeinheiten. Schubert, der von dieser Welt der Erwachsenen nichts anderes erfahren hat als Qual, Grausamkeit und Erniedrigung, wagt es, als sein Vermächtnis in Noten zu setzen, daß man die Liebe nicht verleumden und nicht beleidigen kann. Es ist nicht anders als in den Tagen der Weihnacht. Man mag die Kraft, die uns Gott zur Welt bringt, der Unreinheit zeihen, moralisch verdächtigen und ausstoßen aus den Plätzen der Menschen, dennoch bleibt es dabei, daß immer, wenn wir genauer hinsehen, wir im Verborgenen mitten in dem, was uns unrein scheint, eine verborgene Unschuld finden, an die wir nur nie zu glauben wagten, daß es so etwas gibt wie eine Reinheit, die nie aufhört, allem äußeren Augenschein zuwider, und daß es sich lohnt, selbst in den bizarrsten Formen die Liebe zu segnen. Wo immer sie wahr ist, ist sie so selten und oft so schwach auf dieser Welt, aber einzig auf ihr ruhen alle Verheißungen, nur in ihr atmet die Allmacht Gottes, nur sie hat die Kraft, die Welt zu verändern. – Wieviel hat man uns beigebracht, an ersticktem Leben normal zu finden: die Alltage leblos und lieblos und pflichtgemäß routiniert, ohne irgendeinen bewegenden Gedanken, ohne einen einzigen Funken schöpferischer Phantasie, als hätten wir jedes Element der Begeisterung mit Füßen niedertreten müssen, damit es nicht brennt und Schaden stiftet. Wovor fürchten wir uns wirklich, wenn wir Angst haben vor uns selber, und wen meiden wir eigentlich, wenn wir immer wieder in die Menge fliehen? – Grotesk genug, der Mann, der starb an der Liebe, verkündet sie in den Versen des Glaubensbekenntnisses der Weihnacht.

Und es gibt eine dritte Botschaft, die Schubert vermitteln möchte aus dem Geheimnis der Menschwerdung. Man müßte sie überschreiben: Vergiß die Schönheit nicht. – Auch dies ist erschütternd und groß im Jahre 1828. Ein Mann liegt da, dessen Leib übel riecht, selbst für die, die ihm nahestehen, gedunsen bis zur Häßlichkeit, die lebende Verwesung. Auch das heißt Fleisch, Vergänglichkeit und Erdendasein. Und dennoch gibt es diese rettende Botschaft, dieses wunderbare Vertrauen der Poesie des Herzens, des Gesangs der Welt, der Botschaft der Engel, daß alles, was uns umgibt, weil es geschaffen ist von den unsichtbaren Händen Gottes, eine Schönheit atmet, die nie vergeht. Wo immer wir genau genug hinsehen, werden wir selbst in dem Entstelltesten noch Gottes Antlitz erblicken, selbst in dem scheinbar Niedrigsten etwas ahnen von der Höhe des Himmels und selbst im Verfall uns vorbereiten für den Aufstieg zum Himmel. Geschöpfe sind wir dieser Welt, aber seit der Weihnacht dürfen wir, ja müssen wir glauben, wenn wir wirklich leben wollen, daß Gott uns begegnet in jedem Teil, in jedem Stück der Dinge, die uns umgeben. Sie alle sind geheime Spuren, Wegweiser zum Himmel, und unser Leben bedarf ihrer, um sich zurechtzufinden.

Es sind nur diese drei großen Kräfte, die uns helfen, das Heimweh zu beruhigen und den Weg zu den Sternen nicht zu verfehlen: das Vertrauen in die Vergebung, das uns fähig macht, unser Leben zu wagen, der Glaube an die Liebe, der uns lehrt, weit zu sein und stark und treu uns selbst gegenüber und den Menschen an unserer Seite, und die Evidenz der Schönheit, selbst noch am Abgrund. Diese drei zu leben bedeutet, ein Stück zu ahnen von der Menschwerdung Gottes hier auf dieser Erde.

Von ganzem Herzen wünsche ich Ihnen allen, daß Gott unser Leben begleiten und umfangen möge in jeder Stunde, möge sie dunkel sein oder hell, daß er uns stark machen möge in der Kraft der Liebe, die er selber ist, und daß er uns tröste mit dem Lichtschein der Schönheit, dem Abglanz der Engel selbst im Schatten des dunkelsten Stoffs. Möge Gott seine Liebe stark machen, daß sie leuchtet durch uns.

Weihnachten erzählt nicht eigentlich die Geschichte vom Anfang des Lebens Jesu, es faßt vielmehr zusammen, was wir selber an Erfahrungen mit dem Leben Jesu in uns aufgenommen haben. Es ist das Fest und die Feier der Grenzenlosigkeit der Güte, des Erbarmens und der Liebe mit allem und über alles, was lebt. Wesentlich ist Weihnacht eine Antwort auf die Frage: Wo wohnt Gott?

Immer kommt Gott vor im Munde der Priester und der Theologen. Sie meinen mit Gott ihre ehrwürdigen Überlieferungen, ihre heiligen Gesetze, ihre feierlichen Riten, und wenn auch Gott in all dem sein mag, stehen doch die Priester und die Gottesgelehrten in der Gefahr, mit ihren ehrwürdigen Überlieferungen Menschen der Verzweiflung zu überliefern, wenn sie mit ihren Gesetzen nicht die Not und das Leid der Menschen deutlich vor Augen haben.

Manchmal kommt Gott vor im Munde der Dichter. Sie meinen mit Gott das Flimmern des Mondlichts über den Wellen des Meeres oder das Säuseln des Windes in den Blättern der Bäume, und es kann sein, daß Gott auch darin vorkommt. Aber die Dichter stehen in der Gefahr, blind zu werden für das Leid, die Ausgesetztheit und das Elend von Menschen an ihrer Seite und taub zu werden für den Notschrei um Hilfe.

Gelegentlich auch kommt Gott vor im Munde der Staatsmänner. Sie meinen mit Gott die hehren Schicksalsstunden der Weltgeschichte, wo sich Großes ereignet oder, wie sie denken, durch sie selbst sogar entscheidet. Und vielleicht kommt Gott auch darin wirklich vor. Aber die Großen der Geschichte stehen stets in der Gefahr, die kleinen Leute zu vergessen und oft genug sogar über sie, wie wenn sie in ihrer Angst und Unterdrückung Treppen wären, hinwegzuschreiten zum eigenen Ruhm und der eigenen Größe.

Wo wohnt Gott wirklich?

Ein alter argentinischer Gitarrist und Sänger erinnert sich in einem seiner Lieder an die eigene Kindheit. Er hat sich vor Jahrzehnten schon den Künstlernamen Atahualpa Yupanqui gegeben, den Namen des letzten Königs des stolzen Volkes der Inka-Peruaner, dessen Kultur man zerstörte und dessen letzten König man erdrosselte, weil er nicht dem Christentum der spanischen Missionare zustimmen wollte und ein ganzer Saal mit Gold nicht ausreichte, ihn loszukaufen. Den Stolz eines unterdrückten Volkes und den Mut seines letzten Königs, der seine Größe nicht wegwerfen mochte, wollte dieser argentinische Sänger in seine Lieder hineintragen.

Eines Tages, so erinnert er sich in einem der Gesänge, fragte ich: Großvater, wo wohnt Gott? Großvater wurde traurig. Geantwortet hat er mir nichts. Großvater starb auf den Feldern, ohne Gebete und ohne

Glaubensbekenntnis. Die Indios beerdigten ihn mit der Schilfrohrflöte und dem Tambour. Etwas später fragte ich: Vater, was weißt du von Gott? Schwermütig wurde mein Vater. Geantwortet hat er mir nichts. Mein Vater starb in der Grube, ohne Arzt und ohne Versorgung. Das Blut der Grubenarbeiter hat dieselbe Farbe wie das Gold des Patrons. Mein Bruder lebt im Waldland und kennt nicht die kleinste Blume. Malaria, Schlangen und Schweiß, das ist das Leben des Holzfällers. Geht nicht hin, ihn zu fragen, was er von Gott weiß. An seiner Hütte ist ein so wichtiger Herr niemals vorübergegangen. Ich singe meine Lieder auf den Straßen, und wenn man mich einsperrt, höre ich die Stimmen des Volkes. Es singt viel schöner als ich. Es gibt eine Sache auf Erden, die ist wichtiger als Gott: daß niemand mehr Blut spuckt, auf daß andere um so besser leben. Wacht Gott über die Armen? Vielleicht ja? Vielleicht nein? Ganz sicher ist, daß er zu Tisch sitzt an der Tafel des Patrons.

Ein bitteres Gesicht, gezeichnet in dem Lied eines argentinischen Sängers und wie ein Hilfeschrei für einen ganzen Kontinent: Wo wohnt Gott?

Atahualpa Yupanqui hat sein Lied so zugespitzt, daß es das Christentum herausfordert und uns Christen provoziert. Aber wäre es nicht möglich, daß Jesus selber sein Lied sich zu eigen gemacht hätte vor zweitausend Jahren und es wäre nur unser eigener Abstand von ihm, der diese Gedanken so fremd und schon fast atheistisch findet? Wo eigentlich wohnte für Jesus Christus Gott?

Wie viele Menschen gibt es, die traurig werden und schwermütig, spricht man den Namen Gott auch nur aus, denn es leben in diesem Wort all die unabgegoltenen Träume von Güte und Menschlichkeit und Gerechtigkeit und genauso der salzige Schmerz und der bittere Geschmack, daß die Welt so ganz anders ist und man über soviel Leid oft Gott gar nicht glauben mag. Eben deshalb ging Jesus hin, all denen zu sagen, die beim Reden von Gott feuchte Augen bekommen und bebende Herzen, sie, in ihrem Hunger, in ihrer Sehnsucht, seien Gott nahe.

Jesus war kein Priester, der im Tempel seinen Dienst verrichtete. Er lernte Gott nicht in den Schriftrollen der Tempelarchive, aber ihm leuchtete Gott entgegen aus den Augen einer Dirne, ihm flüsterte er zu aus dem Mund eines Bettlers, ihm streckten sich seine Hände entgegen in den zitternden Fingern eines Kranken. Überall wo Menschen leiden, arm sind und ausgestoßen, wohnte für Jesus Gott. Er wollte, daß Menschen gegen all ihre Unterdrückung und Verurteilung den Mut zum eigenen Leben zurückgewinnen könnten. Er wollte Räume öffnen, in denen Menschen wachsen könnten in dem Vertrauen zu sich selber, in der Liebe zum Leben, auf daß ihr Herz weit würde und groß, fernab aller Enge und Engstirnigkeit. *So* schlug Jesus Brücken zwischen den Menschen und Gott, so wurde er Priester, indem er so vieles an Angst von den Stirnen streichelte, und die Menschen lehrte, einen inneren Halt und eigenen Inhalt zu finden in ihrem Leben, gerade zu gehen durch diese Welt und das Duckmäusertum zu verwerfen. »Es gibt eine Sache auf Erden, die ist wichtiger als Gott . . .« Jesus verlor Gott nicht aus den Augen, wenn er die Menschen anschaute. Er sah sie alle, beladen, belastet ein jeder, auf einem langen Weg zur himmlischen Heimat, und er wollte sie begleiten durch alle Dunkelheit und Weglosigkeiten. Er wollte ihr Bruder sein. Deshalb war Gott ihm Vater.

Jesus war kein Dichter. Er hat nichts aufgeschrieben, was man auf Kongressen hätte verlesen oder mit Preisen ehren können. Aber er wollte, daß Menschen die eigenen Träume, die verdichteten Gestalten ihres eigenen Lebens auszusprechen lernten. Wenn sie ihm ihr Leben erzählten mit all seiner Schuld, allem Durcheinander, all den Hilflosigkeiten, formte es sich in seiner Nähe zu so etwas wie einem Heldengesang mit einer eigenen Größe und einer langsam sich verklärenden Form des Mutes und der Tapferkeit und sogar einer immer weiter reifenden Bewunderung für sich selber. Es war seine Art von Dichtkunst und verborgener Poesie, die Menschen zu lehren, daß sie alle in ihren Herzen nie gesungene Lieder, nie gesprochene Gedichte trügen und in ihrem Herzen ein vollendetes Kunstwerk der Schönheit, das es zu sehen, zu malen, zu streicheln gelte, bis es im eigenen Leben sich öffnete zum Licht, daß jeder glauben könnte an die Schönheit seiner selbst. Dies war die Dichtung, die Jesus aus unserem Herzen holte und in uns selber fand.

Ganz gewiß war er kein Staatsmann. Er wollte nicht die Macht, die Menschen befähigt, mit anderen Menschen etwas machen zu können. Aber er wollte, daß das Gefühl der eigenen Ohnmacht ein Ende fände und jeder wüßte, was er selber wert war unter den Augen der anderen. Das Empfinden sollte zu Ende gehen, es sei im Grunde beliebig, ob es uns gibt oder nicht, man denke nicht an uns, wenn wir da sind, und man vermisse uns nicht, wenn wir verschwunden sind. Dies nannte er Gott: einen ewigen Willen, der möchte, daß wir sind. Eine universelle Menschlichkeit war es, was Jesus vorschwebte, eine Güte ohne Grenzen, ein Mitleid ohne Schranken. Weil Gott selber so ist, könnten wir Menschen so werden, dachte er. Nichts sei Gott wichtiger als das kleine Schicksal unseres irdischen Lebens.

Sollte man sagen, die ganze Gestalt Jesu sei ein einziger Beweis dafür, daß Gott nicht am Tisch des Patrons sitzt? O ja, gedacht *hat* man nicht nur so, gedacht *wird* so. So, wie wir wirklich leben, kommt Gott niemals zur Welt in Betlehem, allenfalls in Jerusalem. Es herrschen klare Vorstellungen, wie sich's ereignen soll. Sie sind aufgezeichnet in überlieferten Texten. Es herrschen klare Anweisungen für den Fall, daß es vorkäme; alles wird sich ordnen. Es herrscht ein friedliches Einvernehmen zwischen Thron und Altar, zwischen Macht und Priesterschaft. Aber das ist nicht Jesus Christus, war es nicht und wollte es nie sein. Freilich ging er auch zum Patron, ging zu den Reichen, ging zu den Pharisäern. Aber der Hauptgrund war, daß er sie oft noch mehr für arme Schweine hielt als diejenigen, auf denen sie herumtrampelten. Es gab keine Grenze für Jesus nach oben noch nach unten, aber eine offene Sehweise für jeden, der leidet. Vielleicht daß man am Weihnachtsabend sogar dieses Mitleid und diese Menschlichkeit ausdehnen sollte zwischen Krippe und Stall in der Nähe der Hirten. Sollte man nicht sagen: Es gibt nicht das Jaulen eines Hundes, nicht den Schrei einer Möwe, die gleichgültig wären vor den Augen ihres Schöpfers und also gleichgültig bleiben könnten für uns Menschen? Ist es nicht ein und dieselbe Kraft, die uns lehrt, die ganze Welt zu umarmen mit allem, was Not hat, entlang denselben Nervenbahnen, die auch in unserem Körper sind, der gleichen Schmerzfähigkeit, die auch wir Menschen kennen? Deshalb, weil Gott überall wohnt, wo es Not gibt und Armut und Leid, wohnt Gott in gewissem Sinne überall. Wenn wir sagen, Gott sei Mensch geworden in Gestalt des Jesus von Nazaret, dann eben deshalb, weil wir das von ihm lernen konnten: ein Reich ohne Grenzen.

Ein Mann, der auf seine Weise die Kirche fast verloren hat, mit den Überlieferungen der Priester und den Gesetzen der Rechtslehrer kaum noch zurechtkommt, hat mir vor Jahren auf seine Weise, ohne es zu wollen, den Weihnachtstext erklärt. Er erzählte von einer Erinnerung an die russische Kriegsgefangenschaft. Aus einem kleinen Arbeitstrupp war fast die Hälfte im Verlauf von Monaten an Hunger und Entkräftung umgekommen. An einem Nachmittag, bei schweren Gleisbauarbeiten, fiel wieder einer seiner Kameraden ohnmächtig zusammen, als ein russischer Aufseher mit dem Bajonett in das am Boden liegende Stück Fleisch stach. Eine Frau sah das und schrie, als träfe es sie selbst. – Es hat doch jeder eine Mutter! Gleich, ob man Gott Vater oder Mutter nennt – was Erbarmen ist und Güte ist gegenüber der Herausforderung menschlichen Leids, das weiß ein jeder, und überall da, wo es gelebt wird, beginnt ein Stück der Menschlichkeit unseres Gottes zu wachsen.

Einen jüdischen Rabbi fragten seine Schüler: Meister, wo wohnt Gott? Was sagt ihr? fragte der Meister zurück. Und sie sprachen: Wohnt Gott nicht überall? Ist nicht die ganze Welt seiner Herrlichkeit voll? Der Meister schüttelte den Kopf: Gott wohnt, wo man ihn einläßt.

Weihnachten ist kein reiches Fest, sondern ein armes Gedenken, oder anders gesagt, es besteht ganz und gar in der Erlaubnis, so arm zu sein, wie wir in Wahrheit sind. Tausende von Jahren theologischer Erklärungen sind darüber hingegangen, uns auszudeuten, was Wahrheit an Weihnachten ausmache. Die Wahrheit zu sagen, wir wissen es nicht.

Die Weihnacht ist ein Wunder der Menschlichkeit, das sich in unseren Herzen begibt und das uns sogleich zwischen den Händen zerrinnt, wenn wir es dingfest zu machen versuchen im Wissen von Gott und von der menschlichen Geschichte. Was wissen wir überhaupt von der menschlichen Geschichte des Jesus von Nazaret? Kein antiker Schriftsteller berichtet über seine Geburt. Von Belang in jenen Zeiten war, daß die Römer Palästina als Besatzungsmacht fest in der Hand hielten. Einer der Prokuratoren suchte die Steuer zu erhöhen, und das Volk war gespalten wie immer, unentschieden zwischen Anpassung und Auflehnung. Einzig eine Weissagung existierte aus dem Mund des Propheten Micha über die Stadt Betlehem: aus ihr werde ein König hervorgehen. Na und wenn schon! Man wird sie sich nicht alle merken können, die Könige der Geschichte, und wichtig sind die Leute, die in jenen Tagen wirklich regieren; sie werden nicht in Israel geboren. Der Globus dreht sich pünktlich, und man tut ordentlich seine Pflicht. Viel mehr gibt es geschichtlich nicht zu sagen.

Von Gott her wissen wir scheinbar viel mehr. Da wissen wir, daß Jesus geboren wurde, indem die zweite Person in Gott die menschliche Natur angenommen hat, daß er die Sünder erlöste durch seine Menschwerdung und seinen Tod, daß er es war, der sich opferte für die erlösungsbedürftige Menschheit. Diese Worte sind uns so griffig und klar, daß sie in den bescheidenen Anfang derWeihnachtsnacht kaum passen wollen. Sie erklären alles vom Ende her. Sie malen die Armut des Stalles auf den Goldglanzhintergrund einer Heiligenikone und tauchen das Elend unseres Daseins in den Lichtglanz der Legende. Schärfer gesagt, es sind diese fertigen Formeln, die viele daran hindern in unseren Tagen, Weihnachten noch anders ernst zu nehmen denn als ein idyllisches Fest von artigen Richtigkeiten und folkloristischen Konventionen. Wie viele Väter und Mütter haben in diesen Tagen die größte Mühe, ihren Zehn- und Zwölfjährigen zu erklären, was sich da eigentlich begibt unter dem Schneetreiben der feierlichen Worte.

Wir müssen mit Weihnachten ganz von vorn beginnen in der Lehrstunde der Menschlichkeit. Denn einzig darum geht es. Wenn das Kind von Betlehem erwachsen sein wird, wird es die kostbaren Worte aussprechen: Wenn ihr nicht werdet wie die Kinder, werdet ihr nie wissen, welche Macht Gott in euren Herzen hat. Es ist nicht, daß wir heute den biographischen

Anfang des Lebens Jesu feiern. Es ist das von damals bis zum Ende der Tage ein für allemal gültige Wunder, daß Gott uns anschaut einzig im Antlitz eines unfertigen Kindes, eines Menschen, in dem noch nichts ist, aber eben deshalb alles werden kann, in seiner Armut und in seiner Hoffnung, in seiner Niedrigkeit und in seiner Größe. Was also wissen wir vom Menschen? Ich höre sagen, der Mensch, die Krone der Schöpfung, sei wie ein entartetes Tier, das grad erst dabei sei, die Augen des Verstandes aufzuschlagen, das riskierteste Wesen auf diesem Planeten überhaupt, vielleicht gar ein Irrläufer der Evolution. Keine Betrachtung über den Menschen scheint zynisch genug zu sein, um der Wirklichkeit zu widersprechen. Es gibt kein Verbrechen, keine Gemeinheit, keine Skrupellosigkeit, zu der Menschen nicht imstande gewesen wären. Durchs Sieb geschüttelt, laufen die Untaten zusammen in einem einzigen Urteil: die Menschen seien primitiv, roh, faul, dumm, genußsüchtig – die Litanei läßt sich fortsetzen. Aber Weihnachten ist dieses unglaubliche Wunder, von uns armseligen, jeder Verleumdung und Erniedrigung aussetzbaren Menschen anders zu denken, weil Gott möchte, daß wir selbst mit seinen Augen den Menschen sehen als sein Geschöpf und als ein werdendes Wunder, auf welchem der ganze Segen und die ganze Verheißung des Himmels ruht. Es mag sein, die Menschen sind habgierig, egoistisch und eitel. Aber noch vor ein paar Wochen, im Herbst 1989, konnte man hier in Mitteleuropa sehen, daß Menschen, die sonst für nichts anderes gelten als genußsüchtig und konsumistisch, imstande waren, großzügig zu sein und geöffnete Grenzen für wichtiger zu nehmen als Jahrzehnte der Erniedrigung, der Absperrung und der Tyrannei. Was also sind die Menschen? Wenn man sie einschüchtert, sind sie haltlos wie Staub und scheinbar jedem Druck preisgegeben, und doch lebt in denselben Menschen ein Wissen von ihrer Freiheit, und sie haben es nie verloren. Man hat im 20. Jahrhundert schreckliche Beispiele vor Augen, wozu Menschen imstande sind, wenn man Befehle gibt und wenn man durch Einschüchterung und den Zwinggriff der Macht ihren Nacken beugt. Aber vielleicht sind die wirklichen Heiligen der Weihnacht des Jahres 1989 die uns unbekannten Soldaten im rumänischen Temesvar, die sich den Befehlen widersetzten und sich lieber standrechtlich erschießen ließen, als auf ihre Landsleute zu schießen. Das sind auch Menschen, fähig zu widersprechen aus Gründen der Menschlichkeit, und koste es sie selber das Leben; besser ist es, als anderen Unschuldigen das Leben zu nehmen.

Was also wissen wir vom Menschen? Man zeige mir einen Menschen, der dumm und faul ist. Es ist nur eine Frage der Sorgfalt und der Geduld, bis sich unter diesem Schalenkleid von Schmutz ein ganz anderes Bild herausschälen wird, eines Menschen womöglich, den man nur eingeschüchtert hat seit Kindertagen, indem man ihm den Mund verbot und das eigene Denken untersagte und die eigenen Gefühle raubte, immer wieder mit Angst, Kommandos und ständiger Gestaltung aus Druck von außen. Gibt man diesem Menschen auch nur ein einziges Mal die Chance, langsam, stockend und ungeübt seine Wahrheit zu sagen, wird man entdecken, daß es weiß Gott schwer ist, unter einer Hypothek von Jahrzehnten, unter seit Kindertagen getragenen Lasten sich überhaupt zu bewegen. Trägt man von diesen Lasten etwas ab, sieht man, wie ein Mensch beginnt, sich aufzurichten. Faul war er nie, nur gequält bis zur Ohnmacht, dumm niemals, nur verdumpft in der Unfähigkeit, seine Wahrheit zu glauben.

Wissen Sie, sagte mir dieser Tage eine Frau, ich hab' doch niemals von mir sprechen dürfen. Wenn ich von mir spreche, beginne ich zu weinen, und das kann sein mitten an einem Feiertag, oder es kann sein mitten in einer Gesellschaft, dann bin ich eine Zumutung; besser ist, ich beiße die Zähne zusammen und sage gar nichts oder ich rede nur, was nett ankommt. Wann erlaubt man Menschen, ihre Wahrheit zu sagen? Ich bin doch nur lästig, fügte sie hinzu. Aber wann übernimmt ein Mensch die Daseinslast des anderen, daß er sich entdeckt unter der Schneekälte wie ein Blühen von Blumen, die sich wagen in der Hoffnung eines langsam reifenden Frühlings? Darum muß es Jesus gegangen sein, als er sagte: Wenn ihr nicht werdet wie die Kinder, werdet ihr Gott niemals kennenlernen. Er wollte in diese Welt die wunderbare Erlaubnis bringen, noch einmal ganz vorn zu beginnen, und es sollte all das nicht gültig sein, was man über uns gesagt hat und wie man uns festgeschrieben hat und wie man uns lehrte, am Ende uns vor uns selber zu fürchten, vor unseren eigenen Gefühlen Reißaus zu nehmen, als wären wir Raubtiere, die man nur in Ketten zähmen kann. Umgekehrt: Gott schaut uns an einzig aus den Augen von Menschen, und es ist die einzige Wahrheit, die wir in uns tragen, wirklich zu *sein* unter den Augen Gottes. Da ergeht gleich das Urteil, das sei zuwenig, das sei Gott abträglich, so groß vom Menschen zu denken. Aber alles, was echt ist am Menschen, ist niemals niedrig und niemals gemein, denn Gott hat gewollt, daß wir sind.

Wir hören sagen, daß Jesus gekommen sei als der Sünder Heiland, um uns als Sünder zu versöhnen mit dem Vater. Nehmen wir die feierliche Rede aus diesen Worten heraus und sprechen wir statt von Sünde von den einfachen, groben Vokabeln des Leids, nennen wir Sünde Verzweiflung, Ausweglosigkeit, Zerbrochenheit, Unsicherheit, Verlorenheit, dann wissen wir, was Jesus tun wollte und weswegen er in diese Welt kam. Er wollte, daß über uns, über uns Menschen und unsere Geschichte, sich ergießen möge ein Strom des Erbarmens und der Gnade für einen jeden. Es sollte ein Ende sein mit der Einteilung der Menschen nach fertigen Begriffen, die immer schon sagen, wer wir sein müssen. Es sollte die Erlaubnis sein, uns zu finden, koste es, was es wolle, und seien die Wege auch noch so mühsam. Da gilt es als erstes, Geduld zu haben mit den Anfängen. Immer wenn etwas Großes beginnt, stehen die immer schon Wissenden dagegen auf und versuchen es abzuwerten und totzureden. Ein so großes Genie wie der Maler Vincent van Gogh konnte in seinen Tagen, als er den Bergarbeitern in der Borinage von Gott zu reden versuchte, in sein Tagebuch schreiben: Der Gott der Pfarrer ist tot, mausetot. Ich aber liebe und also lebe ich doch. Ich will Gott nicht mehr malen in den Kathedralen und Kirchen, ich will Gott malen in den leuchtenden Augen der Menschen. Das ist das ganze Weihnachten. Man hat es fertigbekommen, Vincent van Gogh in den Irrsinn zu treiben, weil er das Leuchten des Lichtes in den Landschaften von Arles und den Gesichtern der Menschen so flammend sah wie niemand vor ihm. Wie wenn die Sonne die Erde berührte, galt er ihnen als ein »wilder« Maler, der die Ordnung brach und die Weltsicht veränderte. Aber dieser Mann konnte sich an die Wurzeln der Bäume klammern, an die Schönheit des Geästes, an das Mitleid mit den Tieren.

Vielleicht ist diese Weihnachtsnacht im ganzen Kirchenjahr der einzige Ort, wo wir so etwas lernen können wie kreatürliches Mitleid. Es gibt nichts Primitives. Jedes noch so armselige Tier an unserer Seite ist mit seinen Nerven der Empfindung fähig und also imstande zu spüren, was Glück ist und Leid. Und es gibt keine Grenzen des Erbarmens mit allem Geschaffenen, was hervorgegangen ist aus den Händen Gottes. Es ist viel mehr als ein Bild von der Krippe mit dem Ochsen und dem Esel, es ist eine Erinnerung auch an unsere eigene kreatürliche Bedürftigkeit, an unsere Animalität, an unser Bedürfnis, zu essen, zu schlafen, traurig zu sein, wach zu sein, zu tanzen, zu kämpfen, zu lieben und zu sterben und all diesem im großen Gesang der Welt ein menschliches Gepräge zu geben. Wie lang sind die Wege, die nur beginnen können, wenn wir Geduld haben und den Mut aufbringen, einander bei der Hand zu nehmen und uns zu begleiten, wohin Gott uns führen möge.

Es ist im 20. Jahrhundert noch keine fünfzehn Jahre her, als selbst über so elementare Fragen wie Krieg und Frieden die Menschen noch so anders denken konnten, als wir heute zu denken allmählich den Mut bekommen. Vor fünfzehn Jahren drehte der amerikanische Filmregisseur Robert Wise einen Film mit dem Titel »Zwei Menschen unterwegs«, die Geschichte eines amerikanischen Soldaten, der aus dem Vietnamkrieg geflohen ist. In meiner Einheit, sagt er dem Mädchen, das er in Paris kennenlernt, war die Hälfte der Meinung, daß alle Vietnamesen Bestien sind, und die andere

Hälfte griff zum Rauschgift. – Wann hast du begriffen, daß du nicht mitmachen konntest? fragt ihn das Mädchen. – Als ich das erste Mal einen Menschen getötet hab'. Er stand plötzlich vor mir auf dem Hügel, und ich war schneller. Ich werd' das niemals mehr los. Manchmal träum' ich davon, ich könnte zu seiner Familie gehen und ihr alles erklären. Aber ich weiß, daß das nie sein kann. Ich kenne nicht einmal ihren Namen, aber ich weiß, daß ich damals recht hatte. – Die beiden, der Deserteur, den man bei seiner Ankunft in den Vereinigten Staaten inhaftieren wird als Brecher der Gesetze, als Verweigerer des Gehorsams, und sein Mädchen, das er liebt, wissen nicht und können nicht wissen, was aus ihnen werden wird, ob ihr bißchen Liebe die Zukunft besteht, ob die Kraft, sich aneinander zu binden, die Zeit des Gefängnisses überdauert, sie wissen kaum, wer sie selber sind. Aber eben mit solchen sich riskierenden, unfertigen, suchenden, ewig jungen Menschen geht Gott seinen Weg durch unsere Geschichte.

Wir wissen niemals, aber wenn wir die Angst verlieren und uns trauen, Schritt für Schritt in die Nacht zu treten, bis daß es Tag wird, sind wir Menschen unendlich groß. Es ist die Botschaft der Weihnacht, daß es möglich ist, die Stimme eines Engels zu hören und seine Gestalt vor Augen zu sehen mitten im Dunkel, mitten im Rauschen des Windes. Es ist inmitten des Stalls bei der Krippe, daß die Hirten kommen und Maria sagen, wen sie zur Welt gebracht und wer der ist, der dort liegt in ihren Armen, gebettet auf Stroh. Wir Menschen verfügen über diese wunderbare Fähigkeit, mit den Augen des Herzens, innerlich, eine Wahrheit zu sehen, die draußen fast auf grausame Weise zerdrückt, in Frage gestellt, ja fast als unverantwortlich karikiert zu werden droht. Und doch verfügen wir über nichts anderes als diese Wahrnehmungsfähigkeit heiliger Engel. Wenn wir ihnen folgen, ist ein Stück vom Himmel der Erde genaht und ein wenig vom Reich Gottes angebrochen in unserem Leben. – Dreißig Jahre später wird der Kampf entbrennen, ob es nicht falsch war, unwissenden Hirten Glauben geschenkt zu haben. Ein Mann, der hingeht und den Blinden die Augen öffnet und die Gebrochenheit von Lahmheit und Aussatz heilt, der kann, werden die scheinbar aus Gesetzestreue Wissenden erklären, gar nicht von Gott sein; er vermißt sich, indem er die Welt auf den Kopf stellt und sie ihrer guten Gettogleise beraubt. Wenn nur die Liebe gilt, wo bleibt dann die abgeriegelte, abgezirkelte Welt der ordentlichen, bürgerlichen, anständigen Einrichtungen, Wahrheiten, Institutionen und etablierten Richtigkeiten? Oder umgekehrt: Vielleicht ist Gott bei den Menschen, die nicht ein noch aus wissen, aber die doch suchen und die mitten in der Verzweiflung sich sehnen nach Hoffnung und mitten im Weinen oft das Glück so sehr deutlich spüren. Die Menschen sind wunderbare Geschöpfe. In ihrer Niedrigkeit schaut uns das Auge des Schöpfers an. In der sterblichen Hülle unseres Körpers atmet etwas von seinem Geist, und über dem Haupt eines jeden von uns ruht etwas vom Lichtschimmer der Ewigkeit.

Es ist alles anders, als man denkt, und vielleicht ist Weihnachten gar kein armes Fest, sondern inmitten seiner Armseligkeit unendlich reich. Denn die Güte, die uns die Armut lehrt, beschenkt alle, und am meisten beschenken wir den, dem wir wagen mitzuteilen, wie wir uns fühlen.

Im Uranfang war Er, das Wort.
Und Er, das Wort, war bei Gott.
Und Gott war Er, das Wort.
Der war im Uranfang bei Gott.
Alles ist durch Ihn geworden,
und ohne Ihn geworden ist nicht eines.
Was geworden,
war Leben in Ihm.
Und das Leben war das Licht der Menschen.
Und das Licht scheint in der Finsternis.
Und die Finsternis ergriff es nicht.
  Ein Mensch ward – gesandt von Gott –
  sein Name: Johannes.
  Der kam zur Zeugenschaft,
  um zu zeugen für das Licht,
  auf daß alle glaubend würden durch ihn.
  Nicht jener war das Licht,
  sondern: zeugen sollte er für das Licht.
Er war das wahre Licht, das erleuchtet jeden Menschen –
kommend in die Welt.
In der Welt war Er,
und die Welt ward durch Ihn.
Und die Welt erkannte Ihn nicht.
In sein Eigentum kam Er,
und die Eigenen nahmen Ihn nicht auf.
Doch die Ihn angenommen,
ihnen hat Er Vollmacht gegeben,
Kinder Gottes zu werden –
den an Seinen Namen Glaubenden:
  Die nicht aus dem Geblüt
  und nicht aus Fleisches Willen
  und nicht aus Mannes Willen,
  sondern aus Gott sind gezeugt.
Und Er, das Wort, ward Fleisch,
zeltend unter uns.
Und wir schauten seine Herrlichkeit,
Herrlichkeit als des Einzigen vom Vater her,
voll Gnade und Wahrheit.
  Johannes zeugt für ihn.
  Und so schrie er auf und sagte:

Der wars, von dem ich gesprochen:
Der nach mir kommt, steht mir voran,
weil er eher war als ich.
Denn: Aus seiner Fülle nahmen wir alle: Gnade um Gnade.
Denn: Das Gesetz ward durch Mose gegeben,
die Gnade und die Wahrheit geschah durch Jesus den Messias.
Gott hat keiner je gesehen –
der einzige Sohn,
der im Schoß des Vaters west:
Er hat berichtet. JOH 1,1–18

Und Er, das Wort, ward Fleisch.

Dieser Satz aus dem Anfang des Johannesevangeliums war der frühen Kirche so kostbar, daß er die Weichen gestellt hat für zweitausend Jahre Christentum. Dieser Satz war das Passepartout am Beginn des 2. Jahrhunderts für die frühe Kirche, sich selber zu erklären, als sie Eingang fand in die Katheder und Philosophenstuben der Antike. Gott ist das Wort, er ist der Logos und der Weltenhintergrund, also vernünftig, Christus aber, sein Sohn, ist die inkarnierte Weltvernunft selber, wer ihn hört, begreift den Kosmos und die menschliche Geschichte. Es war ein triumphaler Anspruch, durch logisches Denken, durch die Klarheit des Begriffs aller Wahrheit teilhaftig zu werden, und es schien das gesamte Erbe, die gewaltige Bemühung der griechischen Philosophie jetzt endlich zu ihrem Abschluß zu finden. – Was damals großartig war, hat im Verlauf der Zeit auch seine Grenzen und seine Relativität erwiesen. Wenn Gott wesentlich sich uns mitteilt durch den Gedanken – und dies ist die rechte Interpretation jenes Satzes aus dem Johannesevangelium »Im Anfang war das Wort« –, entsteht sehr bald eine Form von Theologie, die Gott ins Anspruchsrecht eines bestimmten Standes von Gebildeten und besonders Gelehrten rückt. Gott ist fortan nicht mehr das Gegenüber unseres Fühlens und Erlebens, sondern Inhalt langwieriger Auslegungen und immer komplizierter werdender Glaubenssätze.

Wie spricht Gott wirklich zu uns, wie hören wir seine Stimme, und was ist der Inhalt all dessen, was uns bestimmen kann, weise zu sein? Diese Frage ist zweitausend Jahre, nachdem diese Texte geschrieben wurden, alles andere als beantwortet. Wenn Jesus von Gott sprach, verwendete er die menschliche Rede nicht im Zusammenhang klar geschliffener Begriffe und logischer Operationen, vielmehr verwandelte er die menschliche Sprache zurück in den Erfahrungsraum des Religiösen selber. Manche

Sprachwissenschaftler sind der nicht unbegründeten Ansicht, daß wir vor Jahrzehntausenden oder gar -hunderttausenden uns von der Tierreihe zu trennen vermocht hätten, indem wir die Sprache entdeckten, ekstatisch tanzend um einen fetischähnlichen Gegenstand, den die Menschen für etwas Göttliches hielten, weil er all ihre Gefühle zu binden imstande war. Später dann hätten sie dieselben ekstatischen Laute, sie lallend vor sich hin sprechend, voreinander ausstoßend, wieder nicht einfach als Erinnerung erlebt, sondern als Wiederbelebung jener Szene des Glücks, die sie ergriff in ihrem ganzen Körper und in ihrem ganzen seelischen Empfinden. Wenn die menschliche Sprache sich einem solchen Hintergrund verdankt, ist religiöse Rede daran gebunden, sich selber einzulösen. Nur dasjenige Wort stammt aus dem Munde Gottes, das uns ganz zu ergreifen vermag und das eine solch magische Poesie besitzt, daß es die Welt vor unseren Augen verdichtet, wenn wir sie benennen.

Es ist noch heute einzig die Sprache der Dichter, die jedes beliebige Ding auf der Welt, jedes Lebewesen, jede Pflanze und jedes Tier dem Zusammenhang des Zufälligen und Beliebigen entreißen kann. Besingt ein Dichter einen Kiesel am Bach, das Ziehen der Wolken, den Tanz der Libellen, gewinnt mit einemmal alles Ausdrucksfähigkeit. Es beginnt mit uns zu reden. Es ist untrüglich Träger einer eigenen Seele, und es beginnt im Summen und im Rauschen der Welt eine eigene göttliche Sprache zu reden. Nichts liegt einfach mehr da oder vollzieht sich wie blind, sondern es begabt sich mit Inhalt und Gefühl, es wird zum Ausdruck von Göttlichem. In dieser Weise sprach Jesus von Nazaret über Gott zu uns Menschen. Er nahm unser einfaches Leben. Wenn eine Frau Mehl zu Brotteig zusammenknetete, wenn sie mit einem Palmwedel ihre Wohnung fegte, auf der Suche nach einer Drachme, wenn ein Hirte mit seiner Herde über die Berge zog – einfache Bilder wurden ihm zu Darstellungen der Fürsorge und der Güte Gottes und der Bedeutung, die wir Menschen vor ihm haben. Im Munde Jesu ist es wie eine heilige Korrespondenz zwischen dem, was Menschen fühlen, und was sich verwandelt in Anrede Gottes, und es wird das Rufen der Not und die Sprache des Erbarmens wie ein Chorgesang der Ewigkeit in unserem Leben.

Wie weit ist die Art Jesu, zu uns Menschen von Gott zu reden, so daß es sich vermenschlicht, so daß es sich inkarniert, von dem entfernt, was wir in abgepackten Formeln und abgezweckten Redensarten als die Lehre des Christlichen weitergeben möchten! Wann erreicht das Sprechen von Gott unser Herz oder beschwört menschliche Träume? Gott ist nicht wesentlich zu *denken*, und es gibt keinen Begriff von dem Allmächtigen. Er vielmehr ist diejenige Person, die in ihrer Macht und Freiheit niemals festzulegen ist.

– Was ist denn dein Name, fragt im Alten Testament Mose am brennenden Dornbusch den Ewigen, was soll ich sagen, wenn ich zu meinem Volk komme und sie mich fragen, wie heißt denn dein Gott? Und der Allmächtige sagt ihm: Ich werde dasein als der ich dasein werde. Mit anderen Worten: Keine Erfahrung der Vergangenheit, und wäre sie noch so klug gedeutet, besagt irgend etwas über den Gott, der heute schon beginnt und der morgen sein wird. Er ist noch viel weniger, unendlich viel weniger festzulegen als ein Mensch. Wir mögen jemanden zwanzig Jahre lang gekannt haben, aber plötzlich in seiner Freiheit entdeckt er sich ganz neu und anders. Alles menschliche Nachdenken ist, wie wenn wir mit trägen Schritten den Spuren einer Karawane im Sand der Wüste folgen. Sie geht über Hunderte von Meilen stracks geradeaus, wie nach der Kompaßnadel gezogen, und wir glauben schon, es könne nur so weitergehen. Alles spricht dafür, aber grad, wo wir dies denken, bricht sie rechts aus und ändert den Kurs, und wir hätten es niemals vorhersehen können. Es ist aber der einzige Weg, der zum Brunnen führen wird. – So redet Gott mit uns. Scheinbar narrt er immer wieder die Wissenden, aber in traumklaren Nächten senkt er sich hernieder und berührt mit seinen Lippen unsere Seele. Und so möchte er, daß wir sprächen von ihm und daß wir sprächen zueinander von uns Menschen.

Vielleicht leiden wir am Ende des 20. Jahrhunderts am allerschlimmsten, mehr noch als an den Mißverständnissen der Politik und den Ungleichgewichten der Wirtschaft, an unserer aussterbenden Sprachfähigkeit. Es ist, wie wenn wir die Sensibilität der Rede uns immer mehr von der Flut der Redensarten zerstören ließen. Ein Konventionsdeutsch bombardiert uns von früh bis spät, eine Nachrichtensprache, eine Informationsrede und ein ekstatisches Gekreische, das fast den gesamten Bereich der Kunst zu übertönen droht. Es formt uns auch im Umgang miteinander. Dieser Tage, an einer Telefonzelle, kam ein Italiener auf mich zu und sagte: Ich will telefonieren. Das erste, man ärgert sich. Was *will* er schon, und wieso hat er ein Recht, zu wollen? Es ist aber ganz einfach. Er hat Deutsch gelernt vielleicht nur bis zum zehnten Kurs. Er kann nicht sagen: Ich würde gern ... oder: Dürfte ich wohl ... oder: Möchte ich doch telefonieren können! Es gibt für ihn keine Möglichkeitsformen, keine Umschreibungen, alles ist direkt und einfach. Aber darum reizt es auch. Und hört man nicht richtig zu, wie ein Italiener nach zehn Kursen beginnt, Deutsch zu reden, mißversteht man ihn sofort. Das Schlimme aber ist: wir als Deutsche reden miteinander fast ausländisch, wie wenn wir nur die Sprache bis zum zehnten Kurs des Grundschulunterrichts beherrschen würden. Da ist alles klar, eindeutig ausgelegt und also festgelegt für den anderen. Scheinbar wissen wir es ganz genau. Es würde die Welt verändern, könnten wir zehn Behauptungssätzen mindestens schon einmal zwei, drei Möglichkeitssätze hinzufügen. Es ließe dem anderen Spielraum, es gäbe ihm Atem, mit uns zu reden und Erfahrungen auszutauschen. Und es wäre die Sprache der Bitte statt des Befehls, wenn wir dem anderen nicht sagten: Es muß jetzt ..., sondern: Es wär' so schön, wenn ... und: Ich hätte so gern, daß ... und: Könntest du vielleicht ... Die Zärtlichkeit der Sprache hängt an der Art von Syntax und Grammatik. Wie wir reden, entscheidet mit, ob wir den anderen erreichen oder ob wir ihn endgültig zuschließen vor uns.

Und noch viel weniger haben wir gelernt, die Sprache so zu gebrauchen, daß sie Bilder beschwört, daß sie Träume anregt und daß es sich zurückgibt in Visionen und Symbolen des Göttlichen. Im Grunde ist das Weihnachtsfest viel älter, als wir Christen glauben. Eine sehr viel ältere Geschichte berichteten die Griechen – sie trieben nicht nur Philosophie. Sie erzählten von einem Gott, der geboren wurde, um die Menschen zu heilen. Sein Zeichen ist die Schlange; es findet sich noch heute am Eingang der meisten Apotheken. Der Gott Asklepios wurde geboren von dem Gott des Verstandes, Apoll, und der Göttin der Nacht, der mondgesichtigen, helldunklen Aigle Koronis. Aus der Hochzeit des Tags und der Nacht ging ein Gott hervor, der entdeckt wurde von Hirten zwischen den Tieren und dessen Würde und Größe von einer Himmelsstimme um Mitternacht verkündet wurde. So eng sind die Parallelen zu unserer christlichen Weihnacht – Hunderte von Jahren vor Christus. Was aber die Griechen sagen wollten, war dieses: Ein Gott, der so zur Welt kommt, heilt die Menschen, indem er sie lehrt, ihre Träume zu erzählen. Und darum forderten die Priester dieses Gottes Asklepios die Menschen im Heiligtum am Abend auf, im Tempel des Asklepios zu träumen und am Morgen die Geschichte der Nacht zu erzählen.

Wenn aufscheint, was in den Tiefenschichten unserer Seele verborgen liegt, und wenn wir Menschen finden, denen wir es anvertrauen könnten als etwas Heiliges, würden wir von vielerlei Krankheit genesen und gefeit sein gegen vielerlei Zerrissenheit der Seele und des Körpers. Was Wunder auch: Seit fünzig Millionen Jahren formt sich unser Gehirn aus dem Erbe der Säugetiere, und es trägt in sich viele Bilder – viel älter als die Fähigkeit zu sprechen. Wenn Sie ein Tier grad in den Momenten, wo es beginnt zu träumen, immer wieder aufwecken würden, würde es nach ein paar Tagen schon auf seine Weise wahnsinnig werden. Wir Menschen leben ganz wahnsinnig, in schlaflosen Nächten sprungbereit zum Aufstehen, hindurchgehetzt durch den Alltag und dieses Bilderreichtums des Bereichs, wo ein jeder der Poet seines Lebens ist und einen Gesang des Göttlichen in sich trägt, scheinbar kaum noch bedürftig. – Manchmal geschieht es, wenn man beginnt, einen anderen Menschen zu verstehen, daß er uns belohnt, indem er sich an einen Traum erinnert. In solchen Momenten geschieht etwas Heilendes, und in solchen Augenblicken der Rede kommt etwas von Gott in diese Welt.

Es ist alles so schwer, sagte dieser Tage eine Frau zu mir. Ich hab' keinen Mut mehr, daß es weitergehen könnte. Ich sehe genau, wie mein Leben aussehen könnte, aber ich schaff' es nicht. Immer wenn ich glaube, ein bißchen Glück in Händen zu halten, wird es mir wieder kaputtgemacht, nicht durch die Menschen an meiner Seite, durch mich selber, und ich versteh' es nicht.

Wir einigten uns einen Moment lang auf ein Bild.

Es ist so, sagten wir, wie wenn Sie seit über fünfundzwanzig, dreißig Jahren, seit Ihrer Kindheit wie in Fesseln hätten leben müssen, in einem unsichtbaren Kerker – das stimmte aufs Wort –, und Sie hätten Ihre Gliedmaßen nie wirklich gebrauchen können, für andere schon, die Ketten waren unsichtbar. Jetzt aber wären sie gelöst, und Sie begännen, sich auf die eigenen Füße zu stellen und die eigenen Hände für sich selbst zu gebrauchen. Muß man sich da wundern, daß jeder Schritt und jede Berührung und jede Bewegung schmerzt? Es ist ja, wie wenn das Blut zum erstenmal wieder zirkulieren würde und die abgestorbenen Gliedmaßen dem eigenen Gefühl zurückgegeben würden. Jeder Moment ist wie quälend.

Darauf sagte die Frau:

Genau das träumte ich gestern nacht. Hinter mir stand eine alte Frau, und ich saß in einem Rollstuhl mit einem Kind auf dem Arm. Der Rollstuhl fuhr sehr langsam. Als er an einer abschüssigen Stelle den Berg hinunterzurollen drohte, da mußte ich aufspringen und lief mit dem Kind den Berg hinunter. Und unten war der Rollstuhl, und ich faltete ihn zusammen und gab ihn der alten Frau zurück.

Muß man Träume, die so klar sind, erklären? Sie beschreiben ein Leben, das aus dem Schatten anderer heraustritt und gerade seine Hypothek abwirft. Und es ist wie ein Weihnachtstraum von einem Kind, das noch einmal geboren wird und gerettet wird vor der Gefahr des Absturzes. Man selber aber kann gehen und entdeckt seine eigene Jugend. Solche Wunder wirkt Gott, wenn er zu uns spricht. Es gibt aber keine andere Sprache als unseren menschlichen Mund. Das heißt es, Mensch geworden, Fleisch geworden ist Gott. Und daß wir nur ja nicht zögern vor dem Fleische, wollen wir hinzufügen, daß die Weihnachtsbotschaft das Moment der gesamten Theologie sein könnte und unbedingt werden müßte, das uns daran erinnert, daß auch jedes Tier, jedes Lebewesen eine eigene, göttliche Sprache besitzt. Wir würden nicht in dieser Grausamkeit die Menschwerdung unseres Gottes immer wieder nur dazu benutzen, den Menschen gegen die Natur wichtig zu machen, wenn wir hören könnten, wie Gott auch redet in unseren älteren Schwestern und Brüdern, durch die hindurch wir wurden, was wir sind: ein Teil des kostbaren Lebens, das keine Grenze kennt. Es ist wieder die Sprache der Dichter, die uns zeigen kann, wie heilig alles dadurch ist, daß in ihm Atem wohnt und Kraft zu leben und die Fähigkeit, die Augen aufzuschlagen ins Licht und den Wind zu hören, daß er uns Kunde bringt von anderem Leben. Es ist eine großartige, schöne Welt, die sich Gott bereitet hat, darinnen sein Zelt aufzuschlagen. Und wenn wir's auch nur ahnen: es ist wie der Neuanfang eines verlorenen Paradieses, die Heimkehr der verstoßenen Kinder Evas.

Zum zweiten Weihnachtstag

Die Welt wird erlöst im Namen von Kindern. Dies ist die ganze Überzeugung der Weihnachtstage.

Man braucht die Haltung eines Kindes nicht zu idealisieren, um ihm zwei Eigenschaften, mächtig genug, die Welt zu verwandeln, zuzutrauen. Das eine ist ein grenzenloses Vertrauen, das andere die Fähigkeit, seine unmittelbaren Gefühle jederzeit für maßgebend und richtig zu halten.

Wenn Menschen selbst als Erwachsene diese Haltung von Kindern zu retten vermöchten, müßten wir sie Christen nennen. Kinder haben nicht die Art von Konsequenz, die wir den Glauben nennen, durch dick und dünn eine bestimmte Überzeugung zu befestigen. Kinder sind noch leicht zu verwirren durch Angst und Druck von außen. Wenn wir's vermöchten, als Erwachsene unser Vertrauen und die Überzeugung von der Richtigkeit unserer unmittelbaren Gefühle gegen alle Angst in Gott festzuhalten, so ereignete sich das Wunder, das auf dieser Erde Erlösung prägt: Menschen, die in Gott als ihrem Vater so getragen, so geborgen sind, daß die ganze Welt rings um sie her die unverstellte Güte zurückzugewinnen vermag.

In gewissem Sinn ist das Kind von Betlehem nie erwachsen geworden. Es ist ein wunderbares Kind geblieben, und es hat sich von Anfang an geweigert, bestimmte Dinge zu lernen oder auch nur lernen zu wollen, die wir als Erwachsene für absolut notwendig halten, vor allem, daß man die Menschen nach bestimmten Grenzziehungen einteilen müßte und daß man erst dann ein vernünftiger, richtiger Mensch würde, wenn man diese künstlichen Grenzen im Namen Gottes, der Gesellschaft, der Kirche für richtig und absolut notwendig halten würde.

Die Grenzziehungen der Moral zum Beispiel. Wenn man erwachsen wird im Sinn der bürgerlichen Ordnung, ist die Unterscheidung zwischen guten Menschen und schlechten Menschen außerordentlich wichtig. – Jesus hat sich geweigert, sie zu befolgen. Er gehorchte der Unmittelbarkeit seines Mitleids, dem unmittelbaren Drang des Verstehens, und es gab für ihn die Grenze zwischen Gut und Böse unter Menschen gar nicht. Wie ein großes Kind sprach er, daß Gott, sein Vater, jeden Tag die Sonne aufgehen lasse über Gute und Böse und regnen lasse über Gerechte und Ungerechte. Ihm kam's nicht peinlich vor, inmitten der guten Gesellschaft sich vor aller Leute Augen von einer Ausgestoßenen, einer Dirne, umarmen zu lassen. Ihm machte es gar nichts aus, bei einem anderen Ausgestoßenen, einem Zöllner, zu übernachten. Er war so unverfälscht ein Kind, daß er dem Mann Zachäus wünschte, auch er möge sich fühlen dürfen als ein Kind Abrahams.

Soll man das Mut nennen oder Tollheit? Jesus hat darüber, glaube ich, überhaupt nicht nachgedacht. Er hat gemeint, es solle niemals die rechte Hand wissen, was die linke tut, so selbstverständlich sei das Gute im umfassenden, menschlichen, nicht moralisch abgezweckten Sinn.

Es gibt die Grenzziehungen der Familien, der Blutsverwandtschaft, der ehernen Treue zueinander, der Regelungen der familiären Moral. – Jesus waren sie völlig gleichgültig. Wer den Willen meines Vaters tut, sprach er, der ist mir Schwester, Bruder, Nächster. Was Menschen verbindet, ist die Liebe des Herzens und der Gleichklang der Überzeugungen. Alle anderen Bande zählen gar nicht, sowenig wie für ein Kind. Nicht, welche Frau jemanden zur Welt bringt, zählt für ein Kind wesentlich, aber wer zu ihm gut ist, dies gilt absolut. Wo man sich geborgen fühlt, ist einzig wichtig. Und dies entscheidet sich immer neu. Es wird nicht geregelt durch irgendeine Urkunde.

Es gibt die Grenzziehungen der nationalen und der sozialen Ordnung; es gibt die höheren Kreise und die niederen Kreise. Wie man sich in dem einen Stand benimmt und kleidet, ist sehr abweichend von dem, wie man's eine Etage darunter tut. – Jesus war ein so wunderbares Kind, daß er über diese Unterschiede nur lachen konnte. Nicht, wie weit man sich die Hände vor dem Essen wäscht, macht einen Menschen zum Menschen, nicht, was man in den Mund steckt, macht den Menschen unrein, sondern was aus seinem Herzen kommt, so sprach er. Wie ein Mensch denkt und fühlt, dies fügt zusammen, dies entscheidet über Menschlichkeit, aber nicht die Regeln der Etikette, der Äußerlichkeit und die Albernheit der sogenannten Gutanständigen, die Eitelkeit derer, die stets auf den Zehenspitzen gehen müssen.

Politische und nationale Grenzen – sie waren Jesus so gleichgültig, daß er einen Volksfeind wie den römischen Hauptmann den einzigen nannte, der zu einem Glauben, wie Jesus ihn wünschte, hingefunden habe, anders als sonst in ganz Israel. Dieser Hauptmann sorgte sich um seinen Knecht, der mit Fieber krank darniederlag.

Die Welt wird erlöst im Namen solcher Kinder. Sie lieben umfassend. Sie lassen sich durch nichts zurücktreiben in ihrer Barmherzigkeit, in ihrem Willen zu verstehen, und sie weigern sich, die Logik unseres Erwachsenenlebens zu begreifen. Vieles gibt es im Namen dieser Kinder zu erwähnen, was so vielleicht gar nicht in der Bibel steht und dennoch in ihr leben müßte, in ihr angesiedelt ist, z. B. wie wir mit der Natur ringsum verfahren. Ein Kind kann entsetzt sein, wenn man ein Tier quält oder tötet, es wird nie begreifen, wieso es vernünftig und richtig ist oder aus wirtschaftlichen Gesichtspunkten unerläßlich scheinen mag. Es wird rebellieren gegen die Ordnung von Gewinn und Politik, von Geschäft und Vernunft. Ein solches

Kind wird, wenn es nachdenkt, auch niemals verstehen, wieso wir ein Recht haben, glücklich zu sein, wenn auf dieser Welt Millionen Menschen unseres Glücks wegen keine Chance haben, auch nur fünf Jahre alt zu werden – Millionen, fünfzehn Millionen in jedem Jahr –, wieso das richtig, vernünftig, politisch und wirtschaftlich gerechtfertigt sein soll, und jeder sich einrichtet in seinem Egoismus.

Man muß nur so weiterfahren und wird sofort begreifen, warum das Kind von Betlehem, kaum daß es erwachsen ist, keinen Stein auf dem andern lassen wird, warum es sich sofort wandelt zu einem Zeichen, dem man widersprechen wird. Es stürzt die öffentliche Ordnung, es gibt sich nie zufrieden mit den Einrichtungen, die nur die Angst beruhigen sollen, mit der geordneten Lüge, dem geordneten Haß, dem in Gesetze gekleideten Widerspruch zur Menschlichkeit.

Es ist, wie wir manche große Wissenschaftler sehen, voller Neugier, dazuzulernen, die eigene Sensibilität ständig zu entfalten und sich niemals zu beruhigen, wenn es auf eine Grenze stößt. Ebendieser grenzenlosen Güte wegen wird man ein jedes erwachsen gewordene Kind, das nicht aufgehört hat, unverfälscht und ganz wie Gott es wollte, zu denken und zu fühlen – man wird es hassen und bekämpfen und nach Möglichkeit in seinem Einfluß ausschalten. Denn es stört. Es bringt die ehernen Ordnungen ins Wanken, und dieses Los wird uns Christen, wenn irgend wir ernsthaft leben, nie erspart bleiben können, nicht einmal dürfen.

Der schlimmste Widerspruch geht aus dabei von den großen Kindern, nicht den Kindern Gottes, sondern den Menschenkindern, denen die Menschenfurcht unendlich wichtiger ist als die Ehrfurcht vor Gott. Menschen, die man in gewissem Sinne ständig infantil gehalten hat durch Angst, sie widerstreben und widersprechen dem Kind von Betlehem am meisten, denn sie ertragen die Angst am wenigsten, sie müssen sich am heftigsten schützen und zur Wehr setzen. Und wie Stephanus und Christus zeigen, gibt es nur ein einziges Mittel, die großen Menschenkinder zu beruhigen: indem man beginnt zu lieben, was zu hassen sich unterfängt, zu beten für den, der Worte des Fluchs ausspricht, und gut zu sein zu dem, der verfolgt. Besteht unsere fluchbeladene Welt nicht allzumeist aus solchen großen Kindern, Menschen, die nie gewagt haben, selber zu denken, denn Denken macht angst; nie gewagt haben, für ein eigenes Gefühl geradezustehen, – man muß sich umschauen, was die anderen davon halten –; die nie gelernt haben, ihr eigenes Herz ernst zu nehmen, weil die öffentliche Meinung stets viel wichtiger ist? Nicht, wie man selber lebt und es im Herzen spürt, zählt, sondern was irgendein Führer sagt, irgendeine Autorität behauptet; kein eigener Gedanke, keine neue Überlegung, endlos die

Repetitionen dessen, was man mit fünf Jahren gelernt hat, und immer weiter so. Dieser Terror von großen Kindern ist der schrecklichste auf dieser Welt. Erwachsene, die sich hinstellen mit dem Anspruch der Allwissenheit und Dummheiten reden wie Zwölfjährige, aber mächtige Positionen bekleiden, überaus viel Angst verbreiten können, umhermarschieren mit Orden und Spangen und die Welt terrorisieren im Namen des Gegentyps des Kindes von Betlehem. Jeden Befehl werden sie befolgen, jede Dummheit ausführen, jede Infantilität für richtig halten. Wie erlöst man diese Welt der Menschenkinder im Namen des Kindes Gottes von Betlehem? Diese Frage stellt der zweite Weihnachtstag. Sie zu beantworten, trägt jeder in sich die Möglichkeit, der glaubt. Ihm hat Christus die Macht gegeben, selber ein Kind Gottes zu sein. Und wo irgend er die Grenzen verläßt ins Unendliche der Liebe Gottes, wird die Welt ein wenig wärmer, heller und vernünftiger.

Hütet euch vor den Menschen! Denn: An Synedrien werden sie euch ausliefern und in ihren Synagogen euch auspeitschen. Und vor Statthalter und Könige werdet ihr geschleppt um meinetwillen, zum Zeugnis für sie und die Völker. Wenn sie euch ausliefern, sorgt euch nicht, wie oder was ihr reden sollt. Denn: Gegeben wird euch zu jener Stunde, was ihr reden sollt. Denn: Nicht ihr seid die Redenden, sondern der Geist eures Vaters ist es, der in euch redet. Zum Tod ausliefern wird Bruder den Bruder, und Vater das Kind, und Kinder werden gegen Eltern aufstehen und den Tod ihnen antun. Und ihr werdet gehaßt sein von allen – um meines Namens willen. Wer aber ausharrt bis ans Ziel, der wird gerettet. MT 10,17–22

Was ist an dem Glauben Jesu Christi derart gefährlich und aufrührerisch, daß man seine Anhänger allüberall verfolgt und dem Tode ausliefert? Gewiß schreibt Matthäus bereits aus eigener Anschauung, wenn er Jesus als Weissagung in den Mund legt, was sich in seinen Tagen bereits bitter zu erfüllen beginnt. Jeder, der sich zum Christus bekennt, wird sein Schicksal teilen. Zwietracht wird sein im Reich, im Glauben, sogar im Privaten, bis hinein in die Familien. Woran liegt es, muß man sich fragen, daß die Botschaft der Liebe als allererstes nicht Zustimmung, sondern Haß, die Botschaft der Freiheit zunächst nicht Anerkennung, sondern Unterdrükkung, das Sprechen von Gott als erstes nicht eine tiefere Frömmigkeit, sondern eine noch größere Härte der Gesetzlichkeit hervorruft? Jesus selber drückte es ganz am Anfang seiner Botschaft schon einmal aus: Was er zu sagen habe, sei so neu wie Wein, den man unmöglich in alte Schläuche gießen dürfe, er zerreiße sonst alles. Und dieses kleine Wort enthält schon das gesamte Problem. Wohl daß wir uns von innen her nach all dem sehnen, was in Jesus lebt, nach der Liebe, nach der Freiheit und, als deren Hintergrund, nach Gott. Aber wir sind gewohnt, solange es uns gibt, all diese Inhalte nach außen zu setzen und also gegen uns selber zu richten. Wo gäbe es Orte, an denen man die Liebe leben ließe? Kaum daß sie sich rührt als ein starkes Gefühl, wird man ihr widersprechen, sie einkerkern, unterdrücken, wo immer es geht. Am Ende des 20. Jahrhunderts sind wir in Sachen der Liebe nicht weiter gekommen als am Ende des 19. Jahrhunderts, so will es scheinen. Die Romane und Novellen eines so großen Dichters wie Theodor Fontane könnten immer noch als Spiegel unserer Zeit gelten. In irgendwelchen feierlichen Stunden singt man Lieder, trägt Gedichte vor, genießt den ganzen Kulturrausch, der die Liebe besingt, aber sobald sie ernst zu werden droht, womöglich in der eigenen Familie, gelten andere Interessen; der Standesegoismus, der Dünkel des Geldes, Einfluß und

Intrigen der Macht, immer scheinen sie stärker als die Leidenschaft einzelner, die wir die Liebe nennen. Jesus wollte Partei ergreifen für die einzelnen, für ihre Not, für ihr Suchen, für ihr Wissen um die Liebe. Deshalb ist und bleibt seine Botschaft gefährlich, quer durch die Jahrhunderte. Es nutzt nichts, daß man zur Erläuterung der Worte des Matthäus hier die Zeitgeschichte bemüht und darauf hinweist, daß in jenen Tagen Religion und Staatsmacht ein und dasselbe waren. Jemand, der in Fragen des Glaubens abwich von den Anschauungen der Menge, galt augenblicklich als ein Volksverräter und Staatsfeind. So war das, und so ist es in manchen Gegenden der Welt noch heute. Es steht aber ungleich mehr auf dem Spiel bei all dem, was Jesus brachte, wenn er von Freiheit sprach. Ihm ging es darum, daß ein Mensch, der sich hinstellt vor den anderen, um zu sagen: Ich bin deine Autorität, ich verkörpere das System, ich also bin die objektive Wahrheit, augenblicklich damit zu verstehen gibt, daß er die Menschlichkeit verrät, daß ein Gespräch unter Menschen, wie Jesus es wollte, damit zu Ende geht. Er wollte, daß wir unsere Freiheit zu leben verstünden und an sie glauben als an unser kostbarstes Gut. Frei zu sein bedeutet, zu wissen und zu leben, daß es Wahrheiten gibt, die nur in uns Fuß gewinnen können und die wir aussprechen müssen, weil Gott möchte, daß es uns gibt, mitsamt dem, was wir zu sagen haben. Es ist unverwechselbar und unvertauschbar. Freiheit, das heißt, nichts einfach ungeprüft übernehmen, nur weil es andere sagen oder gesagt haben, als wir noch sehr klein waren. Es bedeutet, dem eigenen Denken genauso zu folgen wie dem Gefühl der Liebe im eigenen Herzen. Und diese beiden Kräfte machen uns zu Menschen: die Liebe und das Denken. Daß beides zusammenkommen könnte, meint Jesus, wenn er von Gott spricht, den er seinen und unseren Vater nennt. Und das gerade macht aus der gesamten Religion etwas völlig Neues. Es wäre so Religion nicht mehr eine feierliche Veranstaltung, von außen gestützt, aus Tradition beglaubigt, nach Riten geregelt, es wäre Gott unmittelbar eine Kraft in uns selber. Das ist das Ende von jeder Art der Außenlenkung, der Verfügung durch Dritte in unserem Leben, es ist der Beginn *geistigen* Existierens. Da ist es, wie wenn der Frühlingswind hereinweht und die gläsernen Brücken des Eises über den Seen und Flüssen abschmilzt. Da ist es, wie wenn, was früher noch Halt war, jetzt sich als morsch erweist und einstürzt. Es gibt etwas Stärkeres als Zwang, Befehl und die scheinbare Allmacht der Angst; die Sprache der Einschüchterungen verliert ihre Wirkung, denn wir beginnen, Menschen zu sein im Sprechen von Gott. Wohl daß es uns selber ungeheuerlich vorkommen mag, womöglich im Widerspruch mit allem ringsum leben zu sollen. Ob wir dem denn geistig gewachsen wären, wird man sich fragen, und was wir zur Rechtfertigung vorzubringen hätten, wenn nicht einmal die eigenen Angehörigen, die eigenen Eltern, die eigenen Kinder, die eigenen Verwandten an unserer Seite stünden und es sozusagen eine Heimat nicht gibt. Es ist die schönste und wichtigste Versicherung des ganzen Neuen Testaments: was immer sein werde, wir brauchten uns nicht Sorgen zu machen, Gott selber, sein Geist, werde in uns sprechen. Daß wir dessen Tempel sind, sollte unser ganzes Leben sein, so weit, so frei, so warm, so mutig, so himmelhoch.

Stephanus aber, voll Gnade und Kraft, tat Wunderdinge und gewaltige Zeichen im Volk. Doch auf standen einige der Leute aus der sogenannten Synagoge der Libertiner und Zyrener und Alexandriner und der Leute von Zilizien und Asia, um mit Stephanus zu streiten. Und sie konnten der Weisheit und dem Geist seines Redens nicht widerstehen.

Als sie das hörten, wußten sie in ihren Herzen nicht ein noch aus. Und sie knirschten mit den Zähnen wider ihn. Voll heiligen Geistes aber, zum Himmel sich wendend, sah er Gottes Herrlichkeit und Jesus stehend zur Rechten Gottes. Und er sprach: Da! Ich schaue die Himmel: durch und durch offen und den Menschensohn stehend zur Rechten Gottes. Sie aber schrien mit gewaltiger Stimme, hielten sich die Ohren zu und stürmten einmütig auf ihn los. Und sie trieben ihn aus der Stadt hinaus und steinigten ihn. Und die Zeugen hatten ihre Obergewänder zu Füßen eines jungen Mannes niedergelegt, der Saulus hieß. Und so steinigten sie Stephanus, während er ausrief und sagte: Herr Jesus, nimm hin meinen Geist! Und in die Knie sinkend schrie er mit gewaltiger Stimme: Herr, laß ihnen diese Sünde nicht stehen! Das sprach er und verschied. APG 6,8–10;7,54–60

In gewissem Sinn ist die Zusammenstellung erschreckend: Da hören wir grade noch vom Frieden und vom Gesang der Engel über den Fluren von Betlehem, und einen Tag darauf Verfolgung und Gericht, Zerstörung der Familien, Tod und Bekenntnis – und das alles mitten in ein und derselben Festtagszeit. Das Christentum hat einen eigentümlichen – Humor, muß man schon sagen. Doch das Ganze ist stimmig, vorausgesetzt, man nimmt manche Texte am Rande dessen, was sie selber sagen wollen, löst sie aus ihrer Zeit heraus und versteht sie den Worten nach anders, als sie sich selber geben.

Die Gestalt des Erzmartyrers Stephanus, die wir heute feiern, hat für die frühe Kirche eine entscheidende Weichenstellung bedeutet. Nach allem, was wir wissen, repräsentiert er eine Gruppe von Christen in Jerusalem unmittelbar im ersten Jahrzehnt nach der Hinrichtung Jesu, die aus den Heiden, aus den Griechen, wie man sagt, ins Judentum gekommen sind. Sie bekennen sich sehr bald zu Christus als dem Sohn Gottes – ein Bekenntnis, das auf den höchsten Widerstand der Synagoge trifft. Grad der Glaube, der uns ganz gewöhnlich ist in der Sprechweise und Vorstellung, bricht die Kirche, die sich zu Jesus bekennt, mit Gewalt aus dem Judentum heraus, und die Spannungen sind tödlich, für die Schwächeren zunächst, für die am Anfang Stärkeren Jahrhunderte danach – ein Ringen zwischen Judentum und Christentum, das das ganze Abendland prägen wird. Historisch besehen, ist die Gestalt des Erzmartyrers Stephanus samt der Rede, die Lukas ihm in der Apostelgeschichte im 7. Kapitel in den Mund legt, der Anfang des christlichen Antijudaismus, Antisemitismus. Mit dieser Rede beginnt es: Die Juden sind schuld am Tode Jesu, sie sind die Gottesmörder, sie sind die Antichristen, die Werkzeuge des Satans. Die Botschaft der Liebe Jesu ist selber noch nicht zehn Jahre alt, und man hat mitten in der Kirche diese Formeln, Denkvorstellungen, macht sie sich zur Pflicht im Bekenntnis zu Jesus. Es mag sein, man betet noch für die Verfolger, aber die Zeit läßt nicht auf sich warten, und man wird alle die von Sünde freisprechen, die gegen die Juden zu Felde ziehen, gegen die Heiden insgesamt. Es werden diejenigen heilig sein, die die Feinde des Christus – auch physisch – ermorden, Leben gegen Leben. So hat das gewirkt, und so mußte es, geschichtlich, wohl wirken.

Es gibt dagegen, soweit ich sehe, nur eine einzige Rettung: indem man alle Gegensätze, die die Religion formuliert, vom Äußeren wegzieht, aus ihren Entstehungsbedingungen herauslöst und begreift, daß manchmal geschichtlich einen Augenblick lang etwas auch äußerlich hart gegeneinander stehen kann, das man in seiner Tiefe erst begreift, indem man es als Wesensgegensatz inwendig, als Problem eines jeden Menschen und jeder Religion zu allen Zeiten und Zonen begreift und erklärt. Dann freilich geht es um einen Konflikt und Kontrast, den wir immer wieder lösen müssen, den Gegensatz, ob wir Gott wesentlich begreifen als Gesetzgeber richtiger Anweisungen, geschriebener Formeln, die unser Leben regeln sollen, oder als diejenige Macht und Person, die unabhängig zunächst von all dem, was wir tun, dazu steht, gewollt zu haben, daß wir sind. Zwischen diesen beiden Welten trennen sich immer wieder die Bekenntnisse in jeder Religion. Diejenigen, die eine bestimmte Glaubensform organisieren, verwalten, festschreiben möchten, müssen den Anteil der Gesetze betonen und werden sich weigern, zu sehen, daß alles, was man äußerlich sagen kann, zwar einen Schutz zu geben scheint wie die harten Kalkschalen den Weichtieren, den Muscheln, daß wir Menschen jedoch diese Art von Panzerschutz nicht vertragen, daß er uns irgendwann erstickt und den Raum zum Leben nimmt durch falsche Sicherheiten. Sie werden auch nicht sehen wollen, daß diese Art der Angstberuhigung schließlich den Terror vermehrt. Es ist ja möglich, daß man dem einzelnen seine Angst aus der Seele stehlen kann, die es ihn kostet, ein Mensch zu sein; man kann seine Freiheit auflösen, indem man seine persönliche Angst überführt in allgemeine Regelungen, kollektiven Zwang. Dann existiert irgendwann eine Kirche, die zu jeder Frage, die man stellen könnte, schon vorweg die passende, richtige, beruhigende Antwort hat. Man muß fortan nur noch tun, was gesagt wird, und es gibt keine Beunruhigung mehr; man ist Gottes und des ewigen Heils absolut sicher, richtet man sich danach. Aber dieses System der Angstberuhigung besteht selber nur aus Angst, ist starr und fest und tötet. Sein Sprechen von Gott ist eine Ideologie, die mit der Angst die Vernichtung weiterreicht und nur verschiebt. Es ist lediglich eine Frage, wieviel Macht sie hat, sich auszutoben, und man wird sehen, wieviel Schaden sie anrichtet.

Die anderen werden darauf bestehen, daß Gott *innerlich* zum Menschen redet, wesentlich zum Herzen, und daß seine Art, sich uns mitzuteilen, die Form heiliger Geschichte annimmt. So etwas lebte in Stephanus, dieser Erzählung entsprechend, so daß er im Tod den Himmel offen sah und den Menschensohn an der rechten Seite des Thrones Gottes. Ihm ist das ein Gerichtsbild; Jesus selber wird Gericht halten über seine Gegner. Aber der Ansatz stimmt. Wesentlich lebt Gott, indem wir ihn – und sei's am Rand des Todes – schauen mit den Augen der Seele. Es gibt Einsichten, die uns unmittelbar werden und in der Freiheit gelebt werden müssen. Und zwischen diesen beiden Größen, dem Jubel der Freiheit, die die innere Angst besiegt durch die Kraft des Vertrauens, und dem Errichten der festen Gebäude der Religion müßte es eine fruchtbare Wechselwirkung geben; isoliert sind sie sich beide selber zum Schaden.

Es müßte möglich sein, Formen aus innen zu entwickeln, die sich immer wieder zurücknehmen, wenn es das Leben erwartet. Nie sind sie absolut, sondern brauchbar vielleicht zu ihrer Zeit. Und die Ebene der Visionen und der Weisheiten des Herzens müßten sich einbringen, mitteilen lassen, Menschen den Mut geben, sich selber zu leben, und sich darin fortsetzen. Dann kann es sein, daß Auseinandersetzungen nötig sind, die sogar die Verbindungen von Menschen sprengen, die sich natürlicherweise auf das innigste nahestehen. Es kann sein, daß zur Vermenschlichung, zum Weg der Freiheit Eltern nicht mehr begreifen können, was ihre Kinder wollen, und sie's ihnen nicht mehr sagen können, daß Krisen nötig werden sogar bis zur Grenze dessen, was Menschen miteinander noch aushalten und verstehen, und es gäbe diesen Mut, Konflikte nicht zu scheuen, wenn denn die Wahrheit innerlich ist, wenn sie nach außen womöglich Gefahr und Zerstörung zu bringen scheint, aber Menschlichkeit schafft. Es kann nicht darum gehen, eine Wahrheit zu haben, die in einer bestimmten Formel, einer bestimmten Formulierung ein für allemal gilt und für die man dann blankzieht und durch die Welt fährt, um jeden zu bedrohen, der sie nicht wortgetreu nachspricht. Aber es gibt Wege zur Menschlichkeit, die würden erstickt werden durch Angst. Sie muß man gehen, koste es, was es wolle. Es gibt keinen Weg daran vorbei, Person und Mensch zu sein. Angst ist kein

Argument, sondern der Anfang, das Motiv zur Überwindung der Fesseln, eine Aufgabe, das Vertrauen tiefer zu lernen. Und dann kann es sein, wir wissen nicht zu sagen, nicht zu begründen, argumentativ zu rechtfertigen, was wir von Christus gelernt haben. Es gilt diese Verheißung: Wenn es darauf ankommt, redet Gott selber aus unserem Herzen. Nicht viel zu lernen ist da und vorwegzuwissen, aber sich einzulassen auf die Stunde, wenn es darauf ankommt.

Auf der einen Seite sagt es sich schön: Wir dürfen sein wie Kinder, wir dürfen das Leben noch einmal beginnen, es gibt diese Gnade Gottes, die möchte, daß wir sind. Das ist die Botschaft von Weihnachten. Worauf wir jedoch gefaßt sein müssen, ist eine Welt von lauter Erwachsenen, die es nicht verträgt, wenn Menschen noch einmal anfangen, eine Welt von lauter endgültig Richtigen, die sich weigert, zu akzeptieren, daß da Menschen noch einmal lernen wollen, eine Welt von nützlichen, praktischen Charakteren, die nicht möchte, daß die Gnade allzu ernst genommen wird. Und zwischen beiden ist es wie mit den Eisblöcken des Winters und der Milde des Südwinds in den ersten Frühlingstagen: Der Gegensatz bringt alle Flüsse zum Überschwemmen, löst alle Sicherheiten auf, aber so beginnt das Leben.

In gewissem Sinne bleibt es dabei, daß Bilder selbst in ihrem Kontrast oft mehr auszusagen vermögen, als wir in unserem Bewußtsein zulassen. Der Kontrast zwischen dem Weihnachtsevangelium und der Erzählung von der Ermordung des Stephanus ist wie der Gegensatz von Licht und Schatten. Im Bewußtsein zugelassen ist die übliche Deutung dieser Szene, wie wir durch das Bekenntnis zu Christus als dem Sohn Gottes, getragen selbst von göttlicher Gnade, standhaft sein müssen in unserem Glauben und, belehrt durch das Zeugnis der Heiligen, beginnend mit dem Erzmartyrer Stephanus, vor Gottes Thron gestellt sind, um durch unsere Standhaftigkeit der Welt ein Beispiel und Zeugnis zu geben. Stephanus selber verkörpert dabei die Haltung des Martyrers schlechthin, wie er, in göttlicher Weisheit redend, zum Opfer seines Bekenntnisses wird und selbst im Angesicht des Todes der Gnade und des Beistands Gottes gewiß ist. Es öffnet sich ihm in einer großen Vision der Himmel, und er sieht seinen Herrn und Richter, den Heiland Jesus Christus, an der Rechten Gottes stehen, bereit zum Gericht. Er aber, der zusammenbrechende Mensch, bittet Gott um sein Erbarmen. So mutig und gut und klar im Bekenntnis und bereit zur Vergebung sind wir Christen. Ein Beispiel ist uns gegeben.

Das ist die übliche Auslegung des Textes, und sie ist im Bewußtsein nicht nur zugelassen, sondern höchst erwünscht. Um so mehr Grund haben wir, darüber nachzudenken, was hier auch als Schatten über die christliche Geschichte fällt. Es ist gerade der Kontrast, der nicht zu übersehen ist und der uns am Ende des 20. Jahrhunderts, ob wir wollen oder nicht, zum Geständnis auch dessen zwingt, was Erzählungen dieser Art – und sie gehören zu den frühesten – angerichtet haben. Denn so großartig wir Christen in unseren Vorbildern dastehen, so übel fällt es den Juden aus. Kaum ist Christus geboren, da hören wir, daß sie die Mörder des Christus sind, und ärger noch, die Sache hört nicht auf, sondern eskaliert. Sie sind in penetranter Hartnäckigkeit die Mörder all derer, die sich zu Christus bekennen. Dies ist der Schatten unseres Bekenntnisses zu Jesus von Nazaret, daß es das Volk, aus dem er selber kam, ausgrenzt und diffamiert. Es ist ein Heiligenbild, wie gemalt auf schlecht angelegter Grundierung, die durch den Zersetzungsprozeß sich wieder sichtbar macht gegen die Übermalung. So kann es nicht gewesen sein, daß die Juden schuld sind an allem und wir Christen unschuldig, rein und heilig. Zumindest werden wir auf ein Problem aufmerksam, das wir bis heute nicht gelöst haben und das offensichtlich mit der Art, wie wir Jesus von Nazaret aufgenommen haben, auf das engste zu tun hat.

Es ist an ein Stück schmerzhafter Geschichte hier zu erinnern, und sie besteht darin, daß die Botschaft Jesu, kaum zehn Jahre alt, in Jerusalem selber mit glühender Liebe und Leidenschaft interpretiert wurde, vermutlich vom Kreis um den Diakon Stephanus, der sich in anderen Worten ausdrückte, als sie für jüdische Ohren erträglich sind. Eine Gruppe in Jerusalem, die aus dem sogenannten Hellenismus kommt, aus dem griechischen Denk- und Sprachraum stammt, hat in Jesus den Messias Israels erblickt und, mehr noch, entsprechend Psalm 2 und Psalm 110, wie sich deutlich nachweisen läßt, in ihm als dem König Israels den Sohn Gottes erkannt. Im Psalm 2 steht geschrieben: Mein Sohn – sagt Gott – bist du, heute habe ich dich gezeugt. Es ist ein hochmythischer Text, der im Judentum so nie wörtlich genommen wurde, in diesen hellenistischen Kreisen aber zum metaphysischen Hintergrund der Gestalt Christi genommen wird. Er ist ein Bekenntnis, das Jesus selbst so nie geteilt hätte. Wir hören im Evangelium ganz deutlich, daß er den Messiastitel abwehrt. Er will nicht, daß man ihn so nennt, und als der reiche Jüngling zu ihm kommt und ihn in der Anrede auch nur als »guter Meister« bezeichnet, weist er ihn zurecht. Was nennst du mich gut, sagt er, nur Gott ist gut. So wenig wollte Jesus, daß man ihn verehrt oder vergöttlicht und in den Himmel erhebt. Er wollte nichts weiter sein als ein Weg zu Gott, als eine Brücke der Menschlichkeit im Vertrauen zu der Macht, die uns trägt. Dazwischen liegt ein gewaltiger Graben, den wir in der Dogmatik und im christlichen Sprechen ständig zuschütten. Jesus aber war ein Jude, er war nicht ein Grieche, und die Übertragung des Glaubens an Jesus von Nazaret in das Sprachspiel der Griechen schafft auf dem Boden des Neuen Testaments selber einen enormen Kontrast, der sehr bald auf Leben und Tod ausgetragen wird.

Es ist ein fertiger dogmatischer Anspruch, der sich hier geltend macht in der Person des Stephanus. Wir können sogar noch genauer in den Text hineinschauen. Er gibt ein Stadium der Glaubensentwicklung wieder, in dem man die Göttlichkeit Christi noch nicht festmacht an der Auferstehung am dritten Tage. Die Art, wie man den Tod Jesu hier deutet, ist die, daß Jesus in den Himmel erhoben wurde. Das Dogma der Himmelfahrt ist früher als das von der Auferstehung. Und so sieht Stephanus den Himmel offen und Jesus erhöht zur Rechten des Vaters. Es ist ganz deutlich, daß für jüdische Ohren solche Lehren Häresie sind, Gotteslästerung sind, indem sie dem gesamten Anliegen des Alten Testaments ins Gesicht schlagen.

Die nächste Stufe der Entwicklung finden wir im 14. Kapitel des Markus vor uns. Dort läßt man den Hohenpriester Worte reden im Prozeß gegen Jesus, die er historisch nie gesprochen haben kann. Bist du der Messias, fragt er, der Sohn des Höchsten? Und als Jesus bejahend antwortet, wird dies der Grund des Todesurteils. Mit anderen Worten: Man verlegt den Glauben dieser hellenistischen Gruppe in Jerusalem in die Geschichte Jesu hinein. Es ist das Bekenntnis zu Christus als dem Sohn Gottes, das die Juden als Mörder am Sohn Gottes selber erweist. Und jetzt steht für Jahrhunderte, bis in unser Jahrtausend hinein, in einem schrecklichen Gegensatz, den wir so nicht dulden können, daß wir uns bekennen zur Wahrheit des Christus, der die Welt erlöst hat, und die Juden davon ausschließen, die seine Ermordung begründet und exekutiert haben.

Es darf am Ende des 20. Jahrhunderts so nicht mehr bleiben, daß wir Christus lehren, indem wir Menschen verurteilen. Selbst wenn wir für sie beten, Gott möge ihnen vergeben, ist das erste, was wir über sie erklären, daß sie schreckliche Mörder sind. Dieser Schatten des Christusglaubens muß aufgehellt und ausgeleuchtet werden. Zugegeben, daß es viele Gründe dafür gab, wie sich die Dogmatik des Christentums formte, unsere Glaubenslehre herauskristallisierte und wie sie bereits zehn, zwanzig Jahre nach dem Tode Jesu ihre Struktur und ihren Inhalt gewann. Es kann nicht darum gehen, die eigene Geschichte völlig umzuwünschen; den Gewinn, den wir aus ihr ziehen, müssen wir achten und bewahren. Aber den Preis, den es gekostet hat, müssen wir entrichten, indem wir die Schuld abtragen, die wir als Christen auf uns genommen haben. Daran führt kein Weg vorbei.

Sie mögen denken, das sei eine merkwürdige Auslegung: Stephanus ist ermordet worden, aber die Juden werden in Schutz genommen. Ja, grade so. Ein Bekenntnis zu Jesus Christus kann so lange nicht richtig sein, als es andere Menschen in ihrem Bekenntnis zu Gott zum äußersten Widerstand treibt. So wollte Christus nicht, daß man die Liebe, die er universell glaubte, verkündet. Denn es geht ja weiter. Das Christentum übernimmt mit seiner Lehre aus dem Heidentum, aus dem Hellenismus Vorstellungen, die bei den Völkern gebräuchlich sind. Die Römer, die Griechen, die Ägypter, sie alle glauben an einen König als Sohn Gottes. Dies ist nicht das Neue und Ungewöhnliche, wie es uns heute scheinen mag; es war zur Zeit der Entstehung des Neuen Testaments absolut normal, solche Vorstellungen zu pflegen und zu hegen. Das Christentum übernimmt diese Vorstellungen aus seinem Kulturraum, aber es fügt hinzu die Unerbittlichkeit des Bekenntnisses zu Gott im Sinn des Alten Testaments, es ist exklusiv und einzigartig. Es sitzt zu dieser Zeit völlig zwischen den Stühlen. Für die Augen der Römer ist die frühe Kirche nichts weiter als eine jüdische Sekte, sie fällt überhaupt nicht auf. Für die Juden aber ist die frühe Kirche ein Abschaum des Heidentums, und zwischen diesen Klammern formt sich das Bekenntnis zu Jesus Christus. Dadurch auch, durch den Druck von außen, entsteht der Druck des Rechthabenmüssens gegen eine ganze Welt von innen. Viel an Rechthaberei, an Exklusivitätsdenken, an Revanchedenken liegt mit in der Psychologie des Christentums.

Aus all dem bleibt eine Aufgabe, die wir sehen und lösen müssen. Wir haben zweitausend Jahre danach im Christentum noch immer keine Sprache gefunden, die so ist, daß das Volk, aus dem Jesus kam, uns verstehen könnte. Wie predigen wir den Juden Jesus Christus, und wie verkündigen wir ihn den anderen Völkern so, daß sie verstehen, daß Gott sie alle umschließt, und so, daß es keine Grenzen gibt? Das war der Wunsch, den Jesus von Nazaret hegte: Es sei der Tempel ein Haus des Gebetes für alle Völker.

Dieser Tage hörte ich einen großen bekannten Juden sagen: Ihr Christen predigt den Judenglauben für die Völker, für die Heiden, ihr seid das Judentum plus dem Heidentum. Tut das, wir Juden haben nichts dagegen. Dem sollten wir hinzufügen: Wir müßten den Glauben der Völker zurücktragen in die heilige Stadt, nach Jerusalem, und es müßte sein, was der Prophet Jesaja im 40. Kapitel sprach: Sprecht zu Jerusalem freundlich. Tröstet, tröstet mein Volk. – Es dürfen keine Steine mehr und keine Worte der Verleumdung ausgetauscht werden zwischen Juden und Christen. Diese Geschichte war zu blutig, und der Preis einer solchen Legende wie der von der Ermordung des Stephanus ist zu hoch, wenn wir nicht klarsehen.

Es gibt nur ein Bekenntnis zu Jesus Christus, und das ist das der Liebe. Wer von Jesus sagen kann: Er wurde mir mitten im Dunkel der Verzweiflung ein helles Licht, kann wie das frühe Glaubensbekenntnis sagen: Er ist das Licht vom Lichte. Wer sagen kann: Er ist derjenige, der mit seiner Person mich trägt über dem Abgrund, und ich wüßte ohne ihn nicht zu leben, der kann wie das Johannesevangelium sagen: Er ist der Weg, die Wahrheit und das Leben. Und wer von ihm sagen kann: Er hat mich gelehrt, Mut zu gewinnen, in dieses endliche, schmerzhafte, ängstigende Leben mich hineinzugeben, der kann sagen: Ich weiß, daß er den Tod überwunden hat und daß sein Weg eine Erlösung ist aus dem Kessel der Angst und der Verzweiflung; für mich steht er an der Rechten Gottes, und seine Güte ist das Maß für alle Zeit. – Diese Sprache ist gebunden an Erfahrungen, und sie läßt sich verstehen von jedem, der ähnliche Erfahrungen gemacht hat. Sie hat keinen Anspruch auf Rechthaberei gegen andere. Sie ist eine Einladung für alle Völker. Mehr wollte Jesus niemals, als für Gott so zu werben, daß es alle anzieht. Diese Sprache müssen wir lernen, über Stephanus hinaus. Es wäre Teil seiner Weisheit.

Zu Neujahr

Was ist Zeit?

Wenn ich für mich allein bin, weiß ich es, schrieb der heilige Augustinus in seinen »Bekenntnissen«, wenn man mich fragt, weiß ich es nicht. Jahre in unserem Leben, Jahrmillionen im Leben der Arten sind dahingegangen, ohne daß es ein Zeitempfinden hätte geben können. Die Orientierung im Raum war das einzige, ehe sich Augen bildeten und fähig wurden, das Licht aufzunehmen, und als erstes Gefühl für ein Maß der Zeit der Rhythmus vom Aufgang und Untergang der Sonne einsetzte, der Rhythmus von Wärme und Kälte, vom Steigen und Fallen, von Ebbe und Flut.

Was ist Zeit?

Die ersten Antworten in der Geschichte der Menschen wurden gegeben nach den Rhythmen der Sonne und der Gestirne: ein ewiger Kreis sei die Zeit. Sie sei, sagten die alten Ägypter, wie eine Schlange, die sich selbst in den Schwanz beißt. Sie häutet sich und verjüngt sich immer wieder neu, aber ihr Leib umhüllt uns wie ein unentrinnbarer Kerker, und alles dreht sich und dreht sich, vergeht und kehrt wieder, wir aber sind flüchtig darinnen. – Die Zeit, sagten die Inder, ist wie eine Frau von blühender Schönheit, alles gebiert sie und bringt sie hervor, doch alles verschlingt sie und nimmt sie zurück.

Ungeheuerlich ist die ungeheure Zeit, in der wir hervorgebracht und zurückgenommen werden, unwiderruflich. Wir sind noch nicht zur Welt gekommen, da tragen wir im kleinsten Zellverband bereits die Stundenuhr des Todes in uns, das Programm nicht nur der Zusammenfügung, sondern bereits der Auflösung. – Ein junger Mann, der für seelisch krank gehalten wurde, träumte Nacht für Nacht den Alptraum der Zeit: eine riesige Uhr, deren Zeiger sich drehten, unerbittlich, Stunde für Stunde. Er selbst aber war mit seinem Kopf an der Zwölfzahl befestigt, und je näher der lange Zeiger rückte gegen die Zwölf, um so unerbittlicher drohte er selbst getötet zu werden. Mit aller Anstrengung versuchte er, im letzten Moment den vorrückenden Zeiger von seinem Hals wegzuschieben. Aber es gelang ihm nicht, denn seine Kräfte reichten nicht aus. Schreiend und schweißgebadet wachte er auf. – Wir können die verrinnende Zeit niemals aufhalten, aber wir können sie nutzen.

Wie bringen wir es fertig, daß wir nicht nur in der Zeit sind als ihre Produkte und ihre Schlachtopfer, sondern daß wir sie leben und gestalten?

Die Ägypter meinten, daß es nicht nur die Schlange im Kreis gibt, um die Zeit zu bedeuten, sondern eine Berührung des Menschen mit den Sphären der Ewigkeit. Die Ägypter glaubten an das Rückgrat des Gottes, der stirbt und wieder aufersteht. Und gradeso trügen wir's in unserem Wesen, eine Ausrichtung, nicht preisgegeben an die Horizontale, sondern Erde und Himmel verbindend, wenn wir uns aufrichten aus dem Dämmerzustand der Unbewußtheit, wenn wir das Leben begreifen, bevollmächtigt durch den Anruf einer anderen, ewigen Welt.

Es fällt uns schwer, diesem Anruf zu folgen, denn der Kreislauf scheint zu beruhigen. Nichts Neues gibt es unter der Sonne, versichert das bittere oder tröstende Wort des Predigers. Die Zeit dreht sich wie der Wind immer im Kreis wie ein taumelnder, trunkener, tanzender Gott in Südindien, in einer Mandorla aus Feuer, getrieben von Leidenschaft, immer im Kreis, in den Rhythmen stampfender Musik, und niemand weiß, ist dies Lust oder Leid, bis daß es aus Erschöpfung zusammenbricht. Der Kreislauf beruhigt, denn es gibt nichts Neues, richten wir uns ein im Bekannten, und die Vergangenheit schon ist das Versprechen der Zukunft. Nur wie es war, braucht es weiterzugehen. Je mehr wir selber geprägt sind vom Druck der Vergangenheit, je mehr unsere Seele wie weiche Tonmasse geprägt und geformt ist vom Druck der zurückliegenden Zeiten, desto weniger werden wir ein eigenes Leben und eine eigene Zeit uns zutrauen. Der Gedanke, es könnte etwas wirklich Neues geben, wird uns erschaudern lassen, denn neu, das ist ungewohnt, unvertraut, noch nicht erprobt, nicht vorweg geregelt, noch nicht zu beantworten nach festgelegten Schemata. Das Neue ist das Beunruhigende, das zu Fürchtende. Wenn es denn Zukunft gibt, müßte sie geplant sein so wie der morgige Tag bei der Bundesbahn nach demselben Fahrplan wie der gestrige. Nur dann würde man die kommende Zeit aushalten, wenn sie nichts Neues gebiert.

Wir aber halten als Menschen die Zeit nicht aus in der Monotonie, in der Leere, im immer gleichen Wahn desselben. Des Menschen Leben, sagt der Psalm, währt siebzig Jahre, und wenn es hoch kommt, achtzig Jahre, und all ihr Währen ist nur Plage und Mühe. Verbracht haben wir unsere Zeit wie einen Seufzer. Drum lehre mich, Herr, das Maß meiner Tage, daß ich erkenne, wie vergänglich ich bin.

Es gehört die ganze Kraft des Glaubens dazu, sich nicht in die Zeit hinein zu verlieren, an die Erde gedrückt und ausgeliefert fremden Gesetzen, gelebt nach fremden Anweisungen, sondern unser Leben zu ergreifen voller Schöpferkraft, voller Phantasie, das Neue träumend, weil es in uns liegt, das Neue gestaltend nach dem Maß unserer Träume. Es ist eine absolute Grenze der Menschlichkeit, ob wir im Kreislauf der Zeit leben oder in der geraden Linie des Lebens der Freiheit, der Verantwortung, der persönlichen Bestimmung. Erst wenn wir selbst uns fühlen als Menschen, die es gibt, als Wesen, die ein unvertauschbares Ich besitzen, wenn wir beginnen zu begreifen, welch eine Kostbarkeit in unserem eigenen, unvertauschbaren Leben liegt, werden wir die Vergangenheit der fremden Bestimmungen abschütteln. Es ist, wie wenn wir uns an einem Morgen die Augen reiben und dieselbe Welt noch einmal zu sehen beginnen. Wir sind nicht mehr Vergangenheit, aber wir haben sie, dürfen sie durchgehen, beginnen uns zu begreifen in dem, was wir waren, und blühen aus dem Schoß der Zeit auf zum Leben, denn es gibt uns selber, winzige Abrisse in den riesigen Räumen der Zeit und doch getragen im Unendlichen. Schon daß wir sind, bedeutet etwas absolut Neues im Getriebe der Welt. So wie wir sind, gab es noch niemals etwas vor uns und wird es niemals mehr etwas geben. Ebendies macht unsere Zeit so unendlich kostbar. Und keine schönere Bestimmung ist, als Zeit zu erleben wie einen langsam reifenden Gottesdienst der Dankbarkeit und des Glücks.

Es mag zwei Weisen und zwei Arten geben, Zeit zu erleben. Ist unser Kopf leer und unser Herz hohl, so dehnt sich die Zeit in unendlicher Langeweile. Dann schlagen wir die Zeit tot, wir bringen sie um, wir hauen sie auf den Kopf, ja wir schlagen uns selber gewissermaßen zwischen die Hörner, denn diese Zeit ist eine höllische Qual, wir wollen sie nicht, nur daß wir ihr nicht entrinnen, niemals entrinnen. – Es gibt die andere Weise der Zeit. In ihr zieht sich der Augenblick zusammen in einer ungeheuren Intensität, als bliebe die Sonne stehen und als verdichtete sich die ganze Welt zu einem einzigen Moment hier und jetzt voll gespannten Glücks, einem einzigen Nu. So ist die Zeit wie ein Bild der Ewigkeit, als bliebe alles stehen und es gäbe nur das Jetzt, eine Schale voll Glück, einen Moment, der sich aufhebt und in dem der Himmel der Erde nahe ist. Es gibt den Alptraum der Zeit, und es gibt den Himmel der Zeit. Es gibt den Abgrund der Zeit, und es gibt die Berufung zur Seligkeit.

Was soll man an diesem Morgen einander wünschen? Wir würden das Neue nicht ersehnen, wenn wir's nicht als Verheißung in uns trügen. Alles andere wäre nur fremd, anders und wie eine Zufügung. Das wirklich Neue ereignet sich stets dann, wenn wir es gesucht haben ein Leben lang, und wenn wir es finden, ist es unser tiefstes Glück. So wollen wir einander wünschen, daß es Neues gibt in unserem Leben und daß wir das Neue behalten in alle Ewigkeit, daß Träume reifen zu ihrer Erfüllung und die Erfüllung zur Verheißung wird und die Verheißung zu immer neuer Befriedigung, niemals mehr ein Kreis des Verschleißes, sondern eine Spirale, eine Treppe zwischen Erde und Himmel.

Es muß vor mehr als zweitausend Jahren gewesen sein, als ein uns unbekanntes Volk ein wunderbares Sinnbild schuf für den Umgang mit der Zeit. Wohl vom Persischen Golf aus, von der Insel Bahrain, wagten damals zum erstenmal Seefahrer mit ihren schwachen Booten sich hinaus auf das offene Meer. Sie hatten vor ihren Augen keine andere Vision als die Straße der Sonne, das Band des Äquators. Dorthin wollten sie segeln und rudern. Und ohne es zu wissen, erreichten sie im Indischen Ozean die Inselgruppe der Malediven, eine Perlenkette von Eilanden, aufgereiht wie ein Band. Insel für Insel betraten sie das unentdeckte Gebiet mitten im Meer und errichteten auf jeder der Inseln einen Tempel der Sonne. – Könnten wir glauben und hoffen und einander wünschen an diesem Morgen, unser Leben möchte so sein, getragen von Wagemut und Freude des Entdeckertums, berufen, hinauszudrängen in die Weite des Meeres, in unbekannte Weiten, in noch nie gesehene Horizonte und einzutauchen in ein Meer des Lichts auf der Straße der Sonne, und jedes Jahr wäre das Betreten einer neuen Insel, wir aber gestalteten die Zeit in der Nachbildung Gottes und in der Dankbarkeit des Lebens!

Mit den Worten des heiligen Augustinus aus den »Bekenntnissen« möchte ich schließen:

Ich rufe dich an, mein Gott, mein Erbarmen, der du mich erschaffen und meiner nicht vergessen hast. Ich rufe dich in meine Seele hinein, die du durch das Verlangen, das du ihr einflößt, fähig machst, dich aufzunehmen. Denn ehe ich war, warst du. Ich war aber nicht so, daß ich durch dich zu werden verdient hätte. Und siehe, nun habe ich doch das Dasein infolge deiner Güte, die meiner Erschaffung und der Materie, aus der du mich erschaffen, voranging. Denn du hast meiner nicht bedurft, noch bin ich ein solch hohes Gut, daß du, mein Herr und mein Gott, von mir Nutzen hättest. Und doch soll ich dir dienen und dich ehren, damit es mir wohlergehe durch dich, der mich erschaffen hat als ein Wesen, dem es wohlergehen soll. Darum, o Herr und mein Gott, schenke uns nun auch den Frieden, denn du kannst ja alles uns geben. Schenke uns den Frieden der Ruhe, den Frieden des Sabbats, des Sabbats ohne Abend. Denn diese ganze wundervolle Ordnung all der Dinge, die du selbst »sehr gut« nanntest, wird vergehen, wenn sie das ihr gesetzte Maß erfüllt hat. Sie hat ja dann ihren Morgen und ihren Abend gehabt. Der siebente Tag aber hat keinen Abend und keinen Niedergang, weil du ihn geheiligt hast, auf daß er immerdar dauere. Dann wirst du auch so in uns ruhen, wie du jetzt in uns wirkst, und so wird jene Ruhe deine Ruhe in uns sein, wie unsere Werke hienieden deine Werke sind durch uns. Du aber, Herr, wirkest immerdar und ruhest immerdar. Du siehst nicht die Zeit und bewegst dich nicht in der Zeit und ruhest nicht in der Zeit, und doch bewirkst du das Erkennen, die Zeit selbst und die Ruhe am Ende der Zeit.

Dies, meine lieben Schwestern und Brüder, wollen wir einander wünschen: in Gott zu ruhen inmitten der Zeit und was wir auch wirken, zu tun in der Kraft seiner Hände und schon jetzt in unserem Herzen einen Frieden des Glücks zu tragen wie am letzten Schöpfungsmorgen und am ersten Morgen der Ewigkeit.

In besonderer Weise versteht das Christentum sich als eine Religion der Zeitenwende. Mit diesem Glauben verbinden wir die Hoffnung auf eine neue Welt, die alles Gewesene verändert, sogar der Sünde überführt und uns davon erlöst.

Was eigentlich ist neu in unserem Leben, wenn wir uns zu Christus bekennen? Die Neuigkeiten sind nicht wirklich neu. Das wirklich andere läßt sich nicht finden auf der Ebene der Tatsachen, allenfalls in einer Veränderung unserer eigenen Haltung, aus der die Taten und Tatsachen entsteigen. Den Neuigkeiten nach wird nichts neu sein im neuen Jahr. Nicht einmal das wunderbar Neue im Leben von Menschen, daß wirklich neues Leben geboren wird, ist etwas Neues unter den Augen der Statistiker. Die Menschheit als ganze wird sich vermehren, Menschen werden kommen und gehen, es wird weiter wachsende Überbevölkerung, Kriege, Erdbeben geben, aber auch Verhandlungen, Friedensabschlüsse, neue Erfindungen gegen Krankheiten. Das eine befürchten wir, das andere hoffen wir, wie gehabt. Ja, es ist sogar unsere wirkliche Hoffnung, daß sich wirklich nicht viel ändert, es wäre zu beunruhigend.

Dennoch sind wir vielleicht die erste Generation, die spürt, daß die Dinge so nicht weitergehen *können* wie bisher. Alles, was wir bislang Geschichte genannt haben, muß in gewisser Weise umgeschrieben werden. Ganz sicher sind wir die ersten Menschen auf diesem Planeten, die ein einigermaßen korrektes Gefühl für die riesigen Dimensionen der Zeit gewonnen haben. Erst seit knapp hundert Jahren beginnen wir dies als sicher hinzunehmen, daß unsere Erde etwa fünf Milliarden Jahre lang schon existiert und darauf das Leben in höheren Formen über siebenhundert Millionen Jahre. Wir müssen uns das im Vergleich zu dem, was wir Geschichte nennen, nur ja recht klarmachen. Vor nichts zittern wir im Augenblick mehr als vor einem Atomkrieg. Wir beschwören das Szenarium einer globalen radioaktiven Verseuchung. Der Ausfall aus Uranspaltbomben in Form von Strontium 90 hat eine Halbwertzeit von 28 000 Jahren. Das ist rund das Vierfache von dem, was wir die Dauer der zivilisierten Geschichte nennen. Kein Mensch kann das, was wir bislang mit menschlichem Fortschritt verknüpfen, auf eine solche Zeitspanne sich ausgedehnt vorstellen. Aber im Raum der Natur, in der Geschichte dieser Erde sind 30 000 Jahre ein winziges Moment. Mit wieviel muß man 30 000 multiplizieren, um die Zahl von einer Million Jahre zu erreichen? Selbst die Angaben, wie weit wir die Anfänge unserer eigenen Spezies zurückdatieren wollen, gehören schon zum Schätzungsraum von zwei, drei, vier Millionen Jahren. In ganz kurzen Maßstäben der Erdgeschichte verschwindet unsere eigene Biographie, und das Ungeheuere wird uns unvorstellbar. Dennoch hat sich im Schoß dieser Zeiten unsere eigene Seele, unser Körper, auch das, was wir die Gesetze der Geschichte nennen, geformt, und dies ist es, woran wir heute zunehmend leiden: All das, was uns groß gemacht hat, kann morgen schon das sein, was uns zerstört, wenn wir's nicht ändern. Deutlicher denn je wissen wir, daß wir unsere dreizehn Milliarden hochvernetzter Hirnzellen nicht mehr dazu benutzen dürfen, die Programme der Krokodile mit hochtechnisierter und komplizierter Methodik an uns selbst und der Natur, die uns umgibt, zu erproben.

Was haben wir bisher menschliches Zusammenleben genannt, und wie haben wir's geordnet? Zwei Antriebe sind archaisch mächtig und groß, so sehr, daß, gemessen an ihnen, das individuelle Bewußtsein bisher erschien wie ein ohnmächtiger Spielball auf den Fluten des Wassers: Aggression und Sexualität, so sagen die Psychologen, die Frühmenschenforscher, alle eigentlich, die mit dem Werdegang und der Zukunft des Menschen sich beschäftigen. Aggression, das hieß bisher, daß jede menschliche Gruppenbildung in irgendeiner Form auf Machtgewinn hinausläuft. Wer sich am besten durchsetzt, wird das Sagen haben innerhalb des Verbandes. Wir haben das als geregelt, als normal, als absolut notwendig akzeptiert. Wir glauben heute sogar noch, daß wir dies hinnehmen könnten und gleichzeitig uns als friedfertige Menschen zu präsentieren vermöchten. Es wird die Aufklärung darüber nicht lange auf sich warten lassen, daß, wo immer Gruppenbildungen auf Machterwerb und -durchsetzung gegründet sind, der Krieg, die Eroberung, die Unterwerfung auch nach außen einzig folgerichtig, ja ganz und gar notwendig ist. Um es im Klartext zu sagen: Solange wir Politik betreiben als Institutionalisierung und Organisierung dieser Art von Gruppenbildung, als Verwaltung und Durchsetzung von Gruppenegoismen, als Kunst, Macht zu erwerben, zu erhalten und zu erweitern, werden wir niemals etwas wirklich Neues in den Zeitungen lesen, sondern nur immer wieder den alten Alpträumen begegnen, an verschiedenen Punkten der Erde, mit wachsenden Zahlen des Verlustes und der Opfer, aber nichts Neues unter der Sonne.

Es gilt, so einfache Sätze aus dem Neuen Testament als Programm des Überlebens aufzunehmen, die Selbstverständlichkeit, mit der Jesus seinen Jüngern sagen kann: Wer unter euch wirklich groß sein will, der sei der Diener aller. Die Mächtigen lassen sich Wohltäter nennen, ihr sollt das nicht so machen. – Anders werden wir nicht zu Menschen, die lebensfähig sind auf dieser Erde, als indem wir uns fragen – nicht: Wie besiege und beherrsche ich den Menschen, meine Umgebung, meine Mitmenschen?, sondern: Wie kann ich versuchen, herauszufinden, was ihnen hilft, ihnen nützt, und wie kann ich das tun? Das ist eine wirklich neue Form zu denken.

Nicht der schreiende Gorilla ist das Vorbild, sondern Menschen, die hinhören auf die Bedürfnisse des anderen und die buchstäblich sensibel werden, in Ge*hor*sam, wechselseitig.

Man hat mit Aggression zugleich verbunden, daß die Menschen inzwischen die Natur mit Verstand bearbeiten, in gewissem Sinne Krieg führen zur Ausnutzung und Ausbeutung der Ressourcen ringsum. Auch dies wird sich ändern müssen. Was ein Mensch ist, wird in Zukunft sich nicht mehr definieren können durch das Geld, das er dafür verdient, Werte der Natur wegzunehmen oder Produkte der Natur so umzuwandeln, daß er dadurch auf dem Markt Profite erzielt, die dann in seine Kasse fließen. Und noch weniger wird man eine Zivilisation danach bemessen, wieviel an Energie sie verbraucht und der Natur fortnimmt. – Vielleicht lernen wir, verrückt, wie es steht, manches Menschliche wirklich erst an den Engpässen des öffentlichen Lebens. So beginnen wir angesichts von über zwei Millionen Arbeitslosen in der Bundesrepublik gerade zu begreifen, daß vermutlich ein Maßstab höherer Zivilisiertheit im Wachsen sogenannter Dienstleistungsberufe liegen könnte. Vielleicht lernen wir eines Tages, daß ein Wachsen unserer Menschlichkeit überhaupt darin liegt, die freiwilligen, unbezahlten, nicht zu verrechnenden – Dienstleistungen sollte man vielleicht nicht sagen, weil »Leistung« wieder gekoppelt ist mit Stolz und Machterwerb, aber – Dienstfertigkeiten zu entwickeln. Insgesamt hat sich unser Denken, unser Planen bislang orientiert an den Machbarkeiten, an dem, was zu tun ist. Wie aber, wenn wir auf eine Menschenzukunft zugehen, in der wir – fast möchte ich sagen – impressionistisch zu leben beginnen, fähig, nicht zu ändern, sondern aufzunehmen, nicht zuzugreifen, sondern zu verstehen, eine Art wachsender Poesie, wachsenden Künstlertums im Umgang mit uns selbst und aller Welt.

Machen Sie die Probe aufs Exempel: Noch verrinnt die meiste Zeit, die wir das Leben nennen, zwischen Pflichtarbeit und Entspannung. Was tun wir wirklich freiwillig in unserem Leben, und was davon tun wir so, daß es uns nicht langweilt? Man kann sagen: ein Dichter ist jemand, der niemals Langeweile spüren wird. Selbst wenn man ihn in die schmutzigste Gefängniszelle einsperrt, wird er beginnen, sie zu beschreiben, in allen Facetten. Was von dem, was Sie heute schon gesehen haben, könnten Sie beschreiben mit dem Zeichenstift, mit dem Schreibstift, mit dem Notenstift, als Dichtung, Musik, Kunstwerk? Das Gesicht von Menschen, das Gesicht einer Landschaft, Worte des Gesprächs, was davon wären Sie imstande so wiederzugeben, daß es einigermaßen stimmt und eine Erfahrung vermittelt, die Sie selber gemacht haben? Wär's nicht denkbar, daß dies eine Form von Überleben oder Eintritt in das eigentliche Leben wäre, die Dinge nicht mehr zu befragen nach ihrem Gebrauchswert, sondern nach ihrer Schönheit und den Strukturen ihrer Tiefe?

Die Sexualität, sagt man, hat uns zutiefst geprägt. Sie war bislang verbunden mit dem Willen zur Fortpflanzung, mit der Gründung von Familien, der Weitergabe von Erbbesitz. Eigentümer wurden ausgetauscht im Kontrakt des Eheabschlusses, man gehörte einander wie ein fertiges Stück Besitz, ganz entsprechend den Zehn Geboten: Du sollst nicht begehren deines Nächsten Weib, noch seines Ochsen, noch seines Esels, noch all dessen, was sein ist. Diese Art zu denken stellt uns vor die schlimmste Krise der Zukunft: einen ungeheuren Druck der Menschenvermehrung, die wie eine Flutwelle an den zu eng werdenden Wänden der Natur sich brechen wird, ja schon dabei ist, zurückzufließen, mit riesigen Überschwemmungsraten an Todesopfern, Hunger und Elend. Wenn wir uns eine Menschheit denken, die im Gefälle derselben Antriebe eine wirklich neue Form des Umgangs miteinander finden würde, bleibt uns gar nichts anderes übrig, als eine so wunderbare Energie wie die Sexualität dazu zu verwenden, ungezielt, offen und frei Formen der Freundschaft, der Sensibilität und wiederum der Poesie miteinander zu üben und zu pflegen. Nicht um Besitzansprüche geht es, sondern um eine Wärme des Herzens, die leben läßt, universell und viel intensiver als bisher. Noch gilt uns das Triebbedürfnis als etwas zum Abreagieren. Wie aber, wenn es eine Energie würde, die jeden Tag und jeden Augenblick unseres Lebens durchströmt? Wieder sind die Dichter, die Musiker, die Maler Menschen, die die ganze Welt in gewissem Sinn inmitten einer erotischen Verzückung und Spannkraft empfinden. Ich sehe keinen anderen Weg, um menschlich zu leben, als daß wir diese Welt in ihrem wunderbaren Klang, in der Schönheit ihrer Harmonie singen hören, den Feinheiten ihrer Bewegungen nachspüren und ein völlig neues Gefühl gewinnen für die Einheit dieser Welt.

Die beste Form, menschlich zu sein, wird darin bestehen, tiefer anzubeten, weitherziger zu verehren und insgesamt frömmer, dankbarer und feinfühliger zu sein. Wir als Individuen werden in der Welt von morgen nötiger sein denn je. Seit vielen Millionen Jahren gibt die Natur sich Mühe, immer kompliziertere Einzelwesen hervorzubringen. Wir stehen da nicht am Abschluß inmitten unserer Geschichte. Jeder von uns kann Dinge lernen, die nur ihm zugänglich sind, immer reicher, immer schöner, und man wird seinen Rat, seine Kreativität, ihn selber brauchen. Dann gilt es zu warten auf das schlechthin und einzigartig ganz andere und Neue, das allezeit einmündet in die Ewigkeit. Auch dies ist nicht mehr auf derselben Ebene zu sehen, sondern wie das Ansteigen eines Parabelastes, immer steiler.

Während die Zeit darin besteht, ein Vorher und ein Nachher einzuteilen, gibt es schon heute Augenblicke des Glücks und der Seligkeit, in denen alles, was wir hoffen mochten, und alles, woran wir uns erinnern konnten, wie zusammengefaßt ist zu einem einzigen Augenblick. Wenn wir ihn uns gedehnt vorstellen als ein ewiges Nu, einen stehenden Moment, der nie vergeht, in der Einheit aller Menschen, in der Harmonie des ganzen Universums, in der verdichteten Erfahrung jedes einzelnen im Einklang der Liebe mit allen, haben wir vielleicht in etwa eine Vorstellung des absolut Neuen, das auf uns wartet bei Gott.

Von ganzem Herzen wünsche ich uns, daß diese kleine Welt ein solcher Weg ins Neue sei.

Und die Hirten kehrten zurück, Gott verherrlichend und lobend ob allem, was sie gehört und gesehen hatten – wie es zu ihnen gesagt worden war.

Als acht Tage voll vorüber waren und er beschnitten werden sollte, wurde sein Name gerufen: Jesus – wie der Engel ihn gerufen hatte, bevor er im Leib empfangen war. LK 2,20–21

Überall auf der Welt findet man einen alten Brauch, wonach ein neugeborenes Menschenkind, kaum auf die Welt gekommen, von den eigenen Eltern in das Heiligtum gebracht wird, um der Sphäre des Göttlichen übergeben zu werden. Es ist eine tiefe Weisheit, die dieses Brauchtum durchzieht. In keinem Moment des Lebens scheint ein Mensch mehr seinen Eltern zu gehören als im Augenblick seiner größten Hilflosigkeit und im Moment der tiefsten Dankbarkeit der Eltern selber. Es ist in dieser Zeit, daß Vater und Mutter nicht nur sich verantwortlich fühlen für das Neugeborene, sondern in ihm selber die Erfüllung und den Reichtum, ja den ganzen Sinn ihres eigenen Daseins versammelt sehen. Es ist schmerzhaft, aber nötig und richtig, daß gerade in dieser Zeit die Religion fast aller Völker verfügt, das eigene Kind abzugeben an eine unsichtbare Macht, der wir uns in Wirklichkeit verdanken und deren Mittel wir einzig sind, auch als Vater und Mutter. Nie sind wir Herr des Lebens, nur seine Diener.

Ein jeder Mensch aber gehört nicht einem anderen Menschen, sondern er ist Gottes Eigentum. Sehr schön drückt sich dies darin aus, daß wir im Christentum ein Kind in die Kirche tragen, um ihm dort seinen wirklichen Namen zu geben. Wir verbinden damit die Vorstellung einer zweiten Geburt, die aus einem Menschen, der natürlicherweise zur Welt gekommen ist, ein Kind Gottes macht. Im Grunde drücken wir damit aus, was diese Geschichte von der Namengebung Jesu im Tempel von Jerusalem als heilige Legende erzählt, was wir aber als gültig für jedes Menschenleben unbedingt glauben dürfen und müssen: Eigentlich weiß nur Gott um unser wirkliches Wesen, und nur er besitzt die Kenntnis unseres eigentlichen Namens; ihn finden wir am Ort des Heiligtums selber, und dort lernen wir ihn auszusprechen, so daß er für ein ganzes Menschenleben gilt. Deshalb erzählen die Mythen überall auf der Welt, daß es einer besonderen Kundgebung eines solchen heiligen Namens bedürfe, geschehend durch Träume, Engelbotschaften, Offenbarungen vielerlei Art, und es sei die Kunst unseres Lebens, zu hören, welch ein Name dem anderen zukommt.

Wie hört man die Botschaft eines Engels von dem Namen eines anderen Menschen? Wir leben heute in einem Kulturkreis, der noch geprägt ist durch den Stil der alten Römer. Sie waren ein praktisches Volk, und sie nannten ihre Kinder, wie sie grade kamen, durchnumeriert von Eins bis Zehn: Primus, Secundus . . . Decimus. Das war praktisch und illusionslos; es sollte überhaupt nicht der Anspruch gestellt werden, irgendein Name verkörpere etwas Wesentliches; lediglich der Stellenwert in der Reihe der Reproduktion sollte betitelt werden. Wenn wir heute Namen geben, stammen sie nicht selten aus der Disco- und Glamourwelt. Es ist, wie wenn die Kinder, die in die Welt kommen, die Hoffnungen ihrer Eltern auf Erfolg und Schönheit und Einfluß repräsentieren und mindestens ein bißchen Starruhm und einen Abglanz eines Himmels aus verdampftem Eis und Glitzerlichtern auf den Bühnen dieser Welt verkörpern sollten. Bliebe es dabei, so wären wir bestimmt, kaum daß wir das Licht der Welt erblicken, in einer Scheinwelt des Rummels und des Betriebes zu verlöschen. Es ist heute wichtig, daß wir uns an einen Erfahrungsraum erinnern, in dem es Gott allein und den Erfahrungen unserer Träume vorbehalten war, zu wissen, wie ein Mensch heißt. Es ist noch so etwas wie eine Erinnerung an den Menschheitsanfang, als Adam im Paradies, wie ohnmächtig schlafend, aus Sehnsucht nach der Liebe von einem Menschen träumte, der ihm begegnen müsse, um sein Leben gut und glücklich zu machen. Als Gott ihn dann weckt und er den Partner seiner Liebe findet, gibt er ihm zum erstenmal einen gültigen Namen. So verdichtet, aus der träumenden Poesie der Liebe, erfinden wir Namen der Zärtlichkeit für einander, Tausende oft, sehr private und intime, nicht bestimmt für die Ohren der Öffentlichkeit, und sie alle sind nur ein Suchen nach dem einen wahren Namen Gottes, den wir ein ganzes Leben lang oft nicht finden und nicht kennen können. Dennoch ist die Liebe stark genug, den Namen des anderen so auszusprechen, daß er wie eine magische Formel die ganze Welt zu verändern vermag und ihr ein geheimes Zentrum verleiht, zu dem alle Wege hinführen. Es ist, daß wir einen solchen Namen immer wieder aussprechen müssen wie eine nicht endende Litanei, wie etwas, das in sich heilig ist und uns segnet. Denn unter dem Namen der Liebe beginnen wir alle Dinge ringsum anders zu benennen und überhaupt erst wirklich zu begreifen. Alles, was uns sonst begegnet, ist so zufällig, so beliebig, es könnte sein oder auch nicht, wir würden es nicht vermissen, es ist nicht wesentlich. Allein die Liebe führt uns zu dem Punkt, da wir begreifen: Diesen einen Menschen und folglich alles andere, das gesamte Konzert der Sterne und des Weltalls muß es geben, denn ohne all dies wäre jenes, dieser eine Mensch mit seinem Namen, nicht. Die Liebe führt uns an den Punkt, da wir beginnen, alles zu verstehen; denn wir begreifen mit einemmal die Kraft, der wir in Wahrheit alles verdanken, und die Macht, daß unser Lebensraum so etwas ist wie ein unvergängliches Heiligtum.

Vielleicht hat die Ostkirche die Feier des Namens Jesu am tiefsten verstanden. Sie hat eine Gebetsform entwickelt, die nur darin besteht, bis zur Erschöpfung, bis zum Ohnmächtigwerden, bis zur Bewußtlosigkeit immer wieder aus dem Herzen sprechend den Namen Jesu zu sagen, bis daß es einschwingt wie ein Gesang, der uns mit allem verbindet. Denn so glauben wir Christus als den Ort, an dem wir am tiefsten und klarsten zu begreifen vermögen, wer Gott ist und wer wir selbst sein dürfen – ein Ende aller Angst, der Beginn einer Hoffnung, der Anfang unserer wirklichen Würde. Darum der Retter aus Menschenfurcht, Entfremdung, Demütigung und Erniedrigung, ein aufstrahlendes Licht aus der Höhe mitten im Dunkel dieser Erde. Jesus, Retter, soll sein Name sein, sprach der Engel, noch ehe er im Schoß seiner Mutter empfangen wurde. Längst ehe es uns gibt, hat Gott eine bestimmte Vorstellung, einen Plan mit uns. Es ist das Thema unseres Lebens, mit dem er uns beauftragt, in diese Welt zu gehen.

Jetzt am Beginn des neuen Jahres mögen wir uns fragen, was eigentlich neu ist dadurch, daß einmal die Uhr Zwölf geschlagen hat. Nichts ist wirklich neu. Aber etwas Wunderbares wäre es, wenn wir uns vertiefen in das Geheimnis des Lebens eines anderen. Es gibt unendlich viel Neues, längst schon Bekanntes und dennoch Großartiges, so nie Gesehenes zu entdecken, und je mehr wir's vermögen, desto mehr ändert sich die Welt, erneuert sie sich und blüht auf wie eine Blume im Morgenrot. Den Segen Jesu, unseres Retters, über das ganze Jahr wünschen wir einander an diesem Morgen.

Zum ersten Sonntag nach Weihnachten

Als sie entwichen waren – da! Ein Engel des Herrn erscheint dem Josef im Traum und sagt: Auf, nimm das Kind und seine Mutter, flüchte nach Ägypten und bleib dort, bis ich es dir sage! Denn Herodes ist schon dabei, das Kind zu suchen, um es zugrunde zu richten. Er richtete sich auf, nahm noch nachts das Kind und seine Mutter und entwich nach Ägypten. Und dort war er bis zum Ende des Herodes, damit erfüllt werde das vom Herrn durch den Propheten Gesprochene, der sagt:

Aus Ägypten habe ich meinen Sohn gerufen.

Darauf, als Herodes sich von den Sternkundigen verhöhnt sah, ergrimmte er heftig, sandte hin und ließ in Betlehem und in seinem ganzen Gebiet alle Kinder hinmorden, vom Zweijährigen an und darunter, entsprechend der Zeit, die er von den Sternkundigen genau erkundet hatte. Da erfüllte sich das durch den Propheten Jeremia Gesprochene, der sagt:

Geschrei war in Rama zu hören,
großes Weinen und Weheklagen:
Rahel weinte um ihre Kinder
und wollte sich nicht ermutigen lassen –
weil sie dahin sind.

Als es mit Herodes zu Ende war – da! Ein Engel des Herrn erscheint dem Josef in Ägypten im Traum und sagt: Auf, nimm das Kind und seine Mutter und zieh in das Land Israel! Denn tot sind, die dem Kind nach dem Leben trachteten. Er richtete sich auf, nahm das Kind und seine Mutter und kam in das Land Israel. Als er aber hörte, Archelaus sei anstelle seines Vaters Herodes König von Judäa, beschlich ihn Furcht, dorthin zu gehen. Im Traum gewiesen, wich er in die Gegend von Galiläa aus. Und er kam hin und wurde wohnhaft in einer Stadt, Nazaret genannt, damit erfüllt werde das durch die Propheten Gesprochene: »Nazoräer« wird er heißen.

MT 2,13–23

Stellte man uns vor die Aufgabe, aus freiem Ermessen die Geschichte der Geburt unseres Erlösers fortzuerzählen, es würde niemandem eine Erzählung in den Sinn kommen wie diese, die Matthäus hier erzählt. Obwohl gedacht als eine Kette erfüllter Verheißungen, ist sie so überraschend, widersprüchlich und bis zur Herausforderung im Gegensatz zu unseren Erwartungen, daß es uns fast den Atem verschlägt. Da wartet die

Menschheit seit Jahrhunderten und Jahrtausenden auf die Ankunft ihres Retters, aber als er dann kommt, breitet sich der Friede nicht wie ein milder Regen, der vom Himmel fällt, über unser Leben aus, sondern im Gegenteil, es scheinen alle dunklen Quellen der Gewalt und des Hasses allererst freiwerden zu müssen, eh' es möglich wird, daß diese Erde Früchte des Friedens trägt.

Wohl, daß wir begreifen, daß Matthäus das Wort des Propheten an den Anfang zu rücken vermag: Aus Ägypten habe ich meinen Sohn gerufen. In Jesus selber verdichtet sich das Schicksal des gesamten auserwählten Volkes. Das verstehen wir unmittelbar, und so muß es sein. Wenn irgend es eine Befreiung und Erlösung unseres Lebens geben soll, so kann es nicht anders werden, als daß Menschen, wie damals Israel aus dem Zwinggriff der Pharaonenherrschaft, herausgeführt werden ins Freie, durch Angst und Not zwar, aber doch hinübergeleitet zum Ort ihrer Bestimmung, in ein auserwähltes Land hinein, sich durchringend und freikämpfend. In der Gestalt Jesu verdichtet sich und wiederholt sich das Schicksal ganz Israels. Deshalb Auszug und Vertreibung nach Ägypten und Rückkehr in die Heimat. Dies ist als erfüllt zu sehen.

Auch daß in Jesus sich die Botschaft des Propheten Jesaja verdichtet, es werde das Heil aufblühen wie ein Sproß aus der Wurzel Jesse, Israel selber in den Tagen der Endzeit werde als der geheime Mittelpunkt der Welt erwählt und geschaut von allen Völkern. Dann werde es geschehen, daß die Könige von den Inseln und den Enden der Erde, von den Königtümern aus Saba und jenseits der Wüsten herbeiströmen zum Berge Sion, zum Ort der Erleuchtung all derer, die im Dunkel wandeln. So entspricht es unseren Hoffnungen.

Aber daß wie ein Fanfarenstoß in die erfüllte Botschaft der Hoffnung hinein die dunklen Worte des Jeremia gestellt werden, ist in den Tagen der Weihnacht entsetzlich. Für Jeremia war das nicht Verheißung, sondern die Gegenwart, die er vor Augen hatte fünfhundert Jahre vor Christus. Da sah er die Ahnfrau Israels, Rahel, auf den Höhen von Rama vor den Augen des Geistes weinen und wehklagen über das Schicksal ihrer Kinder, die unter den Peitschenhieben der Babylonier in die Verbannung deportiert wurden. Sollte man nicht hoffen, daß dieser Spuk der Gewalt, der immer neuen Zerstörung zur Ausübung von Herrschaft durch Menschen über Menschen irgendwann ein Ende gefunden hätte? Soll auch das unverändert so weitergehen, ja sich sogar noch einmal zuspitzen? – Genau das denkt Matthäus und hat es vor Augen spätestens vom Ende des Lebens Jesu selber her.

Es steht nicht zu hoffen, daß wir in geradem Anlauf zu ergreifen vermöchten, wonach wir uns in Wahrheit am meisten sehnen. Es ist nicht zu erwarten, daß wir nach Jahrtausenden der Entfremdung die eigene Freiheit, wenn sie denn kommt, nur einfach begrüßen und bejubeln; im Gegenteil fürchten wir am Ende nichts so sehr wie ein eigenes, von Angst befreites, offenes und in die Weite gestelltes Leben. Wir fürchten, daß die Sicherungen uns entfallen, an die wir uns bis dahin geklammert haben. Uns graut vor den Möglichkeiten eines anscheinend so unbeschützten Lebens, das nur gründet in der unsichtbaren Gegenwart Gottes. Es ist, wie wenn die ganze Welt sich spalten würde gerade im Augenblick der Erlösung, so schildern es die Mythen und die Völker aller Zeiten und Zonen, nicht nur das Matthäusevangelium. Kaum wird der Retter der Welt geboren, lauert im Hintergrund ein tyrannischer Herrscher, der darauf sinnt, das Neugeborene zu zerstören aus Furcht um seinen eigenen Thron, droht dem Erlöserkind Verfolgung und Nachstellung, Flucht und Einsamkeit, bis es später dann zurückkehrt, um ein neues Reich, sein Reich des Friedens und des Glücks, über die Menschen zu bringen. Die Spaltung vollzieht sich zwischen Tag und Nacht, zwischen der Vernunft unserer normalen alltäglichen Logik und einer Welt der Bilder und der Träume in den Nächten. Schlagen wir die Zeitungen auf, hören wir im Rundfunk die Nachrichten, so sehen wir die Welt mit den Augen des Tages, wie sie uns geläufig und vertraut ist, entdecken wir Schritt für Schritt den Machtbereich des Herodes, eine scheinbar vernünftige, logisch durchdachte, vollkommen geregelte, geordnete, wohlverwaltete Welt. Es braucht eine Menge an Erfahrungen, um zu merken, auf wieviel Sadismen, Tyrannei und Vergewaltigung des Menschlichen sich diese Welt gründet. Wir sind so an sie gewöhnt, daß wir beinahe des Schmerzes abgestumpft sind. Erst wenn wir überhaupt eine gewisse Ahnung gewinnen, wozu wir eigentlich berufen sind, fangen die Widerstände an. Dann aber sind sie unvermeidbar. Nicht daß selbst die Religion davor geschützt wäre, durch die Hände eines Herodes mißbraucht zu werden! Auch er wird, die Botschaft der Magier hörend, die Priester an den Hof bestellend, um die heiligen Texte auszulegen, sich vorsetzen, nach Betlehem zu gehen, um kniefällig anzubeten. Aber die Art seiner »Anbetung« wird nur das Suchen und das Ausforschen nach Mitteln der Zerstörung sein.

Daneben gibt es eine andere Welt, gerade diejenige, an die wir gewöhnlich am wenigsten glauben. Man muß sich das in dieser Klarheit von den Texten des Matthäus sagen lassen. Gäbe es den Mann Josef nicht, der Traumweisung für Traumweisung auf das am Tage Unvernünftige, auf das nur mit den Augen der Nacht zu Sehende aufmerksam wird und ihm gehorsam ist, es hätte das Heil in dieser Welt nicht die geringste Chance gehabt. Immer wieder ist es nötig, auf diese Botschaft im Hintergrund, auf diese dunkle Anrede der Nächte zu hören und sich aufzumachen, ohne zu wissen, wohin. Es ist, daß Josef an keiner Stelle wissen kann, wie sein Leben weitergeht. Kaum daß der Engel kommt, wird er genötigt, mitten in der Nacht aufzubrechen, um eine Welt des Todes zu verlassen. Was ihn in Ägypten erwartet, kann er nicht ahnen noch voraussehen, einzig, daß er in der Fremde wird Wohnung nehmen müssen, fernab von seinen Bekannten, dem Volk, dessen Sprache er spricht, inmitten eines Tages, der durch sein Tagwerk geregelt und gefügt ist. – Wäre es denkbar, daß unser Leben, wenn es denn zum Heil sich gestalten soll, immer wieder von Aufbruch zu Aufbruch sich entlangtasten muß, der Knotenschnur der Träume entsprechend? Es gibt unter den Augen Gottes nur eine einzige Verheißung; nicht, daß wir ausrechnen könnten, wer wir sind und was mit uns wird, wohl aber, daß er bei uns sein wird, egal wohin die Träume seiner Botschaft uns führen. Ob in der Heimat oder der Fremde, sein Engel wird bei uns sein, wenn wir ihn hören.

Keiner dieser Gegensätze aber ist vermeidbar seit den Tagen der Ankunft unseres Erlösers. Ganz im Gegenteil. Wer beginnt, seine Träume zu befolgen, muß den Widerspruch mit allem Äußeren riskieren, und er steht vor der Wahl, was er will: die Verwahrtheit im planbaren Tun und Machen des Äußeren oder die Bewährung in dem durchaus nicht zu Machenden, aber zu Befolgenden, das Einlullen in den Formen, die wir gewöhnt sind, oder den Aufbruch in das Neue, ein Verharren im Getto der Angst oder ein Überschreiten der Grenzen und ein Zerbrechen der Fesseln.

Soviel ist klar: Eine wahre Rückkehr in die Heimat wird es nur geben, wenn die Herodes gestorben sind. Aber wann in unserer Geschichte sind sie gestorben, wann haben sie nicht schon wieder ihre Nachfolger unter neuen Namen? Das Mittelalter irrte, als es – im Sinn des heiligen Augustinus – glaubte, das Reich dieser Welt und das Reich Gottes wie zwei Größen nebeneinander im Gleichgewicht auf der Waage Gottes verteilen zu können. Sie werden sich ewig widersprechen, diese beiden Reiche, wie Kain und Abel, wie Tag und Nacht, wie Tod und Leben, Herodes und Christus. Wir aber stehen dazwischen und müssen wählen, ehe wir eindeutig auf der Seite der Hoffnung, des beginnenden Lichtes, des Endes der Angst sind. Es müßte aufhören, daß wir unsere furchtbare Fähigkeit zu leiden weiter strapazieren und trainieren. Es müßte aufhören, daß wir die Mentalität des Befehl-ist-Befehl weiter pflegen und also mitmarschieren unter dem Diktat der Soldaten, die einbrechen in die Stadt Betlehem und nur tun, was man ihnen gesagt hat, gleich, was dabei herauskommt. Wär' es nicht viel einfacher und heilsamer, endlich zu tun, was Gott uns sagt? An dem Gespür für unsere Träume mangelt es nicht. An Botschaften der Nächte entbehren wir nichts. Es gilt einzig, die Menschenfurcht abzulegen und zu tun, was Gott möchte.

Zum zweiten Sonntag nach Weihnachten

Ihr habt gehört, daß gesagt ward: Auge um Auge und Zahn um Zahn! Ich aber sage euch: Dem Bösen nicht widerstehen! Sondern: Wer dich auf die rechte Backe schlägt – wende ihm auch die andere zu. Und wer dich gerichtlich belangen und dir den Leibrock nehmen will – ihm laß auch das Obergewand. Und wer dich zu einer Meile zwingt – mit dem gehe zwei. Wer dich bittet – dem gib. Wer von dir borgen will – den weise nicht ab.

Ihr habt gehört, daß gesagt ward: Liebe deinen Nächsten! Und: Hasse deinen Feind! Ich aber sage euch: Liebt eure Feinde, und betet für die, die hinter euch her sind. So werdet ihr Söhne eures Vaters – dem in den Himmeln. Er läßt ja seine Sonne aufgehen über Bösen und Guten und regnen auf Gerechte und Ungerechte. MT 5,38–45

Friede wird sein, wenn wir imstande sind, mehr auf die Not des anderen zu schauen als auf die Art, in der er sie äußert. Wenn wir hinter dem Haß die Kraft enttäuschter Liebe, hinter der Gewalt das Gefühl geschändeter Würde, hinter der Auflehnung das Leid der Erniedrigung sehen, werden wir imstande sein, Frieden zu wirken.

Dieser Gedanke der Bergpredigt ist so einfach, in sich so konsequent, daß man sich immer wieder wundern muß, wie schwer uns dieses Einfache fällt. Verkündet man es geradeaus als unsere Aufgabe und Pflicht, erreicht man für gewöhnlich grad das Gegenteil von Freiheit und Friedfertigkeit. Die Menschen guten Willens fühlen sich so leicht überfordert, und aus den heiligsten Lehren können Anweisungen für die schwersten Schuldgefühle und Depressionen werden, wenn man sie moralisch nimmt. Nicht einmal das vielleicht wichtigste Gebot heute, Frieden zu wahren und friedfertig zu sein, läßt sich auf geradem Wege leben, privat nicht und offenbar auch öffentlich nicht. Wie viele Monate und Jahre oft müssen damit zugebracht werden, nach und nach ein Vertrauen in Menschen zu erwecken, daß sie ein Recht haben auf ihre eigenen Gefühle und daß sie es wagen dürfen auszusprechen, was in ihnen vor sich geht. Ohne einen solchen gewissen Stolz, eine feste Überzeugung von der eigenen Würde ist ein Mensch zum Frieden außerstande, er mag aus lauter Feigheit gedrückt sein, eingeengt sein, so verschreckt sein, daß er nach außen kein böses Wort sagt und nichts Böses tut. Aber was geht in ihm selber vor? Und jede Art von Leben, die wir nicht zu leben wagen, fordert ihren Preis ringsum. Auch die schweren Selbstvorwürfe, auch die schließlich tobende Verzweiflung ist eine Art von Aggression, nur sehr verstellt, sehr viel schwieriger im Umgang.

Im Munde Jesu schienen die Dinge fast wie naturentsprechend, wie selbstverständlich. Er war offensichtlich so sehr überzeugt davon, daß ein jeder Mensch sich fühlen dürfe, könne, müsse als Sohn eines ewigen Königs, als das Kind unseres Vaters im Himmel, daß ihm die Gründe, die uns so schwer sind und uns den Frieden so sehr verstellen können, völlig nichtig schienen. Wir können in der Tat oft um ein Weniges, um die Art der Bekleidung, in die furchtbarsten Konkurrenzkämpfe geraten. Aber der Grund dafür ist ein verzweifeltes Minderwertigkeitsgefühl und ein Unvermögen, uns selber so zu leben, wie wir uns fühlen und wie wir sind, uns selber gemäß. In den Augen Jesu stellte sich das so einfach dar: Jede Blume lebt ihre Schönheit, jeder Vogel singt seinen Gesang – warum wir Menschen nicht? Und selbst wenn jemand hinginge und dir den Mantel vom Leibe risse – wohlgemerkt, im alten Israel das einzige Bekleidungsstück, am Tag wie in der Nacht, Gewand wie Bettlaken, einzige Hülle gegen Hitze und Kälte – kurz, wer so kommt und dir den Mantel fortreißt: zieh dich vor ihm aus, gib ihm das Unterhemd. Achte auf seine Not und was er braucht, verteidige dich nicht, denn schon begibst du dich in Auseinandersetzungen, die nichts bringen. Es ist eine wunderbare, vollkommen richtige Lehre. Wenn Menschen uns beschimpfen, Vorwürfe machen, anklagen – je schlimmer es wird, desto notwendiger ist es, zu hören, was sie verletzt hat, woran sie leiden. Ja, es kann sein, daß uns die Vorwürfe des anderen völlig absurd vorkommen, ganz und gar ungerechtfertigt, aber gehen wir dann aus uns heraus und rücken dem anderen zu Leibe, machen wir's nur schlimmer. Wir verwandeln Gespräche der Menschlichkeit in Machtkämpfe, nicht mehr ist die Frage, was der andere sagen will, sondern wer jetzt recht hat. Und gewiß haben wir recht und werden's durchsetzen, gegen unrechtmäßige Angriffe allemal, wir sind uns dies schuldig. Jeder Mensch, der schwach ist in sich selber, in der Sprache des Neuen Testaments: der nicht genügend Glauben hat, der von Angst heimgesucht wird, muß so handeln, er wird sich wehren. Es gehört eine starke innere Kraft dazu, zu spüren und zu sehen, daß, je mehr der andere womöglich objektiv Unrecht hat, wenn er uns mit Vorwürfen und Anschuldigungen überhäuft, er desto deutlicher an sich leidet. Je klarer uns ist, daß es uns selber nicht zu betreffen braucht, desto offener und freier können wir dem anderen gegenübertreten. Betet für die, die euch verfolgen, heißt es bei Jesus, ja in gewissem Sinn sogar: Seid froh und dankt Gott, wenn sie euch verfolgen. Denn dies hat Christus gespürt am eigenen Leibe, daß es keinerlei Form von Wahrheit in diese verrückte Welt zu tragen gibt, die nicht sofort Aufruhr, Unruhe, Angst, Haß, alles mögliche, die ganze Hölle auf den Plan rufen würde. Man muß dies wagen, sprach dieser wunderbare Mann aus Nazaret. Man zündet keine Lichter an, auch nicht am Weihnachtsbaum, nur um sie zu verstecken. Die Nacht ist dunkel und die Welt ist kalt, und sie liebt allemal die Finsternis mehr als das Licht. Man wird sich anstrengen, jede Hoffnung auszublasen, aber unser Lebenslicht steht bei Gott, was können Menschen uns nehmen?

Wenn jemand kommt und dich zwingt, eine Meile mit ihm zu gehen, kannst du immer sagen: Mein Weg führt woanders hin, und was gehst du mich an, und überhaupt hab' ich Wichtigeres zu tun, bin ich dein Laufbursche? Aber welch ein Mensch zwingt uns, eine Meile mit ihm zu gehen, außer einem, der Angst hat vor dem Weg und dem Unbekannten und den Gefahren seines Lebens? Unser ganzes Leben würde auf der Stelle in wunderbarer Weise sich wandeln, hätten wir die innere Freiheit, uns selbst und dem anderen zu sagen: Ich geh' mit dir, wohin du willst, so weit wie nötig, solang du's brauchst, denn ich bin dein Bruder, und wir sind Kinder Gottes. Wohlgemerkt, wir wissen für den anderen den Weg vielleicht gar nicht, wir haben keine Ahnung, wohin er gehen will, aber wir sind gebeten, ihn zu begleiten, und das, was er mit Gewalt meint einfordern zu müssen, ist sogar sein gutes Recht, er kann überhaupt nicht anders. Könnten wir das sehen und danach leben, es würde sich der Friede über diese von dem Brand des Kriegs versengte Erde legen wie sanfter Tau am Morgen und unter der Asche soviel Leben wecken.

Welche Alternativen hätten wir sonst außer der Geschichte am Anfang der Bibel, der Geschichte von Kain und Abel? Wir hängen zusammen und wir sind alle Brüder, Schwestern. Aber kein Mensch kommt auf diese Welt, der nicht irgendwie wissen muß und möchte, wofür er auf der Welt ist und was er bedeutet und daß er ein Ansehen hat, ein absolutes Ansehen bei Gott. Das ist es, was Jesus bringen wollte, gegen die Geschichte von Kain und Abel. Ist uns dies nicht mehr klar, werden wir unsere Mitmenschen, so nahe sie uns sind und so verbunden wir mit ihnen sind, augenblicklich erleben als mörderische Konkurrenten, und diese Welt wird nichts anderes sein als eine nicht endende Qual, immer besser, immer tüchtiger, immer produktiver zu werden in der Hoffnung: Je mehr ich einsetze, bringe, abgebe, opfere vor dem Altar grausamer Götzen, um so beliebter werde ich, um so unentbehrlicher. Und man wird immer sehen, daß es an der Seite Menschen gibt, die es noch besser können. Verdient haben sie's nicht, aber das Schicksal scheint ihnen gewogen und günstig. Die Gefängnisse der Welt sind voll von Menschen, die gemordet haben, geraubt haben, zu Verbrechern wurden, um irgend etwas sich anzueignen oder aus der Welt zu räumen, was sie hinderte, ein menschliches Gefühl für sich selber zu haben. Und die Menschen hinter den Gittern sind nur diejenigen, die als unsere Opfer deutlich machen, wie wir leben. Keiner von denen säße dort, gäb' es Menschen, die statt einer Meile notfalls zwei Meilen gehen, die statt zum Mantel auch das Unterhemd geben und die im Angesicht des Fluches segnen können.

Das sind keine Fragen der Moral, das sind Fragen eines vollkommenen Neuanfangs. Aber was ist unser Glaube anderes, als ganz anders, noch einmal anzufangen und diese Welt, jenseits von Eden, zurückzuverwandeln in einen Schöpfungsmorgen, den Beginn des Lichts, eine Welt des Friedens.

Im Uranfang war Er, das Wort.
Und Er, das Wort, war bei Gott.
Und Gott war Er, das Wort.
Der war im Uranfang bei Gott.
Alles ist durch Ihn geworden,
und ohne Ihn geworden ist nicht eines.
Was geworden,
war Leben in Ihm.
Und das Leben war das Licht der Menschen.
Und das Licht scheint in der Finsternis.
Und die Finsternis ergriff es nicht.
  Ein Mensch ward – gesandt von Gott –
  sein Name: Johannes.
  Der kam zur Zeugenschaft,
  um zu zeugen für das Licht,
  auf daß alle glaubend würden durch ihn.
  Nicht jener war das Licht,
  sondern: zeugen sollte er für das Licht.
Er war das wahre Licht, das erleuchtet jeden Menschen –
kommend in die Welt.
In der Welt war Er,
und die Welt ward durch Ihn.
Und die Welt erkannte Ihn nicht.
In sein Eigentum kam Er,
und die Eigenen nahmen Ihn nicht auf.
Doch die Ihn angenommen,
ihnen hat Er Vollmacht gegeben,
Kinder Gottes zu werden –
den an Seinen Namen Glaubenden:
  Die nicht aus dem Geblüt
  und nicht aus Fleisches Willen
  und nicht aus Mannes Willen,
  sondern aus Gott sind gezeugt.
Und Er, das Wort ward Fleisch,
zeltend unter uns.
Und wir schauten seine Herrlichkeit,
Herrlichkeit als des Einzigen vom Vater her,
voll Gnade und Wahrheit.
  Johannes zeugt für ihn.
  Und so schrie er auf und sagte:

Der wars, von dem ich gesprochen:
Der nach mir kommt, steht mir voran,
weil er eher war als ich.
Denn: Aus seiner Fülle nahmen wir alle Gnade um Gnade
Denn: Das Gesetz ward durch Mose gegeben,
die Gnade und die Wahrheit geschah durch Jesus den Messias.
Gott hat keiner je gesehen –
der einzige Sohn,
der im Schoß des Vaters west:
Er hat berichtet. JOH 1,1–18

Die Weisheit möge sich selber loben
und sich rühmen inmitten ihres Volkes;
in der Gemeinde des Höchsten
möge sie ihren Mund auftun
und sich preisen vor seiner Heerschar...
Da gab der Schöpfer des Alls mir Weisung;
der mich geschaffen hatte, setzte meine Wohnung fest
und sprach: In Jakob sollst du dein Zelt aufschlagen
und in Israel ein Erbteil besitzen.
Vor aller Zeit, von Anfang an hat er mich geschaffen,
und in Ewigkeit werde ich kein Ende nehmen.
Im heiligen Zelte diente ich vor ihm,
und ebenso erhielt ich in Zion einen festen Sitz.
In der Stadt, die er liebt wie mich, ließ ich mich nieder,
und in Jerusalem übte ich meine Macht aus.
Und ich schlug Wurzel in dem gepriesenen Volke,
im Erbteil des Herrn, inmitten seines Eigentums. SIR 24,1–2.8–12

Wie kann man so sprechen wie dieser Hymnus am Anfang des Johannesevangeliums: Im Anfang war das Wort.

Es geschah im Verlauf der Evolution erst in den letzten zwei Millionen Jahren, daß unsere beiden Hirnhälften sich ungleich zu entwickeln begonnen haben und in der linken Hirnhälfte in ungeheuerlichen Zeiträumen nach und nach sich so etwas auszubilden begann wie Sprachfähigkeit. Wie sie wirklich entstanden ist, weiß kein Mensch. Manches aber spricht dafür, daß wir die Worte gelernt haben, um den Nachhall ganz intensiver Erfahrungen noch einmal in uns wachzurufen. Je weiter wir zurückblicken im Verlauf der menschlichen Geschichte, um so näher rückt das Wort der Magie, und einzig die Worte, die sich so aussprechen lassen, daß sie die ganze Welt verzaubern, weil sie starke Gefühle wachrufen und uns alle Dinge ringsum anders, wirkmächtig auf unser Leben einstrahlend gegenwärtig machen, sind Worte, wie sie am Menschheitsanfang zuerst gebraucht worden sein müssen. Vielleicht im Tanz um einen bestimmten Kultgegenstand, den man in ekstatischen Erfahrungen immer wieder anrief, müssen Worte geboren worden sein, so daß auch später, wenn man dieselben Worte, Aufrufe zu Tanz, rhythmischer Bewegung, feierlichen und ekstatischen Bewegungen gebrauchte, sich dieselben Empfindungen wieder einstellten wie in der Gegenwart des Kultgegenstandes selber. Weil Worte imstande sind, gleiche Erfahrungen und Erlebnisse wachzurufen, deshalb müssen sie nach und nach auch begonnen haben, die Gegenstände in uns selber wieder lebendig zu machen, an die ursprünglich derlei Erfahrungen gebunden waren. Die Worte begannen, eine innere Welt in uns aufzubauen, unabhängig von der äußeren. Damit beginnt die Geschichte der Menschwerdung. Es fängt an die Fähigkeit, das menschliche Bewußtsein frei zu machen von den Dingen ringsum, und Gedanken, Worte sind leichter verschiebbar als Gegenstände im Raum. Es ist möglich, mit ihnen viel rascher zu hantieren als mit Faustkeil und Knüppel. Es ist möglich, zu über-legen, Worte so übereinander zu schichten, daß sie neue Sinngefüge und Zusammenhänge schaffen. Es entsteht, was wir menschlichen Geist nennen, eine Fähigkeit, alle Dinge so ringsum zu bezeichnen, daß sie frei verfügbar werden für uns selber.

Es beginnt daneben eine Ahnung von dem, was die ganze Welt ist und was uns ohne die Fähigkeit zur Sprache so niemals hätte gegenwärtig sein können. Es ist die Erfahrung, von der das Johannesevangelium in den ersten Sätzen reden möchte. Wir haben das Sprechen gelernt in der Abbildung von Gegenständen und in der Konzentration von Gefühlen. Alles aber, was wir dabei entdecken, ist, daß es solche Inhalte in den Dingen viel früher gegeben haben muß als in uns selber. Das, was wir bezeichnen, stellt winzige Aspekte, Ausschnitte aus dem Bereich der Wirklichkeit dar, uns gerade erst im Verlauf eines kurzen Abschnittes der Weltgeschichte und ihrer Entwicklung zugänglich geworden. Die Wahrheiten, die wir so finden, müssen immer schon bestanden haben. Erst gewisse Eigentümlichkeiten unseres eigenen Werdegangs, unserer Gehirnentwicklung haben sie uns eröffnet und zugänglich gemacht. Kann man dann nicht in der Tat wie das Johannesevangelium sagen: Was wir im ganzen Umkreis von Worten an Wahrheit in der Welt zu finden vermögen, das gab es schon am Anfang und das bestand schon immer? Die menschlichen Worte sind so eng auf uns selber bezogen, aber sie enthüllen einen Teil der Wirklichkeit, der an sich selbst seit Ewigkeit besteht. Sie sind ein Teil Gottes selber. So vermessen es klingt, es ist ganz richtig, so zu sprechen. Es liefert aber auch eine bestimmte Art, die Welt zu verstehen. Und gerade wenn wir sagen, der Ursprungsort der menschlichen Rede sei nicht einfach die Bezeichnung von Gegenständen und Sachen, sondern die Verdichtung von Gefühlen im Erleben von Welt, dann kann man nicht anders sagen, als daß die erste Weise, unser Leben und die Welt zu verstehen, die Poesie sein muß. Einzig die Worte der Dichter sind mächtig und stark genug, Gefühle zum Schwingen zu bringen, indem sie scheinbar nur von Gegenständen im Raum reden, von den Sternen, von der Sonne, von den Bäumen und dem Wind, von den Blumen und den Quellen, von dem Schnee und den Bergen – kein Teil der Welt existiert in der menschlichen Sprache, der sich nicht verknüpfen würde mit bestimmten Gefühlen, Erfahrungen, deutenden Bildern also für unser Leben. Immer wenn wir von irgend etwas draußen sprechen, meinen wir etwas drinnen in uns selbst, und jeder Teil der Welt als Wort eines Dichters ist auch ein Stück unserer Seele. Auch insofern hat das Johannesevangelium ganz recht, den Anfang der Schöpfung auf unsere menschliche Geschichte zu beziehen. Wir müssen gemeint gewesen sein in allem, was Gott wollte, als er diese Welt erschuf. Er muß auch unseren Namen, die Geringfügigkeit unseres Lebens mit der Zärtlichkeit und Schönheit ausgesprochen haben, mit der ein Gedicht ein Stück Welt besingt. Irgendein Kiesel im Fluß mag beliebig da herumliegen, er ist geformt vom Gang der Wellen, die ihn umspielen seit vielen Tausenden von Jahren vielleicht. Alles, was wir von ihm sehen, ist wie von außen geprägt, und inwendig ist er wie leblos. Aber in den Händen und im Munde eines Dichters wird aus diesem toten Stück Natur ein Kunstwerk. Es hört auf, ein Gegenstand zu sein, es wird ihm eine Seele verliehen. Und ganz so ist unser menschliches Leben: ein Stück Staub inmitten dieser Welt, aber beatmet und besprochen vom Munde Gottes, ein wunderbares, seelenerfülltes, lebendiges Kunstwerk. Nichts mehr daran ist beliebig, es lebt, weil Gott sich selber in ihm ausspricht, weil sogar – kühn genug zu sagen – unser menschliches Leben einen Teil der Seele Gottes aufgenommen hat, lebendig macht und sichtbar sein läßt. Was sonst wie zufällig wäre, unser ganzes menschliches Leben lediglich ein Stück im Spiel und in der Laune der Natur, nichts daran notwendig, bekommt seine Größe, seine Schönheit, seine Notwendigkeit im Rahmen eines Kunstwerks. So, wenn Gott zu uns redet.

Das Evangelium des Johannes und mit ihm die frühe Kirche meint, daß wir diese Art der Weltbetrachtung wirklich erst gelernt haben, als wir Jesus von Nazaret zuhören durften. Die Art, wie er vom Menschen sprach, war so, daß er jedem Menschen dieses Vertrauen schenkte, in seinem kleinen

Leben spräche sich etwas aus von Gott, er selber, mit den paar Jahrzehnten seines irdischen Lebens, sei notwendig, damit Gott sich vollständig auszusagen vermöge. Soviel an Poesie, an dichterischem Gefühl, an Phantasie verdichtete Jesus über das Leben jedes einzelnen. Deshalb nennen wir ihn selber das Wort Gottes an uns schlechthin. Er hat uns gelehrt, aufeinander so zu hören, daß in der menschlichen Rede, in allem Sprechen von Leid und Not, von Freude und Glück etwas von Gott selber hörbar wird in uns und durch uns. Auf diese Art von Gottes Wort zu sprechen macht es möglich, unser Leben selber so zur Sprache zu bringen, daß es einander zum Wort des Segens wird, zum Wort der Dankbarkeit, zum Wort des Gebetes.

Sehr früh schon in der Kirchengeschichte wurden diese Worte vom Anfang des Johannesevangeliums zum Schlüssel zu den Eingangstoren der Gelehrtenstuben und Akademien der Antike und der Weltgeschichte. Ist Christus, wie es hier gesagt wird, die gestaltgewordene Vernunft der Welt, der Logos selber, so schien es einzig logisch und entsprechend, daß vor allem unsere eigene Vernunft und Denkkraft Zugang zu den Geheimnissen Gottes zu verschaffen vermöge, also daß Bildung, Gelehrsamkeit und die Disziplinierung unseres Denkens als die besten Voraussetzungen erschienen, um Christ zu sein oder zu werden. Mit diesem Ansatz gelang es dem Christentum in der Tat, sich gegenüber der antiken Philosophie begreifbar zu machen. Dieser Ansatz führte aber auch dazu, daß wir im Abendland vom Menschen zunehmend nur das Denken, das Bewußtsein und die Kräfte des moralischen Wollens anzuerkennen vermochten. »Das Wort ist Fleisch geworden« bedeutete mehr und mehr, nur noch das Wort gelten zu lassen und alles, was hätte Fleisch werden mögen, von den Eingangstoren des Christentums fernzuhalten. Es ist, wie wenn wir im christlichen Bewußtsein das Gehirn des Menschen in zwei Teile zu spalten uns immer wieder verpflichtet sähen, als existierte legitimerweise nur die linke Gehirnhälfte mit ihren beiden Sprachzentren, und als müßte all das, was Bild, Phantasie, Traum, Kreativität, Gestaltwahrnehmung im weitesten Sinn sein könnte, geradezu als unchristlich gefürchtet werden. Traum und Tanz, Malerei und Musik, Dichtung im weitesten Sinn, all das droht zu verkümmern in der Art, wie wir als Christen leben.

Tatsächlich mißversteht man so das Johannesevangelium von Grund auf. Es nimmt die Vorstellung vom Wort Gottes aus dem Buch der Weisheit, dem Buch Jesus Sirach, auf. Es ist eine eigentümliche, schwebende Vorstellung, die im Spätjudentum Fuß gefaßt hat. Man mag in dieser Spätzeit nicht mehr glauben, daß der Mensch den Anblick des Göttlichen vertrüge. Würde Gott sich, wie er selbst ist, dem Menschen mitteilen wollen wie in den Anfangstagen der Menschheit, es würde unser zu alt gewordenes, zu zerfasertes, schwächliches Dasein nicht überleben können. Begann nicht die ganze Geschichte der Menschheit schon damit, daß Gott Adam und Eva aus dem Paradies der Welt wegschicken mußte, mit Rücksicht auf ihre Angst und ihr Schamgefühl in der Nähe Gottes? Mußte er nicht selbst die flüchtenden Menschen mit Fellröcken kleiden, um das Empfinden für die eigene Schändlichkeit wenigstens zu mildern? Und selbst dann, als er am Sinai sich offenbarte, mußte nicht Wolkendunkel sein Antlitz verhüllen und Mose eine Mauer dem Volk entgegenstellen, daß es nicht zu nahe an den Heiligen Berg heranträte? Selbst noch das Angesicht Moses mußte verhüllt werden vor der Strahlkraft der Augen und Majestät Gottes. Seine eigenen

Zeitgenossen hätten dieses Licht nicht auf Dauer ertragen. Das einzige, was wir von Gott aufzunehmen vermögen, so denkt man im Spätjudentum, ist eine Ahnung seiner Weisheit, ein Vernehmen seines Wortes, wie es sich ausspricht in der Ordnung der Schöpfung und in der erhabenen Lehre seines Gesetzes. Weisheit und Wort werden die fast verselbständigten Mittlergestalten zwischen Gott und den Menschen, die einzigen noch verbliebenen Brücken. Nur, wie vermögen wir Menschen die Ordnung der Welt zu begreifen und die Weisheit der göttlichen Gesetze, herzensverwirrt wie wir sind? Das ist die Frage, von der das Johannesevangelium ausgeht. Ist es nicht so, daß unsere eigene Dunkelheit, der Druck und das lastende Gewicht der Verzweiflung oft genug gar kein Licht mehr sehen läßt? Ist nicht die Fluchtrichtung unserer Angst so stark, daß uns ein Wort gar nicht erreicht? Als Antwort auf die Infragestellung von allem setzt das Johannesevangelium mutig die Worte an den Anfang, Jesus Christus sei das gestaltgewordene, mit Menschenantlitz ausgestattete Wort Gottes an uns und er lehre uns alles noch einmal, das Verstehen der Schöpfung, die Weisheit der göttlichen Ordnung und das Wissen um die Not unseres eigenen Herzens.

Wie müßten wir sprechen, damit es die Sprache Gottes an uns würde, wie sie erklang im Munde Jesu? Vielleicht daß es in unserem Jahrhundert kaum eine wichtigere Entdeckung gibt, als daß eine Vielzahl seelischer und sogar körperlicher Krankheiten ihre Ursache darin hat, daß vieles, was in unseren Herzen vor sich geht, der Wortvorstellung entzogen bleibt oder wird, nicht aussprechbar, dem Bewußtsein nicht zugänglich ist und also in verselbständigter Form ein fast dämonisches Eigenleben führt. Wir Menschen können nur heil sein, wenn Erlaubnis gegeben wird, daß ein jeder sich mitteilt in seinem Gefühl, in seinen Sehnsüchten, in den Bildern aus der Tiefe seiner Seele. Eine solche Redefreiheit vor Gott und den Menschen wollte Jesus uns geben, wenn er die Zunge des Stummgewordenen löste, wenn er die Ohren der Taubgeredeten öffnete und wenn er die bösen Geister vertrieb, die Menschen der Sprache berauben. Er wollte, daß wir so vieles an verdrängtem Wust unseres Herzens einander mitzuteilen uns trauen würden. Die ganze Welt, die uns umgibt, so meint Johannes mit Berufung auf dieses Zeugnis des Christus, sei wie ein nicht endender Dialog der Güte zwischen Gott und Mensch zu begreifen. »Im Anfang war das Wort« soll gerade nicht bedeuten: am Anfang stand das Begreifen objektiver Gegenstände in rationalen Kategorien des Denkens und in Zahlenkolumnen der Mathematik im Gegensatz zu der Kunst, der Malerei, der Musik. Die Rede ist von der Art eines Wortes, das mächtig genug ist, Träume zu beschwören, die gesamte Welt zu malen als ein Portrait von Gott und Mensch und sie zum Singen und Klingen zu bringen.

Alles, was uns umgibt, hat so eine eigentümliche Sprache, ist verwortete Gestalt einer Mitteilung an uns. Es sind die Sterne nicht einfach, wie wir in der Physik und Astronomie belehrt werden, explodierende Wasserstoffbomben im All, es sind die Sterne mindestens auch Orte der Verheißung von Himmel und Heimat. Es ist der Mond nicht einfach ein erkalteter Körper am Himmel, vermutlich zeitgleich entstanden aus dem kosmischen Staub zusammen mit der Erde, er ist auch ein Sinnbild des Traums und der Liebe und der verschwimmenden Konturen aus Sehnsucht und Phantasie. Und so alle Dinge, das Meer, die Bäume, die Blumen, die Vögel, sie alle haben ein eigenes Wort an uns zu sagen, sind Teile unserer Seele seit Millionen Jahren, ehe wir im worthaften Sinne zu sprechen vermochten, und genau betrachtet kommt ein jeder Mensch auf die Welt mit einem eigenen Bild, einem eigenen Lied, einem eigenen Namen, der bei Gott steht und den wir lernen müssen im Verlauf der wenigen Jahrzehnte dieser Existenz. Wie müßten wir sprechen miteinander, daß es Gefühle beschwört, daß es Ängste beruhigt, daß es Krankheiten heilt, daß es fromm genug ist wie ein Gebet und menschlich genug, um Brücken der Verständigung zu schaffen? Wie vielen Worten gehen wir aus dem Wege, weil wir für die Liebe keinen Namen haben, wie viele Konflikte vermeiden wir, weil wir nicht gelernt haben, Probleme anzusprechen, ohne Schaden und Zerstörung fürchten zu müssen. Es ist aber die schönste, die menschlichste Fähigkeit, eine Rede zu finden, die zu Malerei und Musik, zu Traum und Erfahrung der ganzen Weite unseres Herzens, der ganzen Schöpfung wird. Im Anfang war das Wort und schlug sein Zelt auf unter uns.

Zu Epiphanie

Als nun Jesus zu Betlehem in Judäa, in den Tagen des Königs Herodes, geboren war – da! Sternkundige fanden sich aus Ländern des Aufgangs in Jerusalem ein und sagten: Wo ist der jüngst geborene König der Juden? Wir haben sein Gestirn im Aufgang gesichtet und sind gekommen, uns tief vor ihm zu verneigen. Als der König Herodes das hörte, geriet er durcheinander, und ganz Jerusalem mit ihm. Und er versammelte alle Hohenpriester und Schriftgelehrten des Volkes und erfragte von ihnen, wo der Messias geboren werde. Sie sagten ihm: Zu Betlehem in Judäa; denn so ist es geschrieben durch den Propheten:

Und du, Betlehem, Land Juda:
Mitnichten bist du die geringste
unter den Fürstschaften Judas!
Denn aus dir kommt ein Fürst,
der weiden wird mein Israel-Volk.

Danach rief Herodes die Sternkundigen insgeheim und erkundete von ihnen genau die Zeit, wann das Gestirn erschienen war. Dann schickte er sie nach Betlehem und sprach: Geht und forscht genau nach dem Kind! Sobald ihr es gefunden, berichtet mir, damit auch ich hingehe und mich vor ihm tief verneige. Sie hörten auf den König und brachen auf. Und da! Das Gestirn, das sie im Aufgang gesichtet: Voraus zog es ihnen, bis es hinkam und stillstand hoch über, wo das Kind war. Als sie das Gestirn sahen, freuten sie sich – groß, gar groß war ihre Freude. Und sie traten in das Haus und sahen das Kind bei Maria, seiner Mutter. Und sie warfen sich nieder und verneigten sich tief vor ihm. Dann öffneten sie ihre Schatztruhen und brachten ihm Gaben dar: Gold und Weihrauch und Myrrhe. Und gewiesen im Traum, nicht zu Herodes umzukehren, entwichen sie auf anderem Weg in ihr Land.

MT 2,1–12

Die Ostkirche hat in gewissem Sinn recht, wenn sie diesen Tag der Erscheinung des Herrn als das eigentliche Weihnachtsfest betrachtet. Denn nicht, daß der Erlöser auf die Welt kommt, ist die Wahrheit unserer Rettung; die eigentliche Frage ist, wie wir ihn aufnehmen in unser Herz. Gott ist überall gegenwärtig, aber so nah oder so fern ist er uns, wie wir selbst uns zu ihm stellen, und diese Frage richtet das Fest der Erscheinung des Herrn an uns: wie Gott in unserem Leben sichtbar wird und wie wir Augen gewinnen dafür, inmitten des Unscheinbaren sein Licht aufzunehmen.

Ein heiliger Text über die Art Gottes, in unserer Welt sichtbar zu werden, kann nur auf zwei Ebenen sprechen. Es gibt die eine Welt, die uns sattsam vertraut ist bis zum Überdruß, bis zur Verzweiflung. Sie wird repräsentiert im König Herodes, und ihr Ort ist Jerusalem. Alles, was wir in den Tageszeitungen lesen, paßt in die Chronologie und Berichterstattung dieser Art von Geschichte hinein. Es ist eine Welt, in der Menschen einander regieren und übereinander herrschen und nur einander sicher sind, wenn sie sich beherrschen und drangsalieren. Ein Mensch muß dann keine Angst haben vor dem anderen, er ist sicher vor dem anderen, wenn er über Machtmittel verfügt, ihn im Zaum zu halten. Für die so Regierenden sind Menschen wie Abfall oder wie Tiere: man dressiert sie unter der Zuchtrute der Angst, man richtet sie ab auf die Kommandos, die man ihnen erteilt, und sie haben zu parieren oder um ihr Leben zu laufen. Eine Welt des Schindluders ist dies und des Verrats am Menschlichen, aber sie ist so normal, so furchtbar normal, daß es schwerfällt, sich eine andere Welt auch nur vorzustellen. Auf dieser Ebene der Geschichte gehört alles einem jeden und dem Stärksten am meisten. In dieser Welt gehören Männern ihre Frauen, den Frauen die Kinder, dem Betriebsleiter die Untergebenen, das Volk den Regierenden; alles gehört jedem, und alles Menschliche läßt sich verschachern an den Meistbietenden. Es genügt in dieser Art von Welt, vom Menschen zur Kenntnis zu nehmen, daß er gemein ist, niedrig, ausbeutbar. Wenn man seine Instinkte kennt, kann man ihn an der Leine führen, vorführen. Billig und ordinär ist diese Art zu denken, zu fühlen und zu handeln, die Welt des Herodes. Es ist nicht, als wenn in ihr von Gott nicht auch die Rede wäre. Es ist sogar von Religion die Rede in dieser Welt, aber wieder nur als Herrschaftsinstrument, als ein Mittel, noch besser Macht auszuüben. Ein Mann wie König Herodes zögert keinen Augenblick, die heiligen Bücher aufzuschlagen, um sich zu informieren, aber im Grunde nur, um mit den scharfsinnigen Augen des Hasses seinen Gegner zu fixieren und herauszufinden, wo er ihn treffen muß. Diese Welt wird und muß bedroht werden von allem, was göttlich ist, denn göttlich ist die Freiheit und die Größe des Menschen. Sie stellt die selbsternannten Götzen jederzeit in Frage. Sie müssen sich wehren, um ihre Existenz zu behaupten, und sie können furchtbar sein im Kampf um ihre Existenz. Sogar die Gebärde der Anbetung kann der Verschleierung von Herrschaftsinteressen dienen, sogar die ganze Religion kann eine Ideologie der Menschenhörigkeit und -abhängigkeit sein, ein blankes Machtmittel, ein Instrument der Entfremdung, des Terrors und der Angst.

Man braucht über diese Welt nicht länger zu reden, denn wir kennen sie, wir leben jeden Tag in ihr, wir atmen ihre Atmosphäre bis zur Vergiftung und bis zum Ersticken, sie bestimmt uns, prägt den Alltag, sie würde uns unentrinnbar erscheinen, wüßten wir nicht, daß es eine andere Welt auch gibt.

Und wir sind auch imstande, den Weg der Könige von Osten noch einmal zu gehen und zurückzufinden zu uns selber. Es ist ein Weg, der beginnt mit der Sehnsucht einsamer und dunkler Nächte. Die Frage ist, wie man überhaupt im Raum des Menschlichen Göttliches entdecken kann, wie man Menschen so sehen lernt, daß man sie als Abgesandte Gottes fühlt und ins Herz aufnimmt, wie man Menschen so zu betrachten vermag, daß in ihnen der Abglanz des Göttlichen aufleuchtet. Einzig um diese Kunst geht es. Sie läßt sich lernen bei den Magiern des Ostens, Menschen, die das Unsichtbare fühlen, die im Verborgenen lesen können und die fähig sind, Träume zu vernehmen.

Denn alles beginnt damit, daß wir die Sprache der eigenen Sehnsucht für wahrer glauben, als was wir draußen in der Welt der Fakten kennenlernen. Unsere vergessenen Träume reden wahrer von der Wirklichkeit des Menschen, als was wir an Informationen über die Handlungsweisen der Mächtigen lernen können. Unser Herz wird tiefer gestaltet von seinen geheimen, verborgenen Wünschen als von dem Lastdruck derer, die draußen stehen. Alle Magie des Religiösen, alle Verzauberung des Herzens beginnt damit, daß wir in uns selbst erforschen, welche Sehnsucht uns trägt, welche Erwartung uns prägt, welche geheimen Hoffnungen uns leiten. Und irgendwann, inmitten der Dunkelheit von Nacht, Einsamkeit, Verlorenheit oft und Verzweiflung ist es möglich, einen Stern zu entdecken, der aufgeht wie am anderen Ende der Welt, ein Licht, das unscheinbar aussieht und dem man dennoch vielleicht zu folgen wagt, ja dem man, wenn es mit rechten Dingen zugeht, sogar unbedingt glaubt Folge leisten zu müssen, und mögen sich dazwischen Wüsteneien und Einöden, grenzenlose Distanzen von Gefahr erstrecken. Man muß bereit sein, diesen Weg zu gehen zu dem Stern, der am westlichen Himmel erscheint. Noch ist fern der Anbruch des Tages, und dennoch sieht man in der Ferne ein Licht vor Augen, einen winzigen Schimmer der Hoffnung. Ihm geht man nach, und man entdeckt, daß es alte Prophezeiungen gibt, uralte Schriften, die um einen kommenden Erlöser wissen. In eines jeden Menschen Herz ist eingeschrieben, was an Wahrheit in ihm leben möchte. Wie auf alten, vergilbten Blättern ist in seinem Herzen eine Botschaft verzeichnet über seine Wahrheit, über die Wirklichkeit seines Glücks, über das, worauf er warten *muß*, um seiner Bestimmung zu gehorchen. Es kommt der Augenblick, da beides einander konfrontiert wird, die Welt draußen und die drinnen, ein Augenblick furchtbarer Angst. Was werden die Könige draußen, die scheinbar so mächtigen Mitmenschen, was wird die Allmacht der Umgebung, die furchtbare Kraft des Milieus sagen, wenn man herausrückt mit dem phantastischen Glauben an Träume und Sterne, wenn man erklärt, man habe einen weiten Weg zurückgelegt, um ein Kind zu finden, ein anfanghaftes, verborgenes Leben, über dem dennoch schon der Schimmer des Göttlichen ruht? Wird man sich nicht lächerlich machen? Wird man nicht gefährdet sein? Wird man sich nicht ausliefern? Und dennoch wagen's die Magier, in Jerusalem ihrem Gegenkönig zu begegnen, und sehen noch einmal den Stern vor sich herziehen und endgültig zum Stillstand kommen. Die Sehnsucht und die Verheißung hat ihren Ort gefunden, und nun beginnt die wunderbare Kunst, die wir erlernen können, uns zu beugen vor dem scheinbar so Kleinen im Herzen des anderen, in dem, was an unzerbrochener Güte und Schönheit in ihm lebt, uns demütig zu beugen, andächtig zu werden vor dem beginnenden Leben, vor dem reifenden Glück des anderen. Die Sprache der Liebe ist so, daß sie über dem Haupt des anderen den Stern Gottes leuchten sieht und den Glanz Gottes wiederfindet in seinem Herzen und wie in einer Gebärde der Anbetung ehrfürchtig wird und niederkniet vor dem erscheinenden Glück. Denn das eigene Herz kommt zur Ruhe, und die eigene Sehnsucht weiß um ihre Erfüllung.

Man rätselt, was es sollte, daß die Magier dem Kind in Betlehem, wörtlich: im »Haus des Brotes«, als Gaben dargebracht hätten Weihrauch, Myrrhe und Gold. Ich denke, man versteht dies, wenn man die Wunsch-Inschriften schon der alten Pharaonen liest, die z. B. einer ägyptischen Prinzessin wünschten, sie möge leben, sie möge blühen, und sie möge glücklich sein.

Leben möge sie. Dafür wird die Myrrhe stehen, ein Heilmittel gegen Krankheit und Schmerz. Und der Wunsch ist, daß das Leben des anderen selbst hier auf Erden in seiner irdischen Existenz, wenn immer es möglich ist, bewahrt bleibe vor Schmerz, Krankheit und Leid. Und soviel man dazu beitragen vermöchte mit dem eigenen Dasein, möchte man wie Myrrhe sein, den Schmerz zu lindern, das Leid zu nehmen, die Krankheit zu besänftigen.

Aber Weihrauch. Daß es im Herzen des anderen sich erhebt, dies ist der Wunsch, blühen zu dürfen, daß sich eine Perspektive öffnet ins Licht, dem Himmel entgegen, und daß Leben sich entfaltet und zum Wohlgeruch wird und alles an Schönheit sichtbar nach außen drängt und sich entfaltet zur Freude aller, die es sehen und wahrzunehmen vermögen.

Und Gold. Wann immer ein Mensch das Gefühl seines eigenen Wertes gewinnt, seiner unschätzbaren Größe, Schönheit und seines Reichtums innewird, ist dies, daß sein Herz sich weitet im Glück. Dies möchte man dem anderen geben, vermitteln, wünschen und mit dem eigenen Leben dazu beitragen.

Es heißt, daß die Magier, noch einmal im Traum belehrt, zurückgegangen sind in ihre Heimat. Wenn sich's in unserm Leben so ereignet, wird man sagen müssen, ein Traum wird Wirklichkeit. Und beieinander bleibend, ist man ganz zu Hause im Herzen des anderen bei sich selber.

Wie konnte man berichten, die Heilige Familie sei arm gewesen, wenn doch Magier aus dem Orient dem neugeborenen Jesus Gold und Schätze dargebracht haben? – Diese Frage stellte sich Albert Schweitzer, als er noch ein Kind war. Und er hat recht. Die Geschichte von den Magiern aus dem Orient ist keine historische Erzählung. Sie hat sich nicht so zugetragen, wie man sie in der Zeitung lesen könnte. Historisch sind Leute wie Herodes; sie regieren mit dem Zepter der Macht. Und kündigt man ihnen an, es werde ein König des Herzens geboren werden, dessen Macht sich gründe auf die Sanftheit seiner Worte, auf die Magie seiner Liebe, auf den Zauber über das Herz der Menschen, wird er allen Verstand im Reich, sogar alle etablierte Frömmigkeit zusammenholen und beratschlagen, wie man dieses Heil vernichtet, ehe es Unheil stiftet für die Mächtigen. Selbst diese Farce wird man finden, wenn man die Zeitung aufschlägt, wie die Mächtigen sich die Ehre geben, der Frömmigkeit zu huldigen, listig, um sie zu erwürgen. Sie werden die Hände falten, um zu morden. Sie werden sich erkundigen, damit auch sie demonstrieren, wie sie sich dem wahren Herrscher der Welt unterwerfen, um ihn unter die Füße zu treten.

Gott sei Dank ist die Geschichte, die wir in der Zeitung und im Geschichtsbuch lesen können, nicht die einzige Geschichte. Es gibt eine andere Ebene, vom Menschen zu reden, und sie ist mindestens genauso wahr, vermutlich sehr viel wahrer, denn sie scheint in die Tiefen der Seele. Geschichten dieser Art mag man Legenden oder Märchen nennen; sie sind wahr deshalb, weil vielleicht nur die Märchen glauben, daß Märchen wahr sein können, und nur Legenden für möglich halten, Menschen könnten rein und wahr und getreu sich selbst und ihrem Schöpfer leben. Das aber müßten sie, wenn Gott zur Erscheinung kommen soll, denn Gottes Schönheit ist nirgendwo sichtbarer, als wenn sie sich widerspiegelt in der Schönheit des Antlitzes eines Menschen und in der Wahrheit seines Herzens.

Wie aber findet man die Schönheit eines Menschen und die Wahrheit seines Herzens? Davon eigentlich erzählt diese Geschichte von den Magiern aus dem Land des Sonnenaufgangs. Die christliche Legende hat gut daran getan, die Erzählung auszuschmücken und vollends zum Märchen zu stilisieren. Magier sind nicht genug, um die Wahrheit des Menschen zu beschwören, denn der Mensch ist ein König, wenn er seinem Stern folgt, also daß die Sterndeuter selber Könige werden. Und drei müssen sie sein auf der Suche nach dem vierten, einer unter ihnen schwarz und dunkel, so wie in allen Märchen der dritte Königssohn verwandt ist der Nacht, den Träumen und der Erde. Eine Suche nach der Menschlichkeit wird beschrieben, eine Wallfahrt zum Herzen, eine Pilgerreise zur Entdeckung Gottes in der Gestalt der Menschlichkeit. Sollte man so von einem jeden denken können, es stünde über seiner Wiege ein Stern am Himmel, der zeigt, aus welch einer Heimat er zur Welt gekommen ist, und ihm den Weg zurück weist? Die Sehnsucht nach dem Paradies wohnt so tief in uns, daß wir keinen Augenblick zu leben wüßten ohne die Aussicht unserer ewigen Heimat, die uns leuchtet, wenn die Nächte dunkel sind, und die uns in den Träumen, den Sehnsüchten, den dunklen Gefühlen vielleicht am nächsten ist – mehr oft als in der Helle des Tages und des Bewußtseins.

All dies wird es dann in uns selber wieder geben. In uns selber tragen wir die Gestalt eines Königs Herodes, die sich wehrt mit der Eitelkeit ihrer Vernunft, mit der Ausgeklügeltheit des Kalküls, mit dem Räsonnement des sogenannten Realismus. Jeder von uns, eh' er zu reifen vermag zu seiner wahren Gestalt, wird sich bedroht fühlen müssen von diesem Königsich der Gewalt, der Macht, der äußeren Ordnung. Jedesmal, wenn wir dem Zauberreich der Phantasie, dem Wohlklang der Poesie, dem Schwingen des Herzens nahe sind, wird dieser König sich auf dem Thron erheben, wutschnaubend mit dem Fuß stampfen und laut durch seinen Saal schreien, daß sich Gefühle, Träume, Sehnsüchte und Gedanken dieser Art weder gehören noch schicken noch in die Welt passen. Denn anzupassen hat man sich im Reich des Königs Herodes. Fast möchte man beten für einen jeden Menschen, es möchte zur rechten Zeit ihm ein Engel des Herrn im Traum erscheinen und ihm sagen, daß er diesen König fliehen muß, daß er nie nach Hause kommen wird, wenn er nicht einen Umweg um die Schreckensgestalt dieses Fürsten macht. Es ist nötig, das stolze Jerusalem und seine Mauern zu verlassen, um das kleine Betlehem zu finden, getreu dem Stern.

Im Herzen eines jeden Menschen leben wunderbare Verheißungen, geschrieben von den Fingern Gottes vor aller Zeit, denn der Ewige wollte, daß wir leben und daß es uns gibt. Er mochte nicht nur sein, er wollte zur Erscheinung kommen. Und man darf denken, daß die Erde stillsteht und die Sterne aufhören, sich zu drehen, wenn die Magier und die Könige niederfallen vor der Gestalt eines Kindes, um es anzubeten. Wenn wir fähig werden, im noch nicht Vollkommenen, im noch Unfertigen, im Anfanghaften das Große zu sehen, die Berufung zu entdecken, wird diese Welt ihren Frieden finden. Wenn wir das Kleine nicht geringschätzen, sondern seine wahre Größe zu ahnen beginnen, wenn wir merken, daß es kein Oben und kein Unten gibt, sondern nur eine einzige Welt Gottes, daß das Unten nicht niedrig ist und das Hohe nicht stolz sein muß, sondern alles sich zusammenfügt unter den Händen Gottes, die das Ganze umschließen, findet diese Welt ihre Harmonie und ihre Ganzheit.

Nun erzählt die Legende, die Magier hätten Gaben dargebracht: Gold,

Weihrauch und Myrrhe. Man kann Geschenke, wenn sie passend und geschmackvoll gestaltet sind, eigentlich nur so machen, daß sie ausdrükken, was das Wesen des anderen ist. Man kann einander im Grunde nur schenken, was im anderen selber lebt und was sich in ihm selber verkörpert. Wie wäre es dann, wenn wir glauben dürften, einem jeden von uns gehörten solche Geschenke dargeboten vom ersten Moment, da er auf der Welt war, und sein ganzes Leben bestünde nur darin, die Bilder dieser Geschenke ausreifen zu lassen und zur Erscheinung zu bringen?

Gold hätten die Magier dem Jesuskind zu Füßen gelegt. Es ist das Metall, das geboren wird im Glutofen der Sterne. Wenn sie unter ungeheurem Druck und unvorstellbarer Temperatur sich zusammenpressen, wenn sie explodieren und ihr schweres Material an den Weltraum abgeben, formen sich später um neue Sonnen Planeten, in deren Gestein Spuren von Gold liegen. Durch die Jahrtausende wird dieses Metall keine Verbindungen eingehen; es wird rein bleiben für immer. Sollte man denken, daß das Kostbarste in unserem Herzen so geboren wird, oft unter ungeheurem Leid, ungeheurem Druck, Katarakten der Energie, die sich entladen und die dennoch schwer und kostbar sind? Und in einem jeden Menschen gibt es von diesem Gold zu entdecken, je mehr man ihn liebt, desto mehr jeden Tag. Es käme darauf an, daß wir den Menschen sehen lernen mit Gottes Augen, um Gott darin zu finden, und wir würden erkennen, daß ein jeder Mensch in sich kostbar ist wie Gold und daß es etwas gibt in seinem Leben, das ihn zu einem König macht, so würdig, so reich und so groß, denn eines jeden Menschen Leben kommt von den Sternen.

Und Weihrauch sei dem Jesusknaben dargeboten worden. Die alten Ägypter nannten es, ins Deutsche übersetzt, »das, was zu Gott macht«, wenn sie von Weihrauch sprachen, und sie malten dabei das Bild der menschlichen Seele, wie sie sich erhebt, einem goldenen Vogel gleich, zurück zu den Sternen. Auch dies sind wir Menschen, getragen von der Kraft der Sehnsucht, von dem Heimweh nach der Ewigkeit, berufen, zurückzukehren zu dem Ort, von dem wir stammen. Und beide, die Schwere des Goldes und die Leichtheit des Weihrauchs, leben in uns und beide sind wir ganz.

Dazwischen die Myrrhe, der irdische Weg unserer Endlichkeit und Sterblichkeit. Wir dürfen ihn gemeinsam gehen, und es gibt viel, das Herz eines Menschen zu trösten, gegen sein Leid, gegen seinen Schmerz, und viel zu erwecken an Hoffnung und Kraft, unterwegs auf der Wallfahrt zur Ewigkeit.

Eine alte russische Legende erzählt von einem vierten König, der hörte in seinem Reich in Rußland von dem Herrscher der Ewigkeit, der zur Welt kam, und machte sich auf, ihn zu suchen. Er nahm mit sich die schönsten Linnen, gebleicht in der Kühle des Schnees auf den Bergen seines Landes, die schönsten Perlen vom Flußgrund der schimmernden Ströme und nahm mit sich vom Honig der kostbarsten Blumen und Blüten auf den Feldern der Steppe. Dieser König, sagt die Legende, war noch nicht weit unterwegs, als er der Armut begegnete. Und er opferte sein Tuch, damit Aussätzige die Hitze des Fiebers und der Glut ihrer Krankheit auf der verwundeten Haut kühlen könnten an dem Linnen, gebleicht im Schnee auf dem Gebirge des Landes dieses Königs. Er opferte seinen Honig einer Frau, die nicht wußte, wie ihr Kind zu ernähren, und er opferte seine Perlen in einem Dorf, das vor Hunger verkam. Schließlich besaß dieser König gar nichts mehr, was er zu dem unbekannten neuen König hätte tragen können. Und sogar der Stern am Himmel versank vor seinen Augen, so daß er ein Landstreicher wurde, so wie immer, wenn Menschen ihre Hoffnung verlieren. Da er nichts mehr zu geben hatte, opferte er schließlich dreißig Jahre seines eigenen Lebens für den Sohn einer Frau, der zu den Galeerensklaven abgeurteilt werden sollte. Zerbrochen, zerlumpt und zerschlagen kam dieser König nach Jerusalem, dreiunddreißig Jahre zu spät, rechtzeitig aber, den König der Ewigkeit wiederzuerkennen am Kreuz inmitten des Leids. Denn der Mensch verdient jedes Opfer, und der Gott, der erscheint in der Schönheit des Menschen, will unsere Güte, unser Mitleid und unser Verstehen grenzenlos, wie er selber ist. Aller Reichtum unserer Hände wird noch goldener, noch kostbarer im Geschenk für die Größe der Menschen, die wir lieben, und nirgendwo ist Gott größer, als wenn wir ihn erkennen in der Armut, in der Kleinheit, denn sie wachsen zu ihrer Reife.

Geht zu allen Völkern und kündigt ihnen die Frohe Botschaft! Mit diesen Worten des Auferstandenen schließt das Matthäusevangelium. Es ist der Auftrag unseres Glaubens, die Chance für die Menschheit, menschlich zu leben, die mit Christus begonnen hat, durch unser Leben und durch unser Wort allen Völkern mitzuteilen. Es ist das Ende jedes Denkens in den engen Grenzen von Nation und Tradition, Kultur und Institution, es ist der Beginn einer Öffnung ohne Schranken. Was Matthäus als das Ziel seines ganzen Evangeliums formuliert, rückt er als Bedingung und Grund schon in das Leben der Kindheit Jesu, um damit auszudrücken, daß es wesentlich zu der Person dieses Mannes zählt, von Gott so zu reden, daß dadurch die Menschen aller Zeiten und Orte sich gemeinsam angeredet fühlen und in ihnen selber alles dieser Botschaft entgegendrängt. So hat man in der Bibel niemals zuvor gedacht. Noch in den Tagen Jesu stritt man sich darum, wie es möglich sei, an Gott zu glauben. Wird nicht der Messias kommen, wenn Israel treu seine Gesetze hält, und zählt dazu nicht als erstes, den Zwinggriff der Unterdrücker, das Unrecht der Gewalt zu besiegen, mit der Sprache der Gegengewalt notfalls, wenn nichts anderes hilft?

Es war die erschreckende und ungeheuer sanfte Botschaft des Jesus von Nazaret, auf Gott so zu schauen, daß unser Herz weit würde zur Liebe für alle Menschen. Aber das geht nicht! hielt man ihm entgegen. Man kann das Volk Israel lieben, man muß das Volk der Erwählung, die Kinder Abrahams, lieben, und den Gott Israels, für ihn muß man eintreten! Aber man kann nicht im gleichen Atemzug unsere Hasser, die Römer, lieben, das ist Verrat an Gott! Und immer spaltete sich darunter der Glaube an Gott und die Menschheit. Wenig später nach Jesus hat dieses Denken wieder Fuß gefaßt, gegen den Willen seiner eigenen Worte. Selbst heute noch sind wir in der Kirche dem Frontenbilden, dem Grenzenziehen, dem Abriegeln und dem Aufspalten in der Gewalt nicht völlig enthoben. Wenn wir den Völkern der Erde die Botschaft des Christus zu bringen versucht haben, stützte sich noch bis vor kurzem der Gesang der Cherubim auf die Schwertspitzen der kämpfenden Bataillone. Und immer wurde als erstes bewiesen, daß wir die Kulturen fremder Völker vernichten und verbrennen müßten, damit um so besser dann Gott verherrlicht und sein Sohn verkündet würde. Es war eine Botschaft, die viel Macht und Geld brauchte, um sich zu erklären durch Einschüchterung und Angst. Selbst in unseren Tagen hat dies geistig nicht aufgehört. Wenn wir von Christus sprechen, wird als erstes bewiesen, daß alle anderen Religionen und Völker im Unrecht sind und belehrt werden müssen; sie haben zuzuhören, als allererstes; sie haben die Sprache unserer Kultur zu lernen, vorher verstehen sie ohnedies nichts! Und wir sind die

Richtigen, die Erwählten, die für alle Zeiten im Besitz der Wahrheit Befindlichen!

Es ist von erschütternder Poesie, jene Texte des Matthäus am Anfang, noch in die Kindertage des Jesus zurückprojiziert oder – phantasiert, zu finden, denn das ist die Art, die mit Jesus zu tun hat. Da kämen die scheinbar auch in israelitischem Sinne Unbelehrten, die Heiden – von selber, freiwillig – von weit und seien imstande, im Feld der Astrologie dem Licht der Sterne in traumnahen Nächten zu folgen und diese Bilder der Seele für wirklicher zu nehmen als jeden Einspruch der äußeren Realität. *So* beginnt es mit dem Glauben an die Menschlichkeit des Jesus von Nazaret. Es gibt etwas im Menschen, das ihn sucht und will und von innen versteht, wenn man es nur läßt und nicht hindert! Womöglich sind die Menschen, die im äußeren Sinne gar nie belehrt wurden, schließlich dem Verständnis am nächsten. Und gibt es denn in unserer eigenen Seele nicht all dies: den Aufbruch der Sehnsucht und den Wunsch, *einmal* den Traumgeschichten zu folgen statt all dem, was äußerlich sich so fest beglaubigt? Es ist die Sprache, die die Menschen aller Zeiten und Zonen fühlen und reden, die Sprache der Märchen, in denen dies sich hier mitteilt.

Von drei Königen erzählt schließlich die christliche Legende, nicht mehr nur von Sterndeutern, und ermittelt die Dreizahl aus den Opfergaben von Gold, Weihrauch und Myrrhe. Aber dies erzählen die Geschichten der Völker rund um den Globus: wie drei Königssöhne in die Fremde ziehen, um das Heil zu finden, und darunter, im Suchen all unserer Kräfte, versammele sich all das, was wir sind, denn dieses Wissen um die Königswürde und den Goldglanz, der über jedem Menschenleben ruht, sei uns gegenwärtig und eines der kostbarsten Geschenke, die wir einander zu machen vermöchten: mitten in der Armut seien wir imstande, diesen Lichtglanz der Größe im anderen wahrzunehmen und ihm zurückzugeben. Wir seien imstande, im Bild des Weihrauchs das menschliche Leben so aufzuheben wie den Wohlduft eines Abendopfers, der aufsteigt von der Erde zum Himmel, und unser Leben sei wie ein Gebet der Freiheit, ungehindert bis zu den Wolken. Und es sei möglich, eine Sprache des Mitleids und der Linderung unter uns Menschen zu reden, dargestellt im Bild der Myrrhe, der Besänftigung des Schmerzes bis zur Betäubung, und all dies, die Schönheit, die Einheit mit dem Göttlichen und die Niedrigkeit im Schmerz umspanne unser Menschsein ganz.

Es ist sogar noch das Moment der Märchen in der christlichen Legende mit inbegriffen, daß der dritte der Königssöhne, anders als die beiden ersten, gewissermaßen minderrangig gewesen sei, von anderer Farbe und anderer Herkunft. Er, der dunkle Mohr, ist in den Märchen dem Heil am nächsten, und es kehrt die Welt sich um, in der wir immer schon wissen, wo oben und unten ist. Das ist ja die ganze Botschaft der Erscheinung des Herrn: daß die Leute auf den Thronen das Zittern ergreift. Es ist die Gegenbotschaft gegen die Logik all dessen, was wir Geschichte nennen und täglich in den Zeitungen lesen können und was in unseren eigenen Herzen oft grausam genug lebt: die Gestalt des Königs Herodes. Sie erweist sich immer erneut als gefährlich aktiv. Es ist nicht, daß sie von Gott nicht wüßte: es ist nicht, daß an ihrem Hofe nicht Priester und Texterklärer in Mengen zu finden wären. Es ist, daß sie Gott abzweckt für die Mittel der Macht und am Ende selbst die Religion benutzt zu nichts weiterem, als die Herrschaft zu verfestigen. Ein König Herodes tut viel für den Opferdienst, installiert den ganzen Apparat der zeitgenössischen Theologie, staffiert auch womöglich den Tempel mit Gold aus und gibt sich als Mäzen für die Sache der Religion. Und sie frißt ihm aus der Hand, wenn es gutgeht, die Religion, in Dankbarkeit und Abhängigkeit, wie ein wohldressierter Hund. Die Botschaft Gottes duldet nicht die Herrschaft von Menschen über Menschen und wagt es, uns auszusetzen der Angst, die uns überkommt, wenn man uns nicht mehr wie Hunde behandelt, wenn wir die Freiheit wagen müssen. Jeder von uns trägt in sich einen solchen König Herodes, der am Ende anbetet auf eine Weise, die nur tötet und hinterhältig genug ist, sich den Weg zum Kind von Betlehem zeigen zu lassen, einzig um auszurotten, termingenau, was da an Heil und neuwerdender Menschlichkeit beginnen könnte. Mit einem Wort: Wir müssen uns entscheiden, jeder für sich und die Kirche im ganzen, zwischen den Magiern aus dem Osten und dem Herodes in Jerusalem. Ja, es gilt am Ende die Hoffnung zu retten und noch einmal den Träumen Folge zu leisten, die in der Nacht mahnen, die Wege zu wechseln, den Häschern zu entkommen und die Heimat zu finden.

So fing es an, wenn man die Geschichte des Jesus von Nazaret liest mit den Augen des Herzens, mit der Poesie des Göttlichen, mit der Phantasie menschlicher Sehnsucht. Sie erfüllt sich, wenn die Träume wichtiger werden als die Dekrete derer, die sonst das Sagen haben, das Sagen hätten, ließe man sie mit sich allein.

Die Erzählungen der Evangelisten um die Geburt Jesu erzählen nicht, was damals gewesen ist, sie möchten beschreiben, wer Jesus von Nazaret wesentlich ist und bleibt für alle Zeiten, und so versetzen sie die Erfahrungen der Menschen mit Jesus zurück an den Anfang. Alles beginnt in Szenen, die sich später im Inneren von Menschen wiederholen werden, die in das Kraftfeld des Mannes aus Nazaret eintauchen und eingebunden werden.

Vieles an der Darstellung des Matthäus mag uns heute zeitbedingt erscheinen. Da ist vor allem der Konflikt zwischen den Magiern und Sterndeutern aus dem Osten und der Haltung des jüdischen Königs mit seinen Schriftgelehrten am Hofe. Es ist die bittere Erfahrung des frühen Christentums spätestens nach dem Untergang Jerusalems, daß es immer schwerer wird und fast unmöglich ist, dem Volk der Berufung, Israel, den Glauben an den Messias im Sinn der Christen zu vermitteln, ja, es erscheint in dieser Anfangslegende aus dem Leben Jesu bereits als ein unüberbrückbarer, tödlicher Gegensatz: der König der Juden tötet den König der Juden, und die Verwalter der jüdischen Frömmigkeit stehen ihm zur Seite und sind ihm behilflich, indem sie das Richtige so auslegen, daß es zur Waffe im Kampf gegen denjenigen wird, der gekommen ist, alle Verheißungen Israels zu erfüllen. Bitterer und schmerzlicher läßt es sich nicht sagen, vielleicht auch nicht ungerechter und einseitiger. Auf der anderen Seite bleibt eine große Hoffnung, daß von fernher, nicht nur eigentlich aus dem Orient, sondern von allen vier Weltgegenden, die Unberufenen, die Heiden, die Völker der Geschichte um so zahlreicher sich drängen werden wie in einer großen Wallfahrt hinüber zum Ort des wahren Königs, nicht nach Jerusalem, aber nach Betlehem, und es wird die älteste Verheißung der Propheten in Erfüllung gehen. Was Israel galt, wird in der Kirche wahr werden. So wollte Matthäus es in dieser Geschichte sehen und beschreiben. Uns aber heute, die wir es lesen, die wir selber aus den Unberufenen, den Heiden, kommen, bleibt um so mehr die Frage, was dies denn ist zwischen den Magiern und dem König und was uns entscheiden läßt, je nachdem, anzubeten oder umzubringen, was uns leben lassen könnte. Die ganze Spannung zwischen Herodes und den Sterndeutern liegt in unserer eigenen Seele, und so beginnen wir die Geschichte noch einmal, über die Zeiten hinaus, für unsere Zeit und uns selbst als ein gültiges Bild zu verstehen.

Wenn wir heute hören, es müsse das Evangelium verkündet werden den Neuheiden hier in Westeuropa, fragt sich die Kirche fast verzweifelt, wo sie denn anknüpfen solle im modernen Leben der westlichen Kultur, die ihr so sehr zugeschüttet scheint mit äußerem Glücksstreben, Materialismus, Konsumgesinnung, kurzum mit einer unfrommen Unchristlichkeit schlechthin.

Es mag sein, daß, wenn man uns am Tage agieren und reden hört, man kaum die Vermutung hegt, daß wir noch ganz anders sein könnten. In der Welt, die wir planen und machen, existieren keine Könige, die unterwegs sind, der Ankunft eines Sterns zuliebe eine heilige Wallfahrt quer durch Wüsten und Einsamkeiten bis zum Ort, wo der Stern stillsteht, zu wagen. Uns scheint die Welt griffig, planbar und machbar zu sein; Heiliges kommt darin kaum vor, Wunder, wenn wir sie nicht selber machen, existieren nicht. Wir sind hart geworden, so scheint es. Und wir ersticken vieles an Leben, das ist die Wahrheit. Es mag sein, daß wir sogar von der Religion gehört haben wie nach des Herodes Weise. Es ist ja nicht so, daß wir die heiligen Texte seit Kindertagen nicht bis zum Auswendiglernen gehört und in uns aufgenommen hätten; nur, was sie uns sagen, dient am Ende wieder irgendeiner Form von Machterhalt und Selbstbestätigung. Am Ende kennen wir alles, um nichts zu begreifen, und wissen alles, um doch niemals weise zu werden, und stehen da auf den Podesten und wissen selber nicht zu finden.

Mag sein, daß dies eine große Gefahr ist, die in uns allen existiert, aber wir sind nicht nur *so*, und jene wunderbare Geschichte aus den Anfangstagen Jesu möchte grad mit den Augen des Mannes von Nazaret uns doch auch ganz anders sehen. Fähig sind wir, heilige Geschichte wahrzunehmen. Es kann sein, daß manches, was wir da betrachten, unter den Augen des rationalen Bewußtseins wie Aberglaube und Unsinn erscheint. Wer wird sich schon kümmern um Sterne? Tatsächlich geht es sicher nicht um Astrologie und derlei Dinge, ob ein Komet oder eine Konstellation der Fische zu bestimmten Zeiten irgend etwas in Mesopotamien zu bedeuten hatten. Nicht das sind die Fragen, die uns jetzt bewegen. Aber was es doch gibt, sind nächtliche Gesichte, die uns sagen können, wozu wir bestimmt sind und wohin unterwegs, wenn wir's nur begreifen. Es gibt in den Einsamkeiten, wenn es dunkel wird, Augenblicke, da ist es flammend klar vor unserem inneren Sinn, daß wir aufbrechen müssen und nicht eher zur Ruhe kommen werden, als bis wir finden, wonach wir suchen. Und das ist jetzt die Frage: Wie finden wir uns wieder als Menschen, die suchen? Scheinbar sind wir so geschlossen, satt und eindimensional – die Wahrheit ist, wir können und müssen ganz anders sein in der Tiefe; unruhige, haltlose, in ihrem Verlangen nie befriedigte Menschen sind wir, und ein jeder von uns begreift dies auf seine Art, so daß vieles, was sich sicher gibt, eher eine Tarnung ist für die eigene Unsicherheit, und was groß daherschreitet, nur eine Ersatzbildung für das, was uns so gering und klein an uns vorkommt.

Es ist ein Gedanke, der einem beim Lesen dieser Erzählung von den

Magiern am Hause der Heiligen Familie kommen mag, daß ein wichtiger Schlüssel zum Verständnis dieser Erzählung in den Gaben der Sterndeuter selber zu suchen ist. Die gewöhnliche Erklärung seit Vätertagen hat immer wieder in Gold, Weihrauch und Myrrhe verschiedene Formen des Christusbekenntnisses vermutet. Gold, das sei die Majestät und Königswürde des Christus, Weihrauch ein Bekenntnis zu seiner Göttlichkeit und Myrrhe zu seiner Menschlichkeit. Das ist ehrfürchtig gedacht, aber schwerlich zutreffend. Matthäus selber wird seinen Magiern nicht die theologische Bekenntnisformel des 5. Jahrhunderts zugetraut haben, und es ist auch nicht die Art, wie Menschen opfern, dem anderen zu sagen, wer er ist. Wenn wir einander etwas schenken, drücken wir etwas aus von dem, was wir selbst sind und an Empfindungen in uns tragen. Menschen opferten den Göttern Tiere, um zu sagen: wir selber sind Tiere, und sie trieben die Sündenböcke in die Wüste, um zu sagen: wir möchten uns loswerden als schuldhafte Tiere. Immer sagten die Opfer etwas über denjenigen, der opferte. Dann aber wäre es ein großartiges Bild, zu denken: Wir Menschen, wenn wir unterwegs sind, finden Gott, wie Jesus Christus ihn uns lehrte, in diesen drei Symbolen, des Golds, des Weihrauchs und der Myrrhe.

Da gibt es das Bild des Menschen, den man buchstäblich mit träumenden, nächtlichen Augen sehen muß, und dann steht er da, wie gemalt auf dem Hintergrund von Goldglanz, und der Schimmer des Himmels umgibt ihn. Mit den Augen des Tages mag er ein Wicht sein, ein Niemand, irgend etwas sehr Verkorkstes vielleicht, und es sprechen viele gute Argumente dafür, daß er so und nicht anders sein muß und etwas Besseres aus ihm nie werden wird. Aber schaut man genau hin, mit den Augen der Liebe und mit den Augen eines Traums, wie die Liebe ihn lehrt, sieht man denselben Menschen berufen zu einer Königswürde, und auf seinem oft so geschundenen Haupt, umspielend den Kranz seiner verwirrten Gedanken, erhebt sich unsichtbar die Krone eines Königs und die Berufung zu einer Souveränität und Freiheit, die in ihm Fuß fassen und leben möchte als die Bestimmung seines eigentlichen Wesens. So jedenfalls wollte Jesus, daß wir die Menschen und uns selber sähen. Er verlangte und glaubte, im Matthäusevangelium, daß wir Menschen nicht nötig hätten, uns demütigen zu lassen nur von dem Terror der Angst anderer. Fürchtet nicht die Menschen, haltet eure Wahrheit nicht im Verborgenen. Gott weiß um euch und er beschützt euch. Ihr seid mehr wert als alles sonst auf Erden. Ihr steht in der Hand des ewigen Königs. Ihr seid seine Kinder. – All das waren die Bilder und die Worte des Jesus von Nazaret. Wir Menschen haben etwas in uns, das geboren wurde im Schmelzofen der Sterne, das sich aussäte im Staub des Kosmos und sich neu verdichtete, um uns zu ermöglichen, etwas, das sich durchträgt, keine

Legierungen eingeht und in sich als ein reines Metall die Jahrtausende überdauert. So etwas vom Himmel auf die Erde Gefallenes, im Inneren der Tiefe der Erde Wiedergefundenes ist ein jeder Mensch, und es ist nur die Frage, was wir sehen wollen, den Staub der Vergänglichkeit oder das Gold unserer Würde. Es ist die Größe des Menschen, die ihn Gott finden läßt, es ist das Kostbarste an ihm, das hinübermöchte, um anzubeten. Es ist nicht, daß man den Menschen lehren muß, fromm zu werden, indem man ihm als erstes seine Armseligkeit begreifbar macht, es ist, daß man ihn zurückfinden lassen muß zu dem, was er wert ist. Gold hat er mitzubringen, und es ist die Kraft in ihm, die sucht, bis sie findet, was Gott ist auf dieser Erde. Jesus von Nazaret hat so gelebt, war so und wollte, daß wir so sähen.

Und Weihrauch genauso. Was er bedeutet, wußte vermutlich kein Volk der Antike besser als die Kultur der Pharaonen am Nil. Wenn sie von Weihrauch sprach, gebrauchte sie ein Wort, das ins Deutsche übersetzt soviel heißt wie »das, was zu Gott macht«. Wenn im Abendopfer die Körner des Weihrauchs verbrannt werden und ihr Wohlduft zum Himmel aufsteigt, »wird« etwas zu Gott. Und so zeichneten die alten Ägypter die menschliche Seele wie ein Gefäß von Weihrauch, dessen Andachtswolke zum Himmel aufsteigt. Die Seele des Menschen selber sei das, was zu Gott macht, und ein Gott wohlgefälliges Abendopfer. So die alten Ägypter. Es ist ein ewiges Verlangen, hinauszuwollen über den kleinen Kreis der Erde, eine unendliche Sehnsucht, die sich erhebt und aufsteigt und zurück will zu den Sternen. Das sind wir Menschen *auch*. Und wieder jetzt: Man kann uns anschauen, indem man uns nur festlegt auf die Frage, woher wir kamen und was wir jetzt sind. Je mehr man uns zusammenpreßt in die Definitionen des Augenblicks, in die Bestimmungen der Gegenwart, desto mehr sind wir wie Tiere in einer Falle, ohne Vor und Zurück, Eingemauerte der Festlegungen, die jetzt gelten. Es kann so weit gehen, daß wir selbst das Gefühl unserer Herkunft und eigenen Geschichte fast verlieren. Wir wissen nichts mehr von einem Aufbruch im Osten, wir sind, was wir sind, das reine Faktum und nichts weiter, wir können nichts dafür, wir sind nie gewesen und wir werden nie etwas sein. Vieles, was man über Menschen denkt, läuft in diesen Fallbügeln des menschlichen Daseins zusammen, und es hat eine enorme Spannkraft, den Menschen einzuzwängen, bis zum Tödlichen. – Es gibt aber auch die andere, nächtliche Vision vom Menschen. Dann spüren wir und wissen wir, daß diese kleine Erde uns niemals zufriedenstellen wird und daß wir die hungrigsten und erwartungsvollsten, die am meisten hoffenden und schon deshalb oft am meisten verzweifelten Wesen dieser Erde sind. Was nicht von der Ewigkeit ist, wird uns nie zufriedenstellen. Was sich nicht von Gott her mitteilt, gilt uns nicht für das Wahre. Und so den Menschen zu sehen, in der Sehnsucht seines Suchens, in dem Verlangen nach Wahrheit, die nie ist, aber allmählich wird, grad in dem Mut des Fragens, des Zweifelns, des bohrenden Forschens und des Immer-weiter-Gehens, ist ein wunderbares Bild von uns Menschen. Weihrauch zu opfern bedeutet in diesem Sinn grad nicht, in einer feierlichen Welt sich einzurichten, in welcher alles erklärt ist, alle Fragen bekannt, alle Auskünfte gegeben sind, und der Rest nur zum Hersagen und Auswendiglernen dient. Es bedeutet, den Mut zu haben, an Fragen zu rühren, auf die es Antworten noch nicht gibt, wo etwas verbrannt wird, das grad, indem es sich zerstört, ein Stück vom Wohlgeschmack des Himmels auf die Welt bringt und freisetzt. Und so sind wir Menschen: immer im Aufbruch, immer voll Verlangen, nach Wahrheit und Liebe am meisten. Und so wird Jesus später sagen: Selig sind die Menschen, die Hunger haben nach Gott und seiner Gerechtigkeit. Schon weil sie Hunger haben, sind sie selig vor Gott. Das heißt es, mit den Augen Jesu den Menschen zu sehen, wie er Weihrauch nach Betlehem bringt.

Und dann stimmt es nach dem Gold und dem Weihrauch auch mit der Myrrhe. Nur schwache, menschliche Wesen sind wir, stets an den Abgrund gestellt, dicht am Rand des Verfalls. Menschen, die ein simpler körperlicher Schmerz um jeden Traum von Gott und alle Poesie der Liebe bringen kann, denen eine einzige seelische Enttäuschung genügt, in ihnen den ganzen Sternenhimmel einstürzen zu lassen, Wesen, bei denen die Erhöhung der Körpertemperatur auch nur um zwei Grad Fieberträume mit sich bringen kann, ausgesetzte, fühlende, zerbrechliche Wesen sind wir, eigentlich ständig unterweg auch nach dem Arzt, der uns heilt, und nach Orten, die den Schmerz lindern, nach Rauschmitteln und nach Narkotika – nach Myrrhe – und ihrer bedürftig immer auch. Es ist ein Bild, das, wenn man es nicht falsch versteht, indem man wieder auf geheimem Weg den Menschen zu demütigen trachtet, doch lehren kann, mitleidig zu sein, mit uns selbst und mit den anderen, und nicht *mehr* zu verlangen, als wir geben können. Es ist etwas Wunderbares, unter den Augen Jesu damit rechnen zu dürfen, daß wir Menschen nur Menschen sind, in der Sprache seiner Zeit etwas aus Lehm und Wasser Zusammengeformtes, so haltlos, so ohnmächtig oft, Menschen, die als erstes in ihrer Verwirrtheit Worte des Verständnisses und der Begleitung brauchen. Vermutlich ist dieses Opfer der Myrrhe dasjenige, von dem aus man auch wieder all die anderen Formen des Menschseins entwickeln kann. Es ist jedenfalls der Punkt, an welchem Jesus am intensivsten seine eigene Botschaft formuliert. Zweimal sagt er bei Matthäus: Ich will überhaupt keine Opfer, sondern geht hin und lernt, was es heißt: Barmherzigkeit will ich. Und es wird das große Gemälde des

Matthäus sein, wie es sein wird am Ende der Tage, wenn die Menschheit kommt, den drei Magiern gleich, von den Enden der Welt zu ihrem verborgenen König. Dann wird die Frage sein, welche Werke des Mitleids uns möglich wurden, indem wir die Not des Menschen zu lindern suchten mit der Myrrhe unseres Mitgefühls. Es ist nicht wahr, daß wir Menschen weit von Gott sind, vielmehr: Gott wohnt in der Größe des Menschen, in der Kraft seiner Sehnsucht und in der Sanftmut seines Mitleids. Und sie zu schenken, ist Jesus von Nazaret gekommen.

Zur Zeit nach Epiphanie

Und als die Tage ihrer Reinigung nach dem Gesetz des Mose voll vorüber waren, brachten sie ihn nach Jerusalem hinauf, um ihn dem Herrn darzustellen – wie es im Gesetz des Herrn geschrieben ist: Alles Männliche, das den Mutterschoß öffnet, »heilig dem Herrn« soll es heißen – und um ein Opfer darzubringen, gemäß dem, was im Gesetz des Herrn gesagt ist: Ein Paar Turteln oder zwei junge Tauben.

Und da! In Jerusalem war ein Mann namens Simeon. Gerecht und ehrfürchtig war dieser Mann, harrend der Ermutigung Israels. Und heiliger Geist war auf ihm. Und vom heiligen Geist ward er gewiesen, er werde den Tod nicht sehen, bis er gesehen den Messias des Herrn. Und so kam er im Geist in das Heiligtum. Und als die Eltern das Kind Jesus hereinbrachten, um nach dem Brauch des Gesetzes an ihm zu handeln, nahm er es in die Arme, pries Gott und sprach:

Nun entläßt du deinen Knecht, Gebieter,
nach deinem Wort in Frieden.
Denn meine Augen haben dein rettendes Tun gesehen,
das du bereitet hast vor aller Völkerstämme Angesicht.
Enthüllendes Licht: den Völkern!
Und Herrlichkeit: deinem Volk Israel! LK 2,22–32

Was erwarten wir für unser Leben?

Wissen Sie, sagte mir vor einiger Zeit ein noch junger Mann, daß ich seit Jahren nicht schlafen kann? Ich wache auf des Nachts und bin schweißgebadet. Irgend etwas muß ich vorher geträumt haben, aber fast nie kann ich mich an etwas Bestimmtes erinnern. Auch tagsüber meide ich es förmlich, zur Ruhe zu kommen. Irgendwie habe ich ständig das Gefühl, mir entglitte mein Leben, als müßte irgend etwas Wesentliches geschehen und ich könnte es nicht erreichen oder als liefe ich ständig hinter einem Zug her, der immer schneller von mir weg führe. So kann ich nicht weiterleben.

Wissen Sie, sagte umgekehrt eine Frau, ich möchte am liebsten nur noch schlafen. Ich fühle mich oft derartig müde, daß ich nur noch die Augen zumachen möchte, um in einer anderen Welt aufzuwachen. Was soll ich auf dieser Erde erwarten? Es ist alles dunkel, grau, aussichtslos. Wenn etwas besser werden kann, dann müßte es schon im Himmel sein.

Oft denke ich, zwischen beiden Polen schwankt unser Leben, selten so klar wie in diesen Formulierungen, aber mehr oder minder gebündelt, hin und her, zwischen der Ruhelosigkeit einer unerfüllten Erwartung und der Aussichtslosigkeit einer noch nicht ganz endgültigen Resignation, ja, fast scheint es unsere Lebensphilosophie zu sein, uns zynisch desillusioniert zu geben oder aber voller Willenskraft und Anstrengung uns den Mitmenschen als tüchtig darzustellen; in dem einen Fall überfordern wir uns, in dem anderen Fall nötigen wir uns förmlich zur Resignation.

Erstaunlich zwischen den Polen steht die Gestalt eines alten Mannes im Evangelium von heute, des greisen Simeon. Es ist wunderbar, was er in dieser Gnadenstunde im Tempel erlebt, als ihm die Verheißung ganz Israels, die Gestalt des Messias, wie ans Herz, wie in den Arm gelegt zu sein scheint. Aber wunderbarer noch als dieser Augenblick einer vorgestellten Erfüllung scheint mir sein ganzes Leben. Was ist das für ein Mann, der glaubt oder von Gott her förmlich weiß, daß er nicht sterben wird, ehe seine Augen das Heil gesehen haben? Bestimmt wußte Simeon sowenig wie seine Mitmenschen, wie sein Leben, genau betrachtet, in Ordnung kommen sollte. Gründe zur Resignation wird er so viele gesehen haben wie alle seine Zeitgenossen, Engpässe, Not, Enttäuschungen nicht weniger als alle anderen. Und dennoch glaubt Simeon an eine Hoffnung für dieses irdische, ihm so rasch verrinnende, ja schon dem Ende zulaufende Leben, nicht die Hoffnung auf eine andere Welt, sondern unbedingt für diese tränendurchfurchte, heimgesuchte, notgeplagte Welt, für sein Leben.

Wie bekommt man es fertig, gegen allen Augenschein die Hoffnung nicht zu verlieren und gegen alles, was man sonst sieht, durch das Dunkel auf ein Licht zu warten? Lukas hat ganz recht, wenn er meint, diese Kraft lasse sich nicht von Menschen her erklären. Alle anderen werden sagen, Simeon sei ein Träumer, ein Phantast, er sei schließlich alt genug geworden, um ein Realist zu werden, die Kindereien von einem kommenden Heil dürfe er ruhig fahrenlassen, inzwischen gelte es, die Wirklichkeit zu sehen. Simeon hat offenbar nie aufgehört, ein solches träumendes, hoffendes und erwartendes Kind zu sein. Er muß vor allem gewußt haben, daß ein Mensch sich niemals mit etwas zufriedengeben darf, das weniger als Gott ist. Es lebt in einem jeden von uns, eingeprägt in seine Natur, der wunderbare Traum, die Vision eines göttlichen Kindes. In seinem Herzen lebt dieses Erwartungssymbol, in unserem Leben so ursprünglich, rein und unverfälscht von Gott getragen und angenommen zu sein, daß der Himmel die Erde berührt. So etwas müssen wir glauben dürfen oder es wäre ringsum nur noch dunkel. Diese Vision müssen wir in uns leben dürfen oder wir besäßen die Kraft nicht, dieses Leben auszuhalten. Es muß in uns erstarken können, was Gott mit uns gemeint hat. So viel mag man an uns verfälschen, und dennoch gibt es dieses Urbild des Kindes, als das Gott wollte, daß wir sind.

Man kann Simeon in diesem Augenblick der Stunde im Tempel fragen, was ihn denn so jubeln macht. Was hält er im Arm? Nichts, was als Beweis verstanden werden könnte: ein Kind, alles aber gerade deshalb, was hoffen läßt. Vorzuzeigen ist nichts Fertiges, aber entwickeln kann sich die Gestalt der Menschlichkeit, wie sie Israel prophezeit war, aber einem jeden Menschen auf den Weg gegeben. In den Tagen der alten Prophetie Israels stellte der Prophet Joel in Aussicht, es würde am Ende der Zeiten den alten Leuten die Kraft gegeben, Visionen zu sehen, und den jungen Leuten die Fähigkeit, Träume zu haben. Nie mehr brauche dann ein Mensch den anderen über Gott zu belehren, denn Gott selber teile sich mit in der Fähigkeit des Herzens, Wahrheit wahrzunehmen. – Was geschieht in einem alten Menschen, wenn ihm die Vision Gottes wird? Rückblickend, daß sich sein ganzes Leben ordnet, eine innere Achse bekommt und sich fügt zu einem in Teilen sich zusammensetzenden Bild, einem sich vollendenden Weg, den Gott gegangen ist, schweigend und unsichtbar oft, und doch immer gegenwärtig; eine wachsende Dankbarkeit reift, rückblickend, in der Vision des Himmels über das irdische Leben. Noch mehr aber gilt es zu schauen über den Dunkelrand des Todes hinweg, ist doch die Gestalt des Kindes in den Armen eines alten Mannes wie eine Verheißung der Unsterblichkeit, des ewigen Lebens, des Himmels. Alles, was wahr ist, beginnt schon hier auf Erden. Alles, worauf wir zugehen in den Verheißungen Gottes, lebt schon heute in unseren Herzen, und Gott wird uns niemals wegschicken ohne die Bilder einer erfüllten Hoffnung. Wir dürfen leben in Frieden, hier in dieser angefochtenen, bedrohten Welt. In uns selber ringt sich die Gestalt Gottes zum Licht, wächst sein Wesen zu einer Offenbarung, die nur in uns der Welt sich mitzuteilen vermag. Sie zu sehen, darauf hat ein jeder Mensch einen Anspruch, und wir brauchen Räume des Heiligen, Tempel des Irdischen, in denen wir Gott so nahe sind, daß alle seine Verheißungen fühlbar, sichtbar werden, bis daß es anhebt in unserer Seele wie ein Gesang, wie ein Gebet, wie ein nicht endender Lobpreis über uns und alle Welt.

Da das Volk in Spannung war und alle in ihrem Herzen über Johannes nachdachten, ob er nicht selber der Messias sei, hob Johannes an und sagte allen: Ich taufe euch in Wasser. Kommen aber wird, der stärker ist als ich; und ich bin nicht genug, die Riemen seiner Sandalen zu lösen. Er wird euch taufen in heiligem Geist und Feuer . . .

Und es geschah: Als bei der Taufe des ganzen Volkes auch Jesus getauft ward, da öffnete sich, während er betete, der Himmel. Und der Heilige Geist stieg leiblich auf ihn hernieder – aussehend wie eine Taube. Und eine Stimme ward aus dem Himmel laut:

Du bist mein Sohn, der Geliebte.
An dir habe ich Gefallen. LK 3,15–16. 21–22

Die Szenen der Evangelien in dieser Weihnachszeit wirken zunächst ungeordnet und verwirrend. Die Ankunft unseres Erlösers bei der Geburt in Betlehem, dies scheint sich zeitlich zu fügen, aber dann führt uns die Kirche zur Hochzeit von Kana, zur Verwandlung von Wasser in Wein, dann wieder sind wir gegenwärtig bei der Anbetung der Magier aus dem Osten und dem Stern, dem sie folgen. Heute stellt uns die Kirche das Bild von der Taufe Jesu vor Augen. Biographisch gesehen, passen diese Szenen nicht zueinander, sondern müßten in anderer Reihenfolge und zeitlich weit gedehnt aneinandergesetzt werden. Aber der Kirche liegt auch nicht an einer Biographie des Herrn, und das Thema der Weihnachtszeit ist nicht, uns die Entwicklung des Gottmenschen Jesus Christus vor Augen zu stellen. Beschrieben wird einzig, wie Gott in unserer Menschenwelt erscheinen kann und wie er sich in Jesus Christus offenbart. Um dieses Geheimnis zu verstehen, greifen die Evangelien selber auf manche Formen der Darstellung zurück, die immer wieder in den verschiedenen Religionen tief empfunden und tief geglaubt wurden. Wir verstehen, wie Gott in unserem Leben sichtbar wird, wenn wir begreifen, daß er sich in dem Kleinen und Geringen offenbart. So am Weihnachtsmorgen bei der Geburt des Kindgottes im Stall von Betlehem. Wenn wir es selber wagen, zu dem Unentwickelten, zu dem Geringen in uns selber ja zu sagen, in dem Vertrauen auf die Gnade und die Lenkung Gottes in unserem Leben, verstehen wir eine der Offenbarungsformen Gottes. Die Hochzeit von Kana lebt, eigentlich, von dem Bild der Eucharistie, wie es Hunderte von Jahren vor dem Christentum in der großen Religion des Weingottes Dionysos gefeiert wurde. Ein Gott, der stirbt und wieder aufersteht, ein Gott, der gegenwärtig wird im Essen und im Trinken, das Leben selbst erhält sich über den Tod hinaus. Gott ist gegenwärtig in den Gaben des Lebens selber.

Wenn wir das Leben als so heilig empfinden und uns selber inmitten seiner als so unzerstörbar, dann fügt sich unser Menschenwille in den Willen Gottes, dann findet dieses Wunder der Verwandlung einer heiligen Hochzeit zwischen Gott und Mensch in Kana in unserem Leben heute statt. Wenn wir begreifen, daß die Macht Gottes in unserem Leben nicht von außen kommt, nicht durch Verordnung und Gewalt geschieht, sondern aufscheint wie ein Licht im Dunkeln, daß es uns fasziniert und leitet mitten durch die Nacht, wenn wir Gott finden inmitten des Abgelegenen, nicht am Hofe der Paläste, sondern im Unscheinbaren und uns beugen vor dem scheinbar so Geringen, um es anzubeten, dann verstehen wir das Wunder der Magier aus dem Osten.

Ein anderes, wie die Kirche meint, abschließendes Bild ist diese Szene von der Taufe Jesu im Jordan. Auch hier senkt sich der Himmel herab, um die Erde zu berühren, auch hier erhebt sich das Menschliche in Christus und berührt das Firmament. Und es stehen auf dieser Welt einander gegenüber das Größte, was Menschen hervorbringen können, in der Gestalt des Täufers und das Größte, was vor Gott an Wahrheit gilt, in der Erwählung seines Sohnes.

Ich taufe euch nur mit Wasser, erklärt Johannes allen, die ihn für den Messias halten. In dem, was er tut und vorzuschlagen hat, lebt das Bemühen der Menschen aller Zeiten, sich selber, so gut es irgend geht, zu reinigen, abzuwaschen und makellos zu machen, ein fast verzweifeltes Bestreben, unser Dasein in Ordnung zu bringen, unsere Taten korrekt und ordentlich zu lenken, unsere Motive zu klären, unsere Person zu vervollkommnen, ein ständiges Bemühen einer nicht endenden seelischen Toilette, eines ständigen Frisierens, eines ständigen Übens und Probierens an sich selber. Dennoch, soviel wir auch auf diesem Weg der Reinigung und der Abwaschung erreichen können, soviel wir äußerlich verändern mögen, es beginnt auf diese Art nichts wirklich zu leben. Wie oft hört man Menschen darüber Klage führen, daß ihr äußeres Dasein sogar oft auf das beste bestellt ist, die Möbel, die Tische, die Wände, alles das ist bürgerlich in Ordnung. Sie selber begehen kein Verbrechen, sie tun ihre Pflicht, sie vollenden Tag um Tag, was ihnen auferlegt ist, keines Fehlers sind sie sich bewußt, und dennoch kommt es sie an wie eine schleichende Verzweiflung, weil in all dem nichts lebt, nichts wirklich sie trägt, nichts von innen her ihr Leben aufbricht und gestaltet. Was das Ganze soll, wofür man das alles macht und was es überhaupt für einen Sinn hat, diese Frage wird man nicht los.

Einer anderen Einweihung ins Leben, einer anderen Taufe bedürfen wir, um uns selber und um Gott zu finden. Zu ihr gibt es keinen Zugang, den wir *machen* könnten, keinen Zugang von unten, es ist die Grenze der Botschaft des Johannes, und er selber weiß das, so sehr, daß er von sich und seinem Tun als wie von einem Sklavendienst spricht, ohnmächtig und gering: Nach mir kommt jemand, der wirklich Macht hat und stark ist, weil er, so müßte man hinzufügen, euer Herz ergreift. Er wird euch taufen mit Geist und mit Feuer. Dies ist die Ahnung eines Lebens, das sich lohnt. Kein Mensch weiß, was sich da ereignet, aber jeder, der es erfahren hat, weiß es zu spüren und kann davon niemals mehr lassen. Er wird es gerade in diesen Metaphern wiederzugeben versuchen: daß in seinem Leben irgendein Funke übergesprungen ist, daß er mit einemmal sich begeistert fühlt, ergriffen weiß, getragen von Ziel und Idee, von Perspektive und Leidenschaft; mit einemmal fühlt er sich, der vorher frierend in den wohlgeheizten vier Wänden saß, von innen her durchglüht, durchstrahlt. Keine Frage mehr, daß dieses Leben überhaupt erst richtig beginnt zu existieren, so voller Glut, so voller Liebe.

Die Szene, in der sich dies ereignet, beschreibt das Evangelium in zwei Bildern, die man am besten aus der ägyptischen Religion verstehen kann: Es öffnet sich der Himmel, und der Geist Gottes schwebt sichtbar herab wie eine Taube. Es ist, wenn man so will, ein Gegenbild des Sterbens, denn so dachten die alten Ägypter: Wenn ein Mensch stirbt, erhebt sich seine Seele wie eine Taube empor zum Himmel, trägt dort den Funken Licht aus dem Herzen des Menschen empor zu den Sternen, und unser Geist verschmilzt mit dem unwandelbaren Licht der Gestirne, wird eins mit dem Glanz der göttlichen Sonne. Dieses Bild sagt umgekehrt: Es ist jenseits des Todes das Geschenk Gottes an uns, wirklich zu leben. Gott selber nimmt die Bewegung unseres Herzens entgegen, die uns trägt auf den Flügeln der Sehnsucht, aber er wartet nicht auf unser Sterben; es öffnet sich der Himmel, und sein Geist selber senkt sich auf uns herab.

Den Himmel offen zu sehen, das bedeutet: mit einemmal vor Augen gestellt zu haben und als wirklich berühren zu dürfen, wovon wir in unserem ganzen Leben fast wie ungläubig geträumt haben, worauf wir fast nur resigniert hätten warten mögen – das zu unserer eigenen Überraschung als Wirklichkeit geschenkt zu sehen, das, was wir als das Beste in uns spürten, nur nie ganz zu leben wußten, aus Angst und in der Verschüttung der Sorgen; daß dies nun sein und leben darf, daß die Idee von unserem Leben, die oft wolkenverhangen und regentraurig versperrt, wie kaum noch möglich, fast nur noch in Ahnung und Verzweiflung wach war, sich mit einemmal als Strahl von oben auf uns herniederläßt, dies ist der Anfang von einer Art Himmel auf Erden, von einem so großen Glück, und damit wir's nur ja glaubhaft fänden, erklärt es die Stimme aus dem Himmel selber:

»Du bist mein geliebter Sohn, dich hab' ich erwählt.« Auch dies sind Worte aus dem Pharaonenreich. Der Königssohn wurde geboren als Kind eines sterblichen Vaters und einer sterblichen Mutter. Aber wenn er den Thron bestieg, sprach der Gott des Himmels zu ihm diese Worte: Du bist mein geliebter Sohn, mein Erwählter. Und die Ägypter wollten damit sagen: Man versteht den Gottkönig, den Pharao, nicht, wenn man ihn als Sohn leiblicher Eltern begreift, man versteht sein Geheimnis nicht, wenn man sagt, er sei hervorgegangen aus dem Willen des Mannes, aus dem Blutandrang des Fleisches; man versteht den Gottkönig und sein wahres Leben nur, wenn man es sieht mit den Augen Gottes als einzig gewirkt von der Anerkennung durch Gott selber her, der will, daß es diesen Menschen gibt als einen Gott.

Wir werden von der Taufe Jesu in Geist und Feuer gerade so viel in uns spüren, als wir die eigene Königswürde in unserem Leben aufgehen sehen wie ein Licht, wenn wir selber spüren, was die ägyptische Religion nur für den Pharao glauben mochte: Wir seien berufen, Söhne Gottes zu sein, ein jedes Menschenleben sei etwas, das Gott sich erwählt, um ihm himmlischen Glanz, ewige Würde, unauslöschliche Anerkennung und Größe zu verleihen. So stolz dürften wir von uns selber denken und so begeistert unser Leben antreten, nicht mehr als Reinigungsarbeit an dem allzu Schmutzigen, sondern voller Freude über die Würde, die wir besitzen.

Dann wüßten wir zum letztenmal, wie Gott sich ereignen kann in unserem Leben, und wir verstünden all die anderen Bilder: wie groß das Kleine ist in Betlehem, wie anbetungswürdig in Nazaret, wie das gesamte Leben, das Essen und das Trinken, bis hin zu Tod und Auferstehung eine einzige Verwandlung des Irdischen ins Göttliche darstellt, und in alledem begriffen wir die Göttlichkeit des eigenen Lebens und die nicht endende Gnade Gottes. Uns ist der Himmel offen, dies heißt, an Jesus Christus glauben und an seine Taufe.

Nachweise

Die alttestamentlichen Texte in diesem Band sind der Zürcher Bibel (im Verlag der Zürcher Bibel, 1955) entnommen; die neutestamentlichen Passagen sind wiedergegeben nach Eugen Drewermanns Übersetzung des Markusevangeliums (im Walter Verlag, 1989) und nach dem Neuen Testament in der Übersetzung von Fridolin Stier (bei Kösel und Patmos, 1989).

Die folgende Übersicht gibt den biblischen Bezugstext und das Datum der einzelnen Predigten an.

S. 9	Mt 24,37–44	1. Adventssonntag	27. 11. 1983
S. 13	Mt 24,29–44	1. Adventssonntag	30. 11. 1986
S. 17	Mt 24,37–44	1. Adventssonntag	2. 12. 1989
S. 22	Mk 13,33–37	1. Adventssonntag	1. 12. 1984
S. 26	Lk 21,25–28. 34–36	1. Adventssonntag	1. 12. 1985
S. 29	Lk 21,25–28. 34–36	1. Adventssonntag	27. 11. 1988
S. 33	Mt 3,1–12	2. Adventssonntag	3. 12. 1983
S. 38	Mt 3,1–12	2. Adventssonntag	7. 12. 1986
S. 41	Mk 1,1–8	2. Adventssonntag	8. 12. 1984
S. 46	Lk 3,1–6	2. Adventssonntag	5. 12. 1981
S. 51	Lk 3,1–6	2. Adventssonntag	4. 12. 1988
S. 54		Nikolaustag	6. 12. 1987
S. 57	Mt 11,2–11	3. Adventssonntag	14. 12. 1986
S. 61	Mt 11,2–11	3. Adventssonntag	17. 12. 1989
S. 67	Lk 3,10–18	3. Adventssonntag	15. 12. 1985
S. 71	Lk 3,10–18	3. Adventssonntag	11. 12. 1988
S. 75	Joh 1,6–8. 19–28	3. Adventssonntag	13. 12. 1987
S. 79	Mt 1,18–24	4. Adventssonntag	18. 12. 1983
S. 83	Mt 1,18–24	4. Adventssonntag	21. 12. 1986
S. 86	Mt 1,18–24	4. Adventssonntag	24. 12. 1989
S. 91	2 Sam 7,1–5. 8b–12. 14a. 16; Lk 1,26–38	4. Adventssonntag	20. 12. 1987
S. 95	Lk 1,26–38	4. Adventssonntag	23. 12. 1984
S. 99	Lk 1,39–45	4. Adventssonntag	22. 12. 1985
S. 103		Weihnachten	1982
S. 106		Weihnachten	24. 12. 1983
S. 110		Weihnachten	1985
S. 114	Lk 2,1–7	Weihnachten	1984
S. 119	Lk 2,15–20	Weihnachten	25. 12. 1983
S. 122	Lk 2,15–20	Weihnachten	25. 12. 1988
S. 126		Weihnachten	1986
S. 130		Weihnachten	24. 12. 1987
S. 134		Weihnachten	24. 12. 1989

S. 140	Joh 1,1–18	Weihnachten	25. 12. 1989
S. 147		Zweiter Weihnachtstag	26. 12. 1983
S. 151	Mt 10,17–22	Zweiter Weihnachtstag	26. 12. 1987
S. 154	Apg 6,8–10; 7,54–60	Zweiter Weihnachtstag	26. 12. 1988
S. 158	Apg 6,8–10; 7,54–60	Zweiter Weihnachtstag	26. 12. 1989
S. 162		Neujahr	1. 1. 1985
S. 167		Neujahr	1. 1. 1986
S. 172	Lk 2,20–21	Neujahr	1. 1. 1987
S. 175	Mt 2,13–23	Erster Sonntag nach Weihnachten	28. 12. 1986
S. 180	Mt 5,38–45	Zweiter Sonntag nach Weihnachten	5. 1. 1986
S. 184	Joh 1,1–18; Sir 24,1–2. 8–12	Zweiter Sonntag nach Weihnachten	5. 1. 1987
S. 189	Joh 1,1–18; Sir 24,1–2. 8–12	Zweiter Sonntag nach Weihnachten	3. 1. 1988
S. 192	Mt 2,1–12	Epiphanie	8. 1. 1984
S. 197	Mt 2,1–12	Epiphanie	6. 1. 1985
S. 201	Mt 2,1–12	Epiphanie	8. 1. 1989
S. 204	Mt 2,1–12	Epiphanie	7. 1. 1990
S. 210	Lk 2,22–32	Mariä Lichtmeß	1. 2. 1986
S. 213	Lk 3,15–16. 21–22	Sonntag nach Epiphanie	9. 1. 1983